HANS-JÜRGEN PAPIER

Freiheit in Gefahr

HANS-JÜRGEN PAPIER

Freiheit in Gefahr

Warum unsere Freiheitsrechte bedroht sind und wie wir sie schützen können

Unter redaktioneller Mitarbeit
von Holger Heiland

WILHELM HEYNE VERLAG
MÜNCHEN

MIX
Papier aus verantwortungsvollen Quellen
FSC® C014496

Penguin Random House Verlagsgruppe FSC® N001967

Originalausgabe 2021

Redaktion: Dr. Annalisa Viviani
Dieses Werk wurde vermittelt durch Agentur Stefan Linde
Umschlaggestaltung: Hauptmann & Kompanie,
unter Verwendung eines Fotos von:
Kay Blaschke / Penguin Random House Verlagsgruppe
Satz: Satzwerk Huber, Germering
Druck und Bindung: GGP Media GmbH, Pößneck
Printed in Germany
ISBN: 978-3-453-21816-1

www.heyne.de

Inhalt

Die Sache mit der Freiheit

Ob in Hamburg, München, Frankfurt oder Dresden, in Wustrow, Füssen, Mettmann oder anderswo – für uns Bürgerinnen und Bürger der Bundesrepublik Deutschland ist Freiheit vor allem eins: eine Selbstverständlichkeit. Selbst wenn den meisten von uns bewusst ist, dass wir nicht jede spontane Idee jederzeit sofort verwirklichen können, gehen wir doch davon aus, dass wir grundsätzlich die freie Wahl haben, das heißt in unseren Entscheidungen über die Gestaltung unseres Lebens und unseres Alltags frei sind. Selbstverständlich bestimmen wir, wo wir wohnen oder wann wir das Haus verlassen; mit wem wir einen Kaffee oder ein Bier trinken, selbstverständlich lassen wir uns nicht diktieren, wen wir lieben und mit wem wir befreundet sein sollen. Ob wir in die Kirche, die Moschee oder die Synagoge gehen, ist in unser eigenes Ermessen gestellt. Wie wir unsere Meinung bilden, sie äußern und verbreiten, ist unserer Entscheidung überlassen. Selbstverständlich sind uns auch die freie Wahl der Ausbildung, des Studiums, des Berufs, der Arbeitsstätte sowie das Recht auf freien Erwerb von Eigentum und nicht zuletzt das Recht auf freie Wahl der Partnerschaft anheimgestellt. Und reisen können wir im Großen und Ganzen, wie und wohin wir wollen.

Wie bedeutsam unsere Freiheit und die Grundrechte, die sie absichern, für unsere Lebensgestaltung sind, wird sofort und schmerzlich spürbar, wenn sie eingeschränkt werden. Genau diese Erfahrung machen wir in Deutschland seit Mitte März 2020, nachdem von einem Tag auf den anderen als Reaktion auf die pandemische Ausbreitung des neuartigen SARS-CoV-Virus öffentliches Leben und Wirtschaft in der Bundesrepublik flächendeckend heruntergefahren und die meisten unserer Freiheitsrechte, über die wir uns im Alltag kaum Gedanken machen, ausgesetzt oder stark eingeschränkt wurden. Diese Zeit der Restriktion war zwar zunächst nur von einer begrenzten Dauer, Lockerungen folgten, und die schrittweise Rückkehr in Richtung Normalität wurde angestrebt. Doch im Herbst 2020 folgte der nächste sogenannte Lockdown, und trotz aller Bemühungen und entgegen der ursprünglichen Beteuerungen der Regierenden war Ende April – sechs Monate später – immer noch kein Ende in Sicht. Es zeigte sich, dass der Weg bis zur Aufhebung aller Restriktionen auch mit Zulassung der ersten Impfstoffe noch einige Zeit in Anspruch nehmen würde.

Wie kein anderes Ereignis machte die Pandemie uns deutlich, dass es uns mit unseren Grundrechten beziehungsweise Freiheitsrechten in etwa so geht wie mit der Luft zum Atmen: Sind sie vorhanden, nehmen wir sie nicht wahr, fehlen sie, leiden wir unter diesem Mangel. Friedrich Schiller hat diese paradoxe Erfahrung bereits vor über zweihundert Jahren in Worte gefasst, als er schrieb: »... die schönsten Träume von Freiheit werden ja im Kerker geträumt.«[1]

Ist uns, weil wir als Gesellschaft so lange daran gewöhnt sind, frei zu sein, das Bewusstsein für Freiheit und ihren Wert abhandengekommen? Verstehen wir Freiheit nur noch im konsumistischen Sinn von Freisein in der Wahl von Konsumgütern? Haben wir, während wir uns ständig mit den neuesten Kleidermoden und Einrichtungstrends, Freizeit-

und Reisemöglichkeiten beschäftigen und permanent aufgefordert sind, uns zwischen dieser und jener Bedürfnisbefriedigung zu entscheiden, aus den Augen verloren, dass Freiheit auch eine politische Dimension hat?

Vielleicht. Wir brauchen nur einen Blick auf die ehemalige DDR und die anderen untergegangenen Systeme des Ostblocks zu werfen: Dort war der Wunsch nach Reise- und Meinungsfreiheit die wesentliche Triebkraft für das Erstarken der Bürgerrechtsbewegungen; dazu herrschte aber auch in vielen anderen Bereichen des Lebens häufig schmerzlich empfundene Unfreiheit, so für viele etwa bei der Studien- und Berufswahl oder der Möglichkeit, sich außerhalb des bestehenden Parteiapparats mit seinen Hierarchien und Zwängen politisch zu betätigen. Und schauen wir uns um: Es gibt immer wieder Länder und Weltregionen, in denen die herrschenden Regime ihre Politik auf unmittelbare Gewalt oder religiöse Dogmen gründen. Im Iran oder im Königreich Saudi-Arabien, aber auch in Ägypten, dem Jemen, den palästinensischen Gebieten, Indonesien, Pakistan, Malaysia, dem Sudan und in Teilen weiterer afrikanischer Staaten existieren etwa islamische Religionspolizeien, die aus der Scharia abgeleitetes Recht zur Unterdrückung abweichender Meinungen durchsetzen, wobei die Anwendung von Körperstrafen keine Seltenheit ist. Insbesondere den Frauen werden hier viele von uns als selbstverständlich erachtete Rechte vorenthalten.

Welche Freiheiten statthaft sind und für wen sie gelten, ist und war immer umkämpft und hängt von vielen Faktoren, wie dem Stand des Wissens und der Wissenschaften sowie den vorherrschenden gesellschaftlichen Einstellungen, ab. So verfügten die Bürger in den antiken Demokratien über ethisch wohlbegründete Freiheitsrechte, die sie vor tyrannischer Willkür und Unterdrückung schützten, was aber nicht für die Sklaven galt, die unter Zwang deren Wohlstand erarbeiten mussten. Sie hatte man aus dem philosophischen und rechtlichen Diskurs über die Freiheit ausgegrenzt, und so kamen sie auch nicht in den Genuss ihrer Segnungen. Wer meint, bei diesem Beispiel handle es sich um eine längst überholte Fragestellung, ein philosophisches und rechtliches Problem, das sich seit vielen Jahrhunderten erledigt habe, braucht nur in unser Nachbarland Schweiz zu schauen, das sich selbst als Musterland der Demokratie begreift und erst 1971 das Wahlrecht für Frauen eingeführt und somit das Recht auf politische Mitbestimmung auf den weiblichen Teil der Bevölkerung ausgeweitet hat.

Mich persönlich hat das Thema Freiheit mein gesamtes berufliches Leben begleitet. Als Staatsrechtswissenschaftler, insbesondere aber als Richter, als Richter des Bundesverfassungsgerichts und schließlich als dessen Präsident, war ich immer wieder damit befasst, zu untersuchen und zu beurteilen, was Freiheit für das Zusammenleben der Menschen bedeutet, wie sie in unserer Verfassung, dem Grundgesetz, verankert ist und unser Rechtssystem überhaupt erst begründet. Viele Male galt es dabei abzuwägen, wie die Spannungen ausbalanciert werden können und sollen, die sich ergeben, wenn staatlich garantierte Freiheitsrechte des Individuums gegenüber der Staatsgewalt mit Belangen des Gemeinwohls, etwa den ebenfalls wichtigen Sicherheitserfordernissen, in Konflikt geraten – wenn es zum Beispiel darum geht, das Leben von Bürgerinnen und Bürgern vor terroristischer Bedrohung oder den Folgen von Umweltzerstörungen und anderen Katastrophen zu schützen. Das ist selten eine leichte Aufgabe für die Entscheider – wie jetzt in der Corona-Pandemie beobachtet und erfahren werden kann. Ganz pauschal möchte ich aber schon an dieser Stelle sagen, dass die wesentliche Bedeutung der Freiheit für unsere staatliche Ordnung und unser Selbstverständnis immer als Maßstab genommen werden muss.

Was es bedeutet und wie entscheidend es ist, frei zu sein, erfuhr ich bereits in jungen Jahren. Aufgewachsen im West-Berlin des Kalten Krieges, habe ich den Mauerbau und viele weitere Aspekte des DDR-Unrechtsregimes aus nächster Nähe erlebt. Angesichts militärisch aufgerüsteter Grenzanlagen und langer Stunden Wartezeit im Transit bekam die Idee von Freiheit für mich eine besondere und persönliche Bedeutung. Ich erinnere mich noch heute, wie wir in den Sechziger- und Siebzigerjahren mit unserem VW-Käfer bisweilen stundenlang am Grenzübergang Babelsberg auf die Einreise in die DDR oder, wenn wir, aus dem Bundesgebiet kommend, die DDR durchquert hatten, auf die Einreise in unsere Heimatstadt warteten. Hier mussten wir, als die Reihe endlich an uns war, unser gesamtes Gepäck ausladen, und die Grenzsoldaten durchsuchten akribisch den Wagen. Dabei hoben sie sogar die Rückbank wegen darunter vermuteter geschmuggelter Waren, Dokumente oder gar Republikflüchtlinge an. Selbstverständlich waren wir und insbesondere unsere Kinder immer froh, wenn wir das hinter uns hatten und an den Grenzsoldaten mit ihren Maschinenpistolen vorbei waren.

Hätte ich nur wenige Kilometer weiter östlich gelebt und meinen Bildungsweg statt in West-Berlin in Ost-Berlin, der Hauptstadt der DDR, absolvieren müssen, wäre mir das Studium der Rechtswissenschaft mit Sicherheit verwehrt gewesen, da meine Eltern nach DDR-Diktion nicht zur Arbeiterklasse gehörten. Als Sohn einer Bäckermeisterfamilie hätte ich wohl als Angehöriger der »Bourgeoisie« gegolten und als solcher aller Wahrscheinlichkeit nach nicht studieren dürfen.

Nach meiner ersten juristischen Staatsprüfung 1967 in Berlin machte ich dort mein Referendariat und wurde Assistent bei Staatsrechtsprofessor Karl August Bettermann an der Freien Universität Berlin. Es war die Zeit der APO und der Studentenunruhen. Als Referendar hatte ich nur wenig direkte Berührungspunkte mit den Protesten. Ich erinnere mich aber, dass ganze Semester lang wichtige Lehrveranstaltungen ausfallen mussten, weil die Hörsäle verbarrikadiert waren. Für Studentinnen und Studenten hieß das unter anderem, dass Klausuren nicht geschrieben und Scheine nicht gemacht werden konnten, sie also in ihrem Fortkommen empfindlich behindert wurden. Professor Bettermann erging es wie vielen seiner Kollegen auch, er wurde bei den sogenannten Streiks mitunter sogar durch physische Gewalt an der Lehre gehindert. Heute wundere ich mich angesichts dieser Ereignisse manchmal, wenn es heißt, Radikalisierung und Spaltung der Gesellschaft nähmen rasant zu. Als 1967 der Besuch des Schahs von Persien bevorstand, der wegen schwerer Menschenrechtsverletzungen international in der Kritik stand, herrschten in Berlin mancherorts durchaus bürgerkriegsähnliche Zustände; wenn man den Kurfürstendamm entlangfuhr, sah man an manchen Tagen rechts und links brennende Autos. So konnte man mitten im »Schaufenster des freien Westens« das Entstehen rechtsfreier Räume beobachten.

Nach der Promotion 1970 und der zweiten juristischen Staatsprüfung 1971 habilitierte ich mich zwei Jahre später an der Freien Universität Berlin mit einer Arbeit über die Grundrechtseingriffe und ihre Rechtsformen – ein Thema, das mich nicht mehr loslassen sollte – und nahm 1974 den Ruf der Universität Bielefeld auf die Professur für Staats- und Verwaltungsrecht an. Dort war ich später Mitbegründer und Erster Leiter des Instituts für Umweltrecht. 1992 erhielt ich den Ruf auf den Lehrstuhl für Öffentliches Recht an der Ludwig-Maximilians-Universität München, beschäftigte mich schwerpunktmäßig weiter mit deutschem und bayerischem Staats- und Verwaltungsrecht sowie öffentlichem Sozialrecht und damit mit der Frage, wie der gesellschaftliche Wandel und unsere grundgesetzlich-freiheitliche Verfasstheit sich gegenseitig beeinflussen.

Neben der akademischen Tätigkeit übernahm ich bereits früh mehr und mehr praktisch ausgerichtete juristische Ämter und Aufgaben, so von 1977 bis 1987 als Richter im Nebenamt am Oberverwaltungsgericht des Landes Nordrhein-Westfalen. In einer Zeit, in der der Terrorismus des Deutschen Herbstes die Republik in Atem hielt, fällten wir dort Grundsatzurteile insbesondere zum Umweltschutz, in Rechtsgebieten also, die damals ganz neu erschlossen werden mussten.

In den Neunzigerjahren – von 1991 bis 1998 –, nach der friedlichen Revolution in der DDR und dem Fall der Mauer, war ich mit der Aufarbeitung des DDR-Unrechts befasst. Als Vorsitzender der Unabhängigen Kommission zur Überprüfung des Vermögens der Parteien und Massenorganisationen der DDR konnte ich hier, anschließend an meine persönlichen Erfahrungen aus der Jugendzeit, ausführlich Einblick in die Strukturen und Verfahrensweisen dieses wenig freien Systems nehmen.

1998 wurde ich zum Richter und Vizepräsidenten sowie Vorsitzenden des Ersten Senats des Bundesverfassungsgerichts gewählt und im Jahr 2002 nach dem Ausscheiden von Jutta Limbach zum Präsidenten des Bundesverfassungsgerichts ernannt. Vor allem infolge der Terroranschläge vom 11. September 2001 in den Vereinigten Staaten von Amerika begann die Politik damals auch in Deutschland, die staatlichen Sicherheitsgesetze gewaltig auszubauen. Wesentliche Stichworte in diesem Zusammenhang lauteten: Großer Lauschangriff, Vorratsdatenspeicherung, Onlinedurchsuchung, Luftsicherheitsgesetz, Rasterfahndung nach sogenannten Schläfern, anlasslose Erfassung von Kfz-Kennzeichen im öffentlichen Straßenverkehr und Telekommunikationsüberwachung durch die Nachrichtendienste. Als Richter und Vorsitzender des Ersten Senats des Bundesverfassungsgerichts hatte ich darüber mitzuentscheiden, inwieweit diese Gesetze der neuen Sicherheitsarchitektur verfassungsgemäß waren. Mit einiger Genugtuung kann ich sagen, dass das Bundesverfassungsgericht damals sehr deutliche Zeichen für die Freiheit und gegen eine überbordende Sicherheitspolitik gesetzt hat.

Auch heute noch denke ich, dass wir unsere seit der Aufklärung erkämpften Freiheiten nicht leichtfertig verspielen sollten. Unsere Grundrechte – und damit die Freiheit und Selbstbestimmung der Bürgerinnen und Bürger – bilden das Rückgrat unserer Demokratie. Demokratie ohne Rechtsstaatlichkeit scheint mir auf die Dauer, allen Verfechtern autoritärer Maßnahmen und »illiberaler« Demokratieauffassungen zum Trotz, kaum erstrebenswert. Statt für Gerechtigkeit und Ausgleich zu sorgen, würde sie auf lange Sicht unweigerlich eine Herrschaft der Mehrheit oder einer straff organisierten Einheitspartei über die Minderheiten und politisch Andersdenkenden zementieren. Erst die rechtsstaatlichen Elemente unserer Verfassung sichern die Einzelnen vor staatlicher Willkür und garantieren ihnen ihre Freiheit. Hierfür bindet das Grundgesetz die Gesetzgebung (die Legislative), die vollziehende Gewalt (Exekutive) und die Rechtsprechung (Judikative) gleichermaßen an die verfassungsmäßige Ordnung und an Recht und Gesetz. Einst als Provisorium in Reaktion auf die Erfahrungen aus der rechtlosen Terrorzeit des Nationalsozialismus für das freie Westdeutschland entworfen, hat das Grundgesetz nun bereits seit über siebzig Jahren für Stabilität und Rechtssicherheit gesorgt. Mit den in ihm enthaltenen Grundrechten verfügt es über einen Kanon fundamentaler und unverbrüchlich festgeschriebener Rechte, die den Kern unserer demokratischen und rechtsstaatlichen Ordnung ausmachen. Sie definieren unsere Freiheit, und auch die EU ist auf ähnliche Grundwerte und die Verpflichtung zur Rechtsstaatlichkeit gegründet.

Trotz dieser Absicherungen ist die Partizipation der Bürgerinnen und Bürger am politischen Geschehen für den Fortbestand und das Funktionieren unserer parlamentarischen Demokratie entscheidend. 1922 charakterisierte Thomas Mann in seiner Rede »Von Deutscher Republik« die »Freiheit« in der Demokratie folgendermaßen: Diese sei kein bloßer Spaß und kein Vergnügen, der andere Name für »Freiheit« laute vielmehr »Verantwortlichkeit«.[2] Damit meinte er, dass der demokratische Staat nicht die Angelegenheit weniger ist, sondern dass er alle etwas angeht, dass jeder Bürger, jede Bürgerin Verantwortung für Staat und Verfassung trägt. Das gilt insbesondere für die heutige Jugend, die nicht der vielfach beschriebenen und beschrienen Politik- und Parteienverdrossenheit überlassen werden darf. Es gibt gute Gründe, der vermehrt kursierenden Einstellung, sich für die Freiheit zu engagieren, sei von gestern, entgegenzuwirken. Wer an Stelle von Verantwortung und Beteiligung opportunistisch auf starke Führung und einen zwar vielleicht wohlwollenden, notfalls aber autoritären Fürsorge- und Wohlfahrtsstaat vertraut, trägt zur Infantilisierung der Gesellschaft bei. Wer das nicht will, sollte sich klarmachen, dass Freiheit und Selbstbestimmung mündige Bürgerinnen und Bürger brauchen, eigenverantwortlich handelnder Menschen bedürfen. Das entspricht im Übrigen ganz dem Menschenbild des Grundgesetzes, das das Individuum als autonome Persönlichkeit begreift, das in der Gemeinschaft steht und ihr verpflichtet ist.

Gesellschaft und Wirtschaft sind heute gezwungen, einer sich im Großen wie im Kleinen radikal verändernden Welt zu entsprechen. Das Recht muss die dafür nötigen Anpassungsprozesse unterstützen, kann aber das Sicheinstellen nicht vollziehen, sozusagen den Menschen abnehmen. Es entwickelt weder einen Lebensplan noch eine Vollversicherung, weder für die einzelnen Bürger noch für die Gesellschaft im Ganzen. Statt einen trügerischen und letztlich lähmenden Glauben zu verstärken, dass es so weitergehen werde wie bisher und dass alles Liebgewonnene bis in alle Zukunft gesichert sei, sollte die Rechtsordnung – jedenfalls auch und vermehrt – wieder zu Eigenverantwortung und Eigeninitiative ermutigen und diese sichern. Von dieser Eigenverantwortlichkeit lebt unser Gemeinwesen. Das vorliegende Buch versteht sich als Plädoyer für ihre Stärkung.

Dass die hier geforderte Selbstbestimmung und Verantwortung der Einzelnen für das eigene Handeln wieder aufleben kann, hat meines Erachtens mehrere grundsätzliche Anforderungen an Staat und Gesetzgebung zur Folge. Zum einen muss die Politik den permanenten Krisenbewältigungsmodus hinter sich lassen. Gesetzgebung darf kein Feld persönlicher Profilierung sein, wie das stellenweise bei der Einführung von Maßnahmen zur Einhegung der Corona-Pandemie zu beobachten war. Generell sollte die Rechtsetzung nicht weiter überregulieren. Nicht jede aktuell auftretende Fragestellung braucht ein neues Gesetz. Die konsequente Anwendung geltenden Rechts wäre vielfach die richtigere Entscheidung, auch wenn sie nicht dazu beiträgt, die eigene

Politiker-Persona – letztlich zu Unrecht – ins Rampenlicht zu rücken. Stattdessen wäre die Forderung zu stellen, lieber weniger, dafür aber handwerklich bessere und absehbar nachhaltige Gesetze zu schaffen, die auch tatsächlich umgesetzt werden können.

Zum anderen müsste der Gesetzgeber beziehungsweise die gesetzgebende Gewalt, wenn sie die grundgesetzlich verankerten Freiheitsrechte stärken will – wozu sie durch unsere Verfassung verpflichtet ist –, zwingend dafür sorgen, dass die hierfür nötigen sogenannten Grundrechtsvoraussetzungen erhalten bleiben oder geschaffen werden. Das heißt, Bürgerinnen und Bürger müssen die Möglichkeiten und reellen Chancen erhalten, ihre verbrieften Grundrechte auch wahrzunehmen, und zwar in ökonomischer wie sozialer Hinsicht und, besonders wichtig für die Zukunftsfähigkeit unserer rechtsstaatlich-liberalen Demokratie, im Hinblick auf – nicht zuletzt politische – Bildung. Ohne diese Grundsteine für gesellschaftliche Mitwirkung bleiben alle Forderungen nach mehr Initiative, Selbstbestimmung und Eigenverantwortung der Einzelnen politische Rhetorik.

Kapitel 1

Corona: Szenen einer Politik im Krisenmodus

Covid-19: Ein Virus hebelt unsere Grundrechte aus

Das Virus SARS-CoV-2, was, aus dem Englischen übersetzt, »schweres – akutes – Atemwegssyndrom-Coronavirus Typ 2« heißt, wurde Ende 2019 in der chinesischen Stadt Wuhan zuerst entdeckt und beschrieben. Am Abend des 27. Januar 2020 tauchte, wie die *Süddeutsche Zeitung* in ihrer Ausgabe vom 29. Januar berichtet, die erste Infektion in Deutschland auf: Ein Mitarbeiter des Automobilzulieferers Webasto im bayrischen Landkreis Starnberg hatte sich auf einer Schulung im eigenen Haus, zu der eine Kollegin aus Schanghai geladen war, angesteckt. Weitere Mitarbeiter erkrankten, die Firma stellte für zwei Wochen den Betrieb ein, und Ende Februar konnten alle Infizierten aus den Krankenhäusern, in denen sie isoliert und behandelt worden waren, als genesen entlassen werden. Ebenfalls Ende Februar wurden jedoch weitere Infektionen und Infektionslinien in Baden-Württemberg und Nordrhein-Westfalen bekannt, wenig später, am 11. März, stufte die Weltgesundheitsorganisation WHO die sich weltweit verbreitende, vom Coronavirus verursachte Krankheit COVID-19 als Pandemie ein. Zu diesem Zeitpunkt waren die Infektions- und Todeszahlen vor allem in Italien und Spanien bereits stark angestiegen. In Italien, aber auch in New York gab es sehr schnell in den Krankenhäusern zu wenig Intensivbetten, Beatmungsgeräte und Fachpersonal, um alle schwer Erkrankten zu behandeln. Es zeigte sich, dass die Pandemie nicht nur die dem Virus ausgesetzten Menschen bedrohte, sondern auch das gesamte Gesundheitswesen.

Situationen wie in Italien oder auch in New York wollte man in Deutschland unbedingt vermeiden. Am Abend des 12. März appellierte Bundeskanzlerin Angela Merkel im Anschluss an ein Treffen mit den Ministerpräsidenten der Länder an die Bevölkerung, »wo möglich auf Sozialkontakte zu verzichten«. Sie bezeichnete die Lage als außergewöhnlich, sogar in noch stärkerem Maße als während der Finanzkrise der Jahre 2008/2009, und sprach erstmals von einer gesundheitlichen Herausforderung, auf die es vonseiten der Medizin und Wissenschaft noch kaum Antworten gebe. »Ganz besondere Situationen erfordern auch besondere Maßnahmen. Das ist alles andere als irgendwie eine kleine Facette in einem Lauf der Geschichte, sondern es ist ein Einschnitt, der uns sehr viel abverlangt.«[3]

Am 16. März beschlossen der Bund und die Länder sogenannte Leitlinien für ein einheitliches Vorgehen, das die massive Einschränkung unseres Alltagslebens zur Folge hatte. Der Einzelhandel, der nicht auf die Befriedigung des täglichen Bedarfs ausgerichtet war, musste schließen – offen blieben Lebensmittelläden, Lieferdienste und Getränkeläden, Apotheken, Zeitungsverkaufsstellen, Bau- und Gartenmärkte, in einigen Bundesländern auch Buchhandlungen. Geschlossen wurden Spielplätze, Freizeit- und Sporteinrichtungen sowie Festspielhäuser und Kulturstätten aller Art; Gottesdienste wurden ausgesetzt, Zusammenkünfte in Vereinen, Volkshochschulen und Musikschulen sowie anderen Bildungseinrichtungen verboten, ebenso Busreisen. Besuche in Krankenhäusern und Altenheimen konnten nur noch stark eingeschränkt stattfinden, die Öffnung von Gaststätten wurde auf die Zeit von 6.00 bis 18.00 Uhr begrenzt. Reisen sowie nächtliches Beherbergen waren nur unter eng gefassten Bestimmungen erlaubt.

Eine weitere Bund-Länderrunde am 22. März setzte schließlich ein umfassendes Kontaktverbot an die Stelle von weiteren Ausgangsbeschränkungen. Bürgerinnen und Bürger hatten nun ihre sozialen Kontakte so weit wie möglich zu reduzieren. Für den öffentlichen Raum wurde ein Mindestabstand zwischen den Menschen von 1,50 Metern, besser 2 Metern definiert und ein Aufenthalt nur allein, mit einer weiteren Person oder im Kreis der Angehörigen des eigenen Hausstands gestattet. Möglich blieben der Weg zur Arbeit, die Notbetreuung von Kindern, die Teilnahme an erforderlichen Terminen, individueller Sport und Bewegung an der frischen Luft. Größere Feiern – auch in privaten Räumen – und kulturelle Events wurden untersagt, Gastronomiebetriebe wurden nun ganz geschlossen, nur Take-away von Speisen und Getränken blieb gestattet. Die Einhaltung von Hygienevorschriften war zwingend, und wirksame Infektionsschutzmaßnahmen wie Maskentragen waren Pflicht.

Trotz der Rigorosität, mit der diese Leitlinien in unsere Grundrechte eingriffen, war die Akzeptanz in der Bevölkerung durchgehend hoch und blieb es auch über den ersten Lockdown hinaus; so hielten auch im Spätsommer noch deutlich über die Hälfte der Deutschen (59 Prozent) das staatliche Vorgehen zur Bekämpfung der Pandemie für angemessen; mehr als einem Viertel (28 Prozent) der Befragten gingen die Einschränkungen sogar nicht weit genug. Nur elf Prozent empfanden die Maßnahmen der Umfrage zufolge als übertrieben.[4]

Die Pandemie als Echtzeit-Labor: Politik basiert auf der Interpretation von Wissen

Die übergroße Mehrheit der Menschen in Deutschland ist mit der Corona-Pandemie in erster Linie infolge der Verbote und Einschränkungen in Berührung gekommen, die sie in ihren als selbstverständlich erachteten, rechtlich garantierten Freiheiten beschnitten haben. Nach unserer Verfassung – dem Grundgesetz – ist das Volk der Souverän im Staat und damit Träger der höchsten Gewalt. Er übt diese Gewalt mittels der von ihm gewählten Repräsentanten aus, also der Organe der Gesetzgebung (Bundestag und Bundesrat), der vollziehenden Organe (Regierungen und Verwaltungen) sowie der Gerichte. Letztere wachen darüber, dass politische Entscheidungen mit geltendem Recht übereinstimmen. Die Regierungen und Verwaltungen sind nach diesem Modell verpflichtet, so zu handeln, wie sie es gegenüber dem Souverän, also dem Volk, als vernünftig und richtig begründen können und wie es dem Willen der gewählten Vertretung des Volkes – sprich: dem Parlament –, der sich in den verabschiedeten Gesetzen manifestiert, entspricht.

Damit Volksvertreter sachgerecht und im Sinne ihrer Wähler wie der Allgemeinheit entscheiden können, gründen sie ihre Positionen einerseits auf ein möglichst umfassendes Wissen davon, wie die Welt und die Verhältnisse in ihr beschaffen sind und welchen Platz wir in ihr einnehmen, andererseits auf einen Wertekanon, der sich für die Gesellschaft aus diesem Wissen ergibt und der mit den Veränderungen des Wissens ebenfalls Anpassungsprozesse durchläuft. Eine ihrer Hauptaufgaben ist es daher, sich zu informieren: über den Stand des aktuell verfügbaren Wissens und über die Einstellungen und Wünsche der Bürgerinnen und Bürger, die sie vertreten. Als im März 2020 und in der Folgezeit über die Aufgaben der öffentlichen Gesundheitspolitik beraten wurde, hatte man so gut wie keine verlässlichen Erkenntnisse über geeignete und erforderliche Maßnahmen. Denn tatsächlich war das Virus zu diesem Zeitpunkt neuartig und noch kaum erforscht. Trotzdem musste in kurzer Zeit darüber entschieden werden, was zu tun sei.

Wenn es um Infektionskrankheiten geht, ist in Deutschland in erster Linie das Robert-Koch-Institut dafür zuständig, die Politik mit Daten, Fakten und Hinweisen zu versorgen. Die Bundeskanzlerin ließ sich unter anderem auch von Christian Drosten, Virologe an der Berliner Charité, beraten, der mit seinem *Coronavirus-Update* beim NDR früh zu einem der Meinungsführer in Sachen Pandemie avancierte. Der Virologe Hendrik Streeck von der Universität Bonn, der in Heinsberg (NRW) mit einem Forscherteam eine Studie zur Ausbreitung des Virus durchführte, leitete aus den Ergebnissen ebenfalls Forderungen an die Politik ab, denen im Frühjahr 2020 der nordrhein-westfälische Ministerpräsident Armin Laschet folgte. So gab es nach Ankunft des Virus in Deutschland recht bald eine relativ gesicherte Faktenbasis: Es lagen Zahlen vor, die zeigten, dass sich viele Menschen infizierten, von denen einige starben, und es gab bestimmte Erkenntnisse über das Virus selbst und die möglichen Wege seiner Verbreitung wie seines Nachweises. Gleichzeitig herrschte unter den Wissenschaftlern keine Einigkeit darüber, welche Schlüsse aus den verfügbaren Fakten zu ziehen waren. Das Wissen, das der Medizin in dieser Phase der Pandemie zur Verfügung stand, wurde von der Zunft unterschiedlich interpretiert. Und je nachdem, welcher Interpretation ein Politiker folgte, fiel die Entscheidung für einen langen, strengen Lockdown oder für weniger rigide Maßnahmen und möglichst frühe Lockerungen.

Durch ihre Omnipräsenz in den Medien gewährte die Corona-Pandemie in gewisser Hinsicht einen so noch nicht da gewesenen Echtzeit-Einblick in das Entstehen und Anwachsen von wissenschaftlicher und gesellschaftlicher Erkenntnis. Tageszeitungen und die Nachrichtenformate sowie Sondersendungen in Rundfunk und Fernsehen lieferten jeden Tag die aktuellen Fallzahlen und Entwicklungen; Experten wie die schon genannten Virologen Christian Drosten und Hendrik Streeck deuteten sie in den *Tagesthemen* oder dem *heute journal*. Dabei mussten zwar für sicher gehaltene Einsichten immer wieder korrigiert und Folgerungen präzisiert werden; dennoch entstand mit der Zeit eine solider werdende Basis an Pandemiewissen. Begriffe und Modelle aus der Virologie fanden über die Wissenschaftscommunity hinaus Verbreitung, wie zum Beispiel die als R-Wert bekannt gewordene Reproduktionszahl. Sie gibt an, wie viele Personen ein COVID-19-Infizierter in einem definierten Zeitraum ansteckt, und lässt so Rückschlüsse auf die Entwicklung des Pandemiegeschehens und seine Dynamik zu. Gleiches gilt für die Einsicht in die Notwendigkeit von Hygienemaßnahmen: Häufiges Händewaschen, Desinfizieren, Abstandhalten und – nachdem es zunächst nicht als zielführend angesehen worden war – das Tragen von Mund-Nasen-Schutz haben sich als Standards durchgesetzt, deren Verletzungen, wo sie nicht geahndet werden, zumindest als grobe Unhöflichkeit gelten. Das Masketragen halten mittlerweile die meisten Experten wie der Großteil der Bevölkerung für den wichtigsten Schlüssel zur Eindämmung der Pandemie.

Währenddessen fungierten Talkshows wie *Anne Will* oder *Hart aber fair* in der ARD als Labore, in denen live beobachtet werden konnte, wie die Verhältnismäßigkeit von Maßnahmen zwischen Experten und Entscheidungsträgern diskutiert und abgewogen wurde. Auch, wenn nicht immer klar zu unterscheiden war, ob alle geforderten Einlassungen strikt zur Sache gemeint waren oder ob es – etwa bei den beiden konkurrierenden Landesvätern Armin Laschet und Markus Söder – um die Profilierung der eigenen Politiker-Persona ging. Fakt ist, das Ringen darum, die notwendigen Schutzmaßnahmen und die damit verbundenen Zumutungen auszubalancieren, fand in breit geführten öffentlichen Diskussionen statt und im Mittelpunkt der Überlegungen standen immer wieder einige der entscheidenden Punkte.

Zwischen Freiheit und Sicherheit: Die Verhältnismäßigkeit politischen Handelns

Am 26. April sagte Bundestagspräsident Wolfgang Schäuble im Interview mit dem Berliner *Tagesspiegel* einen Satz, der in der Folge zu Recht viel zitiert wurde: »Wenn ich höre, alles andere habe vor dem Schutz von Leben zurückzutreten, dann muss ich sagen, das ist in dieser Absolutheit nicht richtig.«[5] Diese Aussage enthält den Kern der Debatten um Lockdown oder Rückkehr zur Normalität – und darüber hinaus eine entscheidende Frage politischen Handelns in freiheitlich demokratisch verfassten Gesellschaften überhaupt: nämlich die nach der Verhältnismäßigkeit der eingesetzten Mittel im Hinblick auf die Lösung eines Problems.

Sicherlich geht es hinsichtlich der Gefahren von Corona tatsächlich um Leben und Tod, was einschneidende Eingriffe auch in Freiheitsrechte rechtfertigt. Es muss auf der anderen Seite aber immer mitbedacht werden, was diese Eingriffe und die über Wochen und Monate durchgehaltenen Maßnahmen anrichteten: im Hinblick auf die Wirtschaft und den drohenden Anstieg der Arbeitslosigkeit, aber auch zum Beispiel auf zu Hause isolierte Kinder. Das bedeutet, was einmal als richtig erkannt und beschlossen worden ist, muss auch in der Folge weiter auf seine Auswirkungen und deren Verhältnismäßigkeit hin beobachtet werden. Oder allgemeiner formuliert: Wenn der Staat in das Leben der Menschen eingreift, führt das fast notgedrungen zu Spannungen zwischen den Polen der Freiheit und Sicherheit. Solche Spannungen treten in allen möglichen Lebensbereichen auf, und jedes Mal muss ein überzeugender Ausgleich zwischen ihnen erreicht werden.

Darauf verpflichtet schon das Grundgesetz durch zwei Maximen, die in jeder Gesetzgebung und im Handeln aller staatlichen Akteure berücksichtigt und ausbalanciert werden müssen. In Artikel 2 Absatz 2 heißt es zum einen: »Jeder hat das Recht auf Leben und körperliche Unversehrtheit.« Hieraus ergibt sich auch die Verpflichtung des Staates, sich bei Gesundheits- und Lebensbedrohungen schützend vor bedrohte Personen und ihre Rechtsgüter zu stellen, etwa bei Epidemien, großen Unfällen oder Naturkatastrophen.

Zum anderen lautet der folgende Satz desselben Absatzes: »Die Freiheit der Person ist unverletzlich.« Wie die Sicherheit sind auch die Freiheits- und Menschenrechte nach dem Grundgesetz Verfassungsgüter von höchster Relevanz. Aus diesem Grund stehen sie in den Artikeln 1 bis 19 als garantierte Grundrechte an exponierter Stelle der Verfassung. Sie sind darüber hinaus ihrem Wesensgehalt nach geschützt, was so viel heißt, wie dass sie ihrem Sinn nach nicht verändert werden und ihre allgemeine Bedeutung nicht verlieren dürfen. Legislative, Exekutive und Judikative sind ihrer Wahrung verpflichtet und an sie und das aus ihnen abgeleitete Recht gebunden.

So ist es zwar unter bestimmten Voraussetzungen – beispielsweise und vor allem aufgrund von Gefahr für Leib und Leben – grundsätzlich erlaubt, Freiheiten einzuschränken, wie durch die unterschiedlichen Lockdowns geschehen. Immer muss dabei aber geprüft werden, ob die ergriffenen Maßnahmen Wirkung zeigen und ab wann sie wieder gelockert oder aufgehoben werden können. Wenn abzusehen ist, dass gewählte Maßnahmen mehr Folgeschäden nach sich ziehen, als dies im Hinblick auf den Schutz, den sie wirklich bieten, verhältnismäßig erscheint, ist es Zeit gegenzusteuern. Dabei müssen Gesetzgeber und die Behörden die ergriffenen Freiheitseinschränkungen stets rechtfertigen, nicht aber die Lockerungen, die Freiheiten wiederherstellen.

Aus der doppelten Schutzfunktion unserer Grundrechte ergeben sich grundlegende Anforderungen an den Staat, auf die ich in Kapitel 3 »Rückblick: Wie der freiheitliche Verfassungsstaat entstand« näher eingehe. Zum einen handelt es sich dabei um einklagbare Freiheits- und Abwehrrechte der Einzelnen gegen den Staat, zum anderen begründen ebendiese Freiheitsrechte des Einzelnen auch Schutzpflichten des Staates für die Bürgerinnen und Bürger, die in ihren Grundrechten durch Dritte (etwa durch Terrorrangriffe) oder durch objektive Ereignisse – wie Katastrophen oder Epidemien – bedroht werden.

Schwierige Entscheidungen, fragwürdige Maßnahmen

Wie beschrieben setzten der Staat und seine zuständigen Organe mit dem Ziel, Leib und Leben von Bürgerinnen und Bürgern zu schützen, im März und dann erneut ab November 2020 fundamentale Grundrechte weitgehend außer

Kraft, in einem für unsere rechtsstaatlich verfasste Demokratie bislang einmaligen Ausmaß. Das betraf vor allem anderen die allgemeine Handlungsfreiheit und die klassische Bewegungsfreiheit. Zusätzlich wurden weitere als grundlegend angesehene Rechte ausgesetzt oder erheblich beschnitten: Das Verbot, Gottesdienste abzuhalten, schränkte die Religionsfreiheit ein, insbesondere die Freiheit der Religionsausübung. Ebenfalls nur drastisch limitiert konnten die Demonstrations- und Versammlungsfreiheit in Anspruch genommen werden – und das in einer Situation, die in ihrer Brisanz geradezu dazu aufzufordern schien, politisch Stellung zu beziehen. Die Aufzählung lässt sich fortsetzen: Von der Kunstfreiheit über die Freiheit von Forschung und Lehre bis zur Berufs- und Eigentumsfreiheit nach Artikel 12 und 14 des Grundgesetzes haben die Maßnahmen zur Eindämmung der Pandemie in beinahe alle Bereiche des individuellen wie gesellschaftlichen Lebens eingegriffen.

Verständlicherweise mussten die Akteure zunächst davon ausgehen, dass alle Menschen im Land ansteckungsverdächtig sein konnten. Das war und ist der Grund für flächendeckende Verbote. Wenn sich jedoch Grundrechtseinschränkungen in einem solchen Ausmaß über eine längere Zeit hinziehen, gerät der liberale Rechtsstaat in Gefahr. Dann wird das ganze System von Freiheitlichkeit suspendiert.

Auf die gesundheitlichen Beeinträchtigungen folgten absehbar wirtschaftliche und soziale Härten, die in ihren Auswirkungen überhaupt noch nicht vollständig ermessen worden sind. Eingriffe in Berufs- und Unternehmerfreiheit, Kontaktverbote und Betriebseinschränkungen bis hin zur Schließung – und zwar nicht nur für Tage, sondern teilweise über Monate, ja über ein Jahr hinaus – haben vom Handels- und Dienstleistungssektor über Hotel- und Gaststättengewerbe bis zu Veranstaltern im kulturellen Bereich viele Unternehmen und Selbstständige schwer getroffen. Für beträchtliche Teile der Belegschaften musste Kurzarbeit angemeldet werden, wenn nicht gar Arbeitsplatzverluste zu beklagen waren; Selbstständige und Freiberufler mussten um Aufträge und Einkommen fürchten und Unternehmer und Künstler um ihre Einnahmen oder gar ihre Existenz.

Die staatlichen Schutzmaßnahmen stellten schwerwiegende Eingriffe in wirtschaftlich relevante Grundrechte dar; durch die Betriebsschließungen wurde Gewerbetreibenden gewissermaßen ein Sonderopfer zum Wohl der Allgemeinheit abverlangt. Das sind zwar keine klassischen Enteignungen, dennoch bedeuten sie einen ähnlich schweren Eingriff in das Eigentum und die Berufsfreiheit. Aus verfassungsrechtlicher Sicht müssten solche Maßnahmen durch gesetzlich geregelte Ausgleichs- oder Entschädigungsansprüche abgefedert werden. Diese Problematik wurde in politischer Hinsicht zunächst dadurch entschärft, dass Bund und Länder mit Finanzhilfen oder Kreditgewährungen reagiert und die benötigten Mittel in ihren Haushalten – gewissermaßen freiwillig – bereitgestellt haben.

Dennoch habe ich die Verhältnismäßigkeit einiger Maßnahmen von Anfang an infrage gestellt. Sie schien mir etwa beim Beherbergungsverbot oder der Einführung von Sperrstunden damals nicht gegeben. Es fehlten belastbare Beweise dafür, dass ein Übernachten in Hotels oder der Aufenthalt in Restaurants nach 22 oder 23 Uhr faktisch dazu beitrugen, die Ausbreitung des Virus zu befördern, oder dass die Maßnahmen dabei halfen, das Infektionsgeschehen einzudämmen. In jedem Fall stellen diese Maßnahmen erhebliche Eingriffe in die Berufsfreiheit der Gastwirte und Hoteliers, aber auch in die allgemeine Handlungsfreiheit der Gäste dar.

In den Herbstferien 2020 traten in verschiedenen Bundesländern Regelungen in Kraft, die, gelinde gesagt, äußerst verwirrend waren und nicht gerade dazu angetan schienen, das Vertrauen in die Stimmigkeit der Entscheidungen der Politik zu stärken. So war es in manchen Ländern Reisenden aus sogenannten Corona-Hotspots eines anderen Bundeslandes verboten, in den Hotels zu übernachten. In Bayern zum Beispiel durften Reisende aus Berlin nicht in Hotels übernachten, Reisende aus einem bayerischen Hotspot dagegen durften sich im Freistaat ungehindert bewegen und die Nacht in Hotels verbringen. Zudem führte die Hotspotregelung zur Stigmatisierung der von ihr betroffenen Personen.

Dabei hatte man schon im Juni erlebt, wie nach dem Corona-Ausbruch in einer ortsansässigen Tönnies-Fleischfabrik die Bewohnerinnen und Bewohner des gesamten Kreises Gütersloh unter Generalverdacht gestellt worden waren. Das ging teilweise so weit, dass Fahrzeuge mit Kennzeichen dieses Kreises in anderen Regionen Deutschlands beschädigt wurden. Hier musste ein Gericht einschreiten, um die stigmatisierenden Regeln für einen gesamten Kreis aufzuheben. Das nordrhein-westfälische Oberverwaltungsgericht begründete seine Entscheidung vom 6. Juli damit, dass das Land nach dem Corona-Ausbruch bei Tönnies nach einer gewissen Zeit eine differenziertere Regelung hätte erlassen müssen. Ein Lockdown für den gesamten Kreis sei nicht mehr verhältnismäßig gewesen und auch nicht mit dem Gleichbehandlungsgrundsatz zu vereinbaren.

Bei aller Kritik gab es viele Entscheidungen, die vernünftig getroffen wurden, weil das Wissen, das zu einem gegebenen Zeitpunkt zur Verfügung stand, in angemessener Weise mit unseren Wertvorstellungen in Übereinstimmung gebracht werden konnte. Das ließ sich beispielsweise bei der Frage gut beobachten, wie der Schutz insbesondere von älteren Menschen und solchen mit Vorerkrankungen gegen die Schäden abgewogen werden sollte, die durch diesen Schutz ökonomisch entstehen und viele in ihrer Existenz bedrohen.

So wurde immer wieder überlegt, ob man sich, statt die Grundrechte aller zu beschneiden, nicht besser für eine sogenannte Umkehrisolation entscheiden sollte. Das hätte bedeutet, die Ausgangsbeschränkungen und Kontaktverbote auf die Gruppen zu beschränken, die am stärksten von den Gefahren durch das Coronavirus betroffen schienen. Verfechter dieser These argumentierten, dass dadurch die Allgemeinheit und vor allem die Wirtschaft unter Umständen viel weniger stark belastet worden wären und die vordringlichen Schutzziele dennoch hätten erreicht werden können.

Allerdings sollte man hier vorsichtig sein. Es ist grundsätzlich heikel, Gebote und Verbote auf bestimmte Risikogruppen zu beschränken – allein schon deshalb, weil es gerade im konkreten Fall einer wenig erforschten Krankheit schwierig war und immer noch ist, diese Gruppen genau zu bestimmen. Mit einer Definition, die zum Beispiel alle Personen über fünfundfünfzig Jahren beinhaltet und Menschen mit Vorerkrankungen oder Behinderungen miteinbezieht, erfasst man plötzlich nahezu die Hälfte der Bevölkerung. Zum anderen erwachsen aus einem solchen Vorgehen schnell Diskriminierungen, die schwerlich zu rechtfertigen sind. Zwar darf und muss der Staat Menschen besonders schützen, die so krank und körperlich so eingeschränkt sind, dass sie sich nicht selbst schützen können. Einschneidende Verbote gegen bestimmte Personengruppen zu verhängen und einzelne Gruppen mit besonderen rechtlichen Belastungen zu versehen kann jedoch wesentlich unseren Gleichheitsvorstellungen, wie sie im ersten Absatz des Artikels 3 des Grundgesetzes ausgedrückt sind, widersprechen: »Alle Menschen sind vor dem Gesetz gleich.«

Ebenfalls begrüßenswert scheint mir, dass in Deutschland Versuche, eine Herdenimmunität zu erreichen, wie es sie in Schweden oder England gegeben hat, nicht ernsthaft in Erwägung gezogen wurden. Dort handelte man nach der Theorie, dass die Gesellschaft am besten geschützt sei, wenn sich möglichst schnell möglichst viele mit dem Virus infizierten. Ganz ähnlich funktioniert das Impfprinzip. In beiden Fällen setzt man darauf, dass sich die Ausbreitung des Virus deutlich verlangsamt, sobald ein möglichst hoher Prozentsatz der Bevölkerung gegen den Erreger immunisiert ist. Allerdings hat die Theorie unserer Nachbarn zwei große Haken: Erstens bedeutet die Ansteckung mit dem Coronavirus für die Betroffenen möglicherweise schwere Krankheitsverläufe, Langzeitfolgen (Long Covid) oder Tod; zweitens fehlten zumindest zu Beginn der Pandemie Forschungsergebnisse darüber, wie lang diejenigen, die einmal erkranken, immun bleiben.

Weiterhin ausdrücklich gutzuheißen ist, dass sich die politisch Verantwortlichen bei uns gegen die Zumutungen entschieden haben, die technische Überwachungsmöglichkeiten in Form von Smartphone-Apps bedeutet hätten, wie sie einige asiatische Länder ihren Bevölkerungen auferlegten. Auch wenn dadurch spektakuläre Erfolge bei der Pandemiebekämpfung erzielt werden konnten, muss man fragen, zu welchem Preis. Hier in Deutschland wäre damit gegen die Grundrechte der Privatheit und der informationellen Selbstbestimmung verstoßen worden. Wenn es darum geht, flächendeckend Bewegungsprofile zu erstellen und auszuwerten, dann ist die Grenze des Zulässigen klar überschritten. Es wären ja auf nicht absehbare Zeit nahezu alle Menschen erfasst worden – mit der Möglichkeit, über sie flächendeckende

Standorterhebungen durchzuführen. Damit hätten wir eine Entwicklung hin zu einer total überwachten Gesellschaft angestoßen, die wir nicht mehr hätten stoppen können, auch wenn viele zunächst vielleicht dachten, das sei immer noch besser, als den Leuten das Ausgehen zu verbieten. Ich warne vor solchen Tendenzen hin zu einem totalen Überwachungsstaat, von den Gefahren für die Datensicherheit einmal ganz abgesehen. Ob andererseits das Geld, das in die Entwicklung einer freiwilligen Corona-App investiert wurde, nachhaltig angelegt ist, bleibt ebenfalls fraglich. Hier hätte der Datenschutz zumindest eine effizientere Ausgestaltung ermöglicht.

Wenn Grundrechte zu Privilegien werden

Ende Dezember 2020, im erneuten harten Lockdown – in der Adventszeit waren die Zahlen von Erkrankungen und Todesfällen drastisch gestiegen –, wurde mit den Schutzimpfungen gegen die Corona-bedingte Infektion begonnen. Damit stellten sich neue Fragen in Bezug auf die Verhältnismäßigkeit und Legitimität der verordneten Maßnahmen: auf der einen Seite die Frage, ob und wie lange der Staat die Grundrechte von geimpften Personen weiter einschränken darf, auf der anderen Seite die Frage, inwiefern die Impfung und damit verbundene Freiheiten zu einer unrechtmäßigen Privilegierung des geimpften Teils der Bevölkerung und einer Benachteiligung aller anderen führen würden. Auch in diesem Zusammenhang ist zu wiederholen, dass die Ge- und Verbote nach dem Infektionsschutzgesetz den Sinn haben, das Infektionsgeschehen einzudämmen. Solange unklar ist, ob geimpfte Personen weiter ansteckend sind, ist eine Aufhebung oder eine Lockerung der Beschränkungen speziell für geimpfte Personen nicht angezeigt. Würde die Aufhebung oder Lockerung dennoch für diese Personengruppe verwirklicht, wäre dies sogar zweckwidrig und bedeutete eine ungerechtfertigte Privilegierung, die dem Gleichheitsgrundsatz zuwiderliefe. Sobald allerdings hinreichend gesichert ist, dass geimpfte Personen nicht nur davor geschützt sind, selbst zu erkranken, sondern dass von ihnen auch keine Ansteckungsgefahr ausgeht, gibt es aus verfassungsrechtlicher Sicht keine Legitimation mehr, die Freiheitsrechte dieser Personen weiter zu beschränken. Dann ginge es nicht mehr um eine Einräumung von Sonderrechten oder Privilegien für eine bestimmte Gruppe. Stattdessen würden etwa Ausgangs- und Kontaktbeschränkungen zu nicht mehr verfassungsrechtlich gerechtfertigten Grundrechtsbeschränkungen, die umgehend aufgehoben werden müssten.

Hierdurch allerdings drohte ein weiteres Dilemma. Denn Anbieter privater Leistungen könnten den Zugang zu ihren Angeboten vom Impfstatus des potenziellen Kunden abhängig machen. Sie könnten sich dabei auf ihre grundrechtlich geschützte Vertragsfreiheit sowie ihr Eigentum berufen und ein sogenanntes Hausrecht in Anspruch nehmen, das ihnen erlaubt, den Eintritt in ihre Räume nur ihnen genehmen Personen – in diesem Fall: geimpften – zu gewähren. Lediglich der Daseinsvorsorge dienende Einrichtungen wie Supermärkte, Krankenhäuser, Apotheken oder öffentliche Verkehrsmittel müssten von Rechts wegen für alle zugänglich sein. Damit allerdings wären gesellschaftliche Verwerfungen vorprogrammiert: Personen, die unterschiedlichen Impfgruppen angehören, könnten dann kaum noch gemeinsame Unternehmungen planen. Vom Restaurant- und Kinobesuch bis zu Urlaubsreisen würde sich der Riss durch Freundeskreise und Familien ziehen, insbesondere, wenn für Kinder auf absehbare Zeit kein Impfstoff zur Verfügung stehen sollte. Die Gesellschaft insgesamt zerfiele, bis Impfstoff für alle Impfwilligen verfügbar wäre, in Geimpfte, denen ihre Grundrechte nicht mehr vorenthalten werden könnten, und Nichtgeimpfte mit weiterhin eingeschränkten Freiheitsrechten.

Dass das auf die Dauer nicht gut gehen und dem sozialen Frieden schaden würde, scheint auf der Hand zu liegen. Es ist also unumgänglich, dass der Staat, zu dessen verfassungsrechtlich begründeten Pflichten der Schutz von Leben, Gesundheit und Freiheit aller gehört, so schnell wie möglich allen Bürgerinnen und Bürgern ein Impfangebot macht. Je mehr Zeit vergeht, in der es Geimpfte und Nichtgeimpfte und aufgrund der Impfstoffknappheit Priorisierungen von Personengruppen gibt, desto mehr droht die geduldige Mehrheit, die sich an die getroffenen Corona-Maßnahmen gehalten hat, zu schrumpfen. Das wäre weiteres Wasser auf die Mühlen all derer, die sich diesem Konsens sowieso entzogen haben: Corona-Leugner, Zweifler und sogenannte Politikverdrossene. Auf der anderen Seite kann man in einem freiheitlichen Rechtsstaat schwerlich verlangen, dass Bürgerinnen und Bürger aus Solidarität auf ihre verfassungsrechtlich verbürgten Freiheitsrechte verzichten; genauso wenig können die Organe des Rechtsstaats aufgefordert sein, Personen in ihren Freiheitsrechten zu beschränken, obwohl die Einschränkungen im Hinblick auf ihr Schutzziel eindeutig nicht mehr erforderlich sind.

Das Verstummen der Parlamente

Einzelne Maßnahmen, deren Nutzen und Verhältnismäßigkeit man immer hinterfragen kann, sind das eine. Mit größerer Besorgnis habe ich während der Pandemie beobachtet, wie die für unsere rechtsstaatlich demokratische Verfasstheit so grundlegenden Zuständigkeiten und Verfahrensweisen bei der politischen Entscheidungsfindung seit geraumer Zeit nicht mehr eingehalten werden.

Nach dem Grundgesetz ist die Bundesrepublik als parlamentarisch-repräsentative Demokratie verfasst, in der alle Staatsgewalt vom Volk ausgeht. »Sie wird«, wie es in Artikel 20 Absatz 2 heißt, »vom Volke in Wahlen und Abstimmungen und durch besondere Organe der Gesetzgebung, der vollziehenden Gewalt und der Rechtsprechung ausgeübt.« Organ der Gesetzgebung nach der im Artikel benannten Gewaltenteilung ist das Parlament, auf der Bundesebene ist es der Deutsche Bundestag. Er ist das einzige Verfassungsorgan, das vom Staatsvolk, der Gesamtheit der Staatsangehörigen, alle vier Jahre gewählt wird und so über eine unmittelbare Legitimation durch das Volk verfügt. Auf Länderebene sind es die Landesparlamente, die unmittelbar von ihrer regionalen Wahlbevölkerung gewählt werden. Von den Parlamenten leiten sämtliche anderen staatlichen Organe in Bund und Ländern ihre Legitimation ab. Damit sind die Parlamente notwendige Glieder in jeder demokratischen Legitimationskette: Sie wählen die Regierungen, Regierungschefs und andere Repräsentanten, im Fall des Bundestages etwa Bundeskanzler oder -kanzlerin und – als Bestandteil der Bundesversammlung – auch den Bundespräsidenten als höchsten Vertreter des Staats. Sachlich-inhaltlich verantworten und kontrollieren sie die Ausübung der Staatsgewalt. Bei besonders wesentlichen Entscheidungen für das Gemeinwesen gilt sogar der sogenannte rechtsstaatliche Vorbehalt des Gesetzes. Er verlangt, dass der Bundestag zum Beispiel völkerrechtlichen Verträgen selbst zustimmt und die Entscheidung nicht allein der amtierenden Regierung überlässt. Auch der Einsatz bewaffneter Streitkräfte ist grundsätzlich an ein vorheriges Mandat des Parlaments gebunden.

Das Grundgesetz gibt der Politik und Gesetzgebung nicht vor, welche inhaltlichen Ziele sie anstreben soll. Bei der konkreten politischen Gestaltung des gesellschaftlichen Zusammenlebens ist der Gesetzgeber weitgehend frei. Innerhalb des Rahmens, den ihm unsere freiheitliche Verfassung eröffnet, ist es seine Aufgabe, durch Kreativität und Regierungskunst Antworten auf aktuelle Fragen und Problemstellungen zu finden. Die Verfahrenswege aber, auf denen die politisch Handelnden zu Gesetzen, Ge- und Verboten kommen, sind festgelegt. Wenn es um derart gravierende Maßnahmen wie das Herunterfahren des gesamten gesellschaftlichen Lebens geht, kann die Willensbildung sicherlich nicht über längere Zeit allein zwischen den Regierungen von Bund und Ländern abgesprochen werden, ohne dass die dafür nötige parlamentarische Legitimation eingeholt wird. Dass wir im Fall der Pandemie für eine gewisse Zeit ein pragmatisches, von Experten begleitetes exekutivisches Vorgehen akzeptiert und unterstützt haben, liegt an der absoluten Außergewöhnlichkeit und Gefährlichkeit der Situation. Auf die Dauer fehlt diesem Vorgehen aber die in einer Demokratie wesentliche Absicherung der Entscheidungen durch die vom Volk gewählten Parlamente – also den Bundestag und die Landtage –, in denen unter anderem auch die Stimmen der Opposition gehört werden.

Zum Wesen unserer rechtsstaatlichen Demokratie gehört die Tatsache, dass alle wichtigen Entscheidungen zur Verwirklichung, Ausübung sowie zur Einschränkung der Grundrechte vom Parlament getroffen werden. Je deutlicher sich abzeichnete, dass die Pandemie und ihre Bekämpfung sich über einen längeren Zeitraum hinziehen würden, desto fragwürdiger schien es, sie als »Stunde der Exekutive« wahrzunehmen. Genau das aber ist – bei überraschend wenig Widerstand – infolge der Kanzlerin- und Ministerpräsidentenrunden ab März 2020 geschehen. Über Monate wurden die üblichen Verfahren vernachlässigt: Die grundsätzlichen Fragen wurden nicht mehr im Parlament diskutiert und dort auch im Grundsatz nicht verbindlich entschieden. Man kann sogar feststellen: Ganz überwiegend haben sich die meisten Parlamentarier selbst aus dem Spiel genommen. Durch ihre Weigerung, die ihnen gestellte Aufgabe anzunehmen und Lösungen für sie zu finden, schwächen sie aber unseren rechtsstaatlich verfassten Parlamentarismus und damit unsere gesamte freiheitliche Ordnung in einer Weise, die zutiefst bedauerlich ist. Obwohl gleich im April 2020 der Bayerische Verwaltungsgerichtshof angemahnt hatte, dass längerfristige Lockdown-Verfügungen durch das Parlament getroffen werden müssten, hat die Politik entsprechende Mahnungen weitgehend ignoriert, und auch in den Medien wurde das Problem zumindest bis in den Oktober 2020 hinein kaum aufgegriffen. Das halte ich für eine Fehlentwicklung, die sich weit gravierender auf das Vertrauen in Politik, Demokratie und die politische Klasse auswirken kann als einzelne übers Ziel hinausschießende oder in die Irre gehende Maßnahmen.

Auch die im November 2020 beschlossene Novellierung des Infektionsschutzgesetzes hat keineswegs die in sie gesetzte Erwartung erfüllt, die Parlamente wieder in ihr Recht zu setzen, aber auch in die Pflicht zu nehmen. Stattdessen enthält sie mit dem neuen Paragrafen 28a »Besondere Schutzmaßnahmen zur Bekämpfung des Coronavirus SARS-CoV-2« ganz im Gegenteil weitgehend einen »Persilschein« für die Exekutive. Die Abwägung zwischen Gesundheit und Freiheit wird so dauerhaft an die Regierenden abgegeben – und damit der parlamentarischen Entscheidungsfindung entzogen.

Selbst für einen Notstandsfall im engeren verfassungsrechtlichen Sinn – wenn also das Bundesgebiet mit Waffengewalt angegriffen wird oder ein solcher Angriff unmittelbar droht – sind im Grundgesetz keine vergleichbaren Grundrechtssuspendierungen oder -einschränkungen allein durch die Exekutive vorgesehen. Im Gegenteil regelt die für einen solchen Notstand vorgesehene sogenannte Notstandsverfassung – also die Grundgesetzartikel 115a-l – im Wesentlichen, wie der Staat sich unter Extrembedingungen zu organisieren hat, um sicherzustellen, dass die Verfassungsorgane ihren Zuständigkeiten und Aufgaben nachkommen können. Entgegen einer globalen Ermächtigung an die Exekutive wird hier versucht, weiterhin demokratisch legitimierte Gesetzgebungsverfahren zu ermöglichen, etwa durch die Einrichtung eines »Gemeinsamen Ausschusses«, also eines sogenannten Notparlaments.

Ebenso sind kurz vor Weihnachten 2020 die grundsätzlichen Entscheidungen in Zusammenhang mit der Schutzimpfung gegen das Coronavirus SARS-CoV-2 allein durch eine Verordnung des Bundesministeriums für Gesundheit getroffen worden, nämlich durch die am 15. Dezember in Kraft getretene Coronavirus-Impfverordnung. Sie legte eine Rangfolge von vier Gruppen anspruchsberechtigter Personen fest – und zwar aufgrund einer Ermächtigungsgrundlage im Sozialgesetzbuch.[6] Der hierfür herangezogene Paragraf selbst regelt jedoch weder die Ansprüche auf Schutzimpfung noch deren Voraussetzungen oder die sich aus ihnen ergebenden Rangfolgen; vielmehr betrifft die Vorschrift Leistungsansprüche von Versicherten gegenüber ihren Krankenversicherungsträgern. Darüber hinaus ermächtigt sie den Verordnungsgeber dazu, zu bestimmen, dass den Versicherten Ansprüche auf Schutzimpfung gegen das Coronavirus insbesondere dann eingeräumt werden, wenn sie aufgrund ihres Alters oder Gesundheitszustandes ein signifikant erhöhtes Risiko für einen schweren oder tödlichen Krankheitsverlauf haben, wenn sie solche Personen behandeln, betreuen oder pflegen oder wenn sie in zentralen Bereichen der Daseinsvorsorge und für die Aufrechterhaltung zentraler staatlicher Funktionen eine Schlüsselstellung besitzen. Ob und unter welchen Voraussetzungen jedoch Ansprüche auf eine Schutzimpfung gegenüber dem Staat eingeräumt werden und in welcher Rangfolge diese Ansprüche durchgesetzt werden können, wird im Gesetz selbst nicht geregelt, sondern dem Ermessen des Verordnungsgebers überlassen. Dabei müsste nach den dargelegten Grundsätzen unserer parlamentarischen Demokratie auch in diesem Fall die grundsätzlichen Entscheidungen der Deutsche Bundestag selbst treffen; insbesondere, wenn es darum geht, ob und nach welchen allgemeinen Kriterien Personengruppen bei der Impfung bevorzugt oder nachrangig behandelt werden. Dies gilt jedenfalls, solange Impfungen für eine erhebliche Zeit nicht allen impfwilligen Personen zur Verfügung stehen. Hier gäbe es einen großen Diskussionsbedarf: Warum zum Beispiel sollen über 80-Jährige, die zu Hause leben und wenig soziale Kontakte haben, etwa gegenüber niedergelassenen Ärzten und Lehrern, die durch ihre Berufsausübung ständig der Gefahr einer Ansteckung ausgesetzt sind, bevorzugt werden? Sicherlich gäbe es gute Argumente dafür, zunächst die Personengruppen zu impfen, die in ihrem Alltag Ansteckungsrisiken ausgesetzt sind, unabhängig von ihrem Alter. Auch wenn die Abgrenzungen der Personengruppen im Detail ebenso wie die Bestimmung eines adäquaten Verfahrens und der dafür bestehenden Zuständigkeiten dann sicherlich über eine Ministerverordnung geregelt werden dürfen, bleibt es dabei: Die grundsätzliche Entscheidung darüber, nach welchen Kriterien nur begrenzt zur Verfügung stehende Behandlungen ermöglicht werden, ist so wesentlich, dass sie nicht dem alleinigen Ermessen der Regierung oder des Ministers überantwortet sein kann. Hier geht es um Gesundheit und Freiheit der Menschen, ja sogar um Leben und Tod sowie um Lebens- und Entfaltungschancen. Deshalb müssen diese Fragen auf möglichst breiter Basis gesellschaftlich diskutiert werden. Denn dem Grundgesetz nach ist der Staat zur Garantie des Schutzes von Leben und Gesundheit für jede und jeden gleichermaßen verpflichtet. Nur das vom Volk gewählte Parlament verfügt über die notwendige demokratische Legitimation für derart wesentliche Entscheidungen, allein das parlamentarische Verfahren gewährleistet die notwendige öffentliche Debatte, Transparenz und erhöhte Rechtssicherheit. Denn anders als eine Ministerverordnung hat ein Gesetz eine besondere Bestandskraft; es könnte nur vom Verfassungsgericht verworfen werden.

Regieren und lavieren

Ob politisch beschlossene Maßnahmen die erwünschte Wirkung entfalten, hängt ganz wesentlich davon ab, ob die Bürgerinnen und Bürger bereit sind, sie mitzutragen. Gerade gesellschaftliche Ausnahmesituationen wie Kriege oder Seuchen hatten schon immer das Potenzial, hier sehr unterschiedliche Verhaltensweisen zu provozieren. Sie können den Zusammenhalt einer betroffenen Bevölkerung stärken und in ihr den Willen wecken, eine als von außen kommend wahrgenommene Bedrohung gemeinsam durchzustehen, wie es mit breiten Initiativen unter der Überschrift »Flatten the Curve« im Hinblick auf Corona geschehen ist. Ähnliches beschreibt auch Albert Camus in seinem Roman *Die Pest*, in dem die Seuche als Metapher für den Nationalsozialismus verstanden werden kann. Obwohl es aussichtslos – oder in Camus' Duktus: absurd – scheint, sich gegen die Ausweglosigkeit der Situation aufzulehnen, entwickeln sich in der von der Pest eingenommenen Stadt Oran doch Solidarität und Menschlichkeit.

Besonders destabilisierende und lang anhaltende Auswirkungen hatte dagegen die bislang wohl verheerendste Pandemie der menschlichen Geschichte, nämlich die Pest, die um die Mitte des 14. Jahrhunderts fast ganz Europa heimsuchte. Sie ist als »Schwarzer Tod« in die Annalen eingegangen und kostete nach aktuellen Schätzungen in einem Zeitraum von vier Jahren gut ein Drittel der damaligen europäischen Bevölkerung das Leben, wobei die Todesraten in italienischen, französischen und spanischen Städten deutlich höher, die in englischen und deutschen niedriger lagen. Vielen Zeitzeugenberichten lässt sich entnehmen, dass im Angesicht der Katastrophe weniger gemeinschaftliches Handeln die Regel war, sondern ganz im Gegenteil Destabilisierung und Aggression vorherrschten. So beschreibt der Dichter Boccaccio in seinem Erzählzyklus *Dekameron* den Verfall von Sitten und weltlicher wie kirchlicher Macht, der dazu führte, dass jeder sich erlauben konnte und erlaubte, »was er immer wollte«.[7] Gesunde ließen ihre kranken Angehörigen im Stich, um aus den Städten zu fliehen, im Angesicht der als apokalyptisch empfundenen Situation alle Pflichten zu vernachlässigen und sich stattdessen den wildesten Ausschweifungen hinzugeben. Da keine Lösung der bestehenden Probleme in Sicht war, wurden Sündenböcke gesucht und insbesondere in den schon länger angefeindeten Juden gefunden; in weiten Teilen Europas kam es zu Pogromen und Massakern, die durch die Habgier Einzelner zusätzlich angefacht wurden. Auch Stadtregierungen, der amtierende Papst Klemens VI. und Fürsten, die bereit waren, die jüdische Bevölkerung zu unterstützen, konnten dem Morden nicht Einhalt gebieten und büßten bei ihren Versuchen, es doch zu tun, selbst an Autorität ein. Im Anschluss an die Verheerungen durch den Schwarzen Tod war die kulturelle und künstlerische Blütezeit des mitteleuropäischen Hochmittelalters beendet, sein Menschenbild erschüttert und seine politisch fein austarierte Machtbalance unwiederbringlich verloren.

Auch wenn die Umstände selbstverständlich nicht vergleichbar sind: Für die Corona-Pandemie lässt sich feststellen, dass die weitaus überwiegenden Teile der Bevölkerungen ihren Regierungen gefolgt sind, als sich diese – auch die Repräsentanten freiheitlicher Demokratien – auf der ganzen Welt dazu entschlossen haben, fundamentale Freiheitsrechte auszusetzen, um schnell und wirkungsvoll handeln zu können. Die Bürgerinnen und Bürger haben die Entscheidungen zugunsten des Gesundheitsschutzes und der Sicherung der schwächeren Mitglieder der Gesellschaften mitgetragen und so ein Zeichen für Konsens und Vertrauen in die Vernunft einer Politik gesetzt, die ihnen Zumutungen auferlegte. Hätte ein größerer Teil von ihnen die Corona-Maßnahmen ignoriert oder gegen sie protestiert, hätten neben den Pandemiestatistiken auch die politischen Verwerfungen weitaus ungünstiger ausfallen können.

Jede Gesellschaftsordnung ist angesichts unvorhergesehener Belastungen gefährdet und kann im Extremfall zerbrechen. Damit sie funktioniert, bedarf sie nicht nur eines Staates, der Probleme löst, sondern wesentlich auch des Vertrauens der Bevölkerung in diesen Staat. Eine freiheitlich verfasste Ordnung braucht Bürgerinnen und Bürger, die in der Lage sind, einer Vernunft zu folgen, die manchmal über ihr persönliches aktuelles Nutzen-Kalkül hinausgeht und die Sache der Allgemeinheit in den Blick nimmt. Die meisten Menschen in Europa haben sich während der Pandemie dazu entschieden, ihren Regierungen zu folgen, und sie haben es weitgehend aus freien Stücken getan.

Um Menschen dazu zu bewegen, Maßnahmen mitzutragen, die für sie zunächst Verzicht bedeuten, ist es von höchster Wichtigkeit, nur vernünftig begründbare Maßnahmen zu treffen und diese Maßnahmen transparent zu kommunizieren – also etwa die Strategien bei der gesamtgesellschaftlichen Bemühung, die Ausbreitung des Virus einzudämmen, plausibel zu machen. In Zeiten der Pandemie, insbesondere der Lockerungen von Einschränkungen, hat es jedoch immer wieder Beispiele gegeben, die Zweifel daran aufkommen ließen, wie richtig und nachvollziehbar manche Entscheidungen waren. Wenn beispielsweise zeitweilig bestimmt wurde, dass keine Ladengeschäfte öffnen durften, deren Verkaufsfläche über 800 Quadratmetern lag, konnte man sich durchaus fragen, ob dies unter infektionsschutzrechtlichen Gesichtspunkten als gerechtfertigt anzusehen war. Man konnte nämlich vermuten, dass auch großflächige Geschäfte für die Einhaltung der Abstands- und Hygieneregeln sorgen können – und vielleicht sogar besser als kleine, in denen sich die Kunden unter Umständen sehr viel mehr drängen, wodurch die Einhaltung der Regeln eher schwierig wird.

Wenn die Bereitschaft der Bevölkerung, einschneidende Schutzmaßnahmen als unerlässlich hinzunehmen und zu befolgen, das absolute Vertrauen in die Handlungsfähigkeit des Staates und die Rationalität seiner Entscheidungen voraussetzt, so gilt umgekehrt: Erfolgen diese Entscheidungen in weiten Teilen »kopflos«, irrational, widersprüchlich und im Übermaß, ja erscheinen sie bisweilen gar absurd und nicht durchsetzbar, so wird dieses Staatsvertrauen zerstört. Dann erodieren der Rechtsgehorsam der Bevölkerung und die Herrschaft des Rechts – und das ist Gift für die rechtsstaatliche Demokratie.

Mit der 800-Quadratmeter-Regel hatten die Behörden eine Grenze aus dem Bauplanungsrecht übernommen, die mit dem Infektionsschutz wenig zu tun hat. Als die Zweifel an ihr lauter wurden, änderte sich jedoch die Argumentation. Nun hieß es: Zwar könnten die großflächigen Geschäfte die Abstands- und Hygieneregeln genauso gut, vielleicht sogar besser durchsetzen und praktizieren. Dafür hätten diese Geschäfte aber eine besondere Anziehungskraft, und viele Leute kämen ihretwegen vermehrt in die Innenstädte. Dabei nutzten sie öffentliche Verkehrsmittel, was wiederum dazu führen würde, dass mehr Menschen zeitweise auf engem Raum zusammenkämen und dann dort das Infektionsrisiko steigen würde. Auch dieses Argument war nicht stichhaltig. Denn viele großflächige Geschäfte befinden sich nicht in den Fußgängerzonen der Innenstädte, sondern außerhalb, in Gebieten, die in der Regel mit dem eigenen Pkw und so gut wie nie mit öffentlichen Verkehrsmitteln angesteuert werden. Bestimmte großflächigere Geschäfte durften dieser Diskussion zum Trotz öffnen, so zum Beispiel Möbelgeschäfte und Garten- oder Baumärkte. Das war für viele Menschen und vor allem für die Geschäftsleute, die von Schließungen oder Teilöffnungen betroffen waren, kaum einsichtig. Deshalb haben schließlich auch Verwaltungsgerichte und Oberverwaltungsgerichte eingegriffen, wie der Bayerische Verwaltungsgerichtshof, der die Begrenzung auf 800 Quadratmeter ausdrücklich für verfassungswidrig erklärte.

Insgesamt entstand vor allem in der dritten Welle der Pandemie, kurz vor Ostern 2021, in wachsenden Teilen der Bevölkerung der Eindruck, die Politik wisse nicht mehr, was sie tue. Maßnahmen schienen zwischen den Landesregierungen und der Kanzlerin zunehmend willkürlich getroffen, angekündigt und wieder zurückgenommen zu werden. Seinen Gipfel fand dieses Lavieren, als Angela Merkel sich öffentlich für die von ihr zunächst geforderte und dann doch gekippte »Osterruhe« entschuldigte. In einer kurzfristig anberaumten Sondersendung von *Anne Will* erklärte sich die Kanzlerin zu ihrer Corona-Politik. Zwar sei es, wie sie sagte, die richtige Idee gewesen, die Zeit über die Feiertage für einen nochmals verschärften Lockdown zu nutzen und erfolgte Lockerungen – etwa für den Einzelhandel oder den Präsenzunterricht an Schulen – wieder auszusetzen, um so den neuerlichen exponentiellen Anstieg der Infektionszahlen zu bremsen. Es habe jedoch zu viele offene Fragen gegeben, die sich in der Kürze der Zeit nicht hätten lösen lassen. Auch räumte sie ein, sie habe die Option, den Bundestag und seine Gesetzgebungskompetenz stärker ins Spiel zu bringen, zu wenig genutzt.

Diese Äußerung unterstreicht ein weiteres Mal, wie wenig ernst selbst in Regierungskreisen die Rolle des Parlaments in unserem parlamentarischen Regierungssystem genommen wird, was für Bund und Länder gilt. Denn entgegen der Vorstellung, die Exekutive könnte entscheiden, den Bundestag ins Spiel zu bringen, sind es ja nach unserer grundgesetzlichen Ordnung die Parlamente, die die Aufgabe der Gesetzgebung und der Kontrolle der Regierung und Verwaltung haben, während die Regierungen den Beschlüssen ihrer Parlamente verpflichtet sind. Sehr spät besannen sich unsere Politiker darauf, dass der Bundestag keineswegs nur als »Schwatzbude der Nation« anzusehen ist, als die das Parlament in der Weimarer Republik des Öfteren diskreditiert wurde. So hat nach Ostern endlich eine breite parlamentarische Beratung über das Infektionsschutzgesetz stattgefunden. Unter dem Stichwort der »bundeseinheitlichen Notbremse« ging nun der Bundesgesetzgeber daran, zu bestimmen, welche Einschränkungen unter welchen Bedingungen über die Ländergrenzen hinweg gemacht und durchgesetzt werden sollten. Auch wenn es bis zu diesem Umdenken, das ich in Artikeln und Interviews bereits ein ganzes Jahr früher eingefordert hatte, viel zu lang gedauert hat, ist es sicherlich zu begrüßen, dass der Bundesgesetzgeber so die ihm zustehenden Zuständigkeiten endlich wieder an sich gezogen und die Ermächtigung der Länder, alle Beschränkungen durch Verordnungen allein über die Exekutive zu erlassen, zurückgenommen hat. Der Bundesregierung mag es dabei vor allem darum gegangen sein, zu verhindern, dass die Ministerpräsidenten immer wieder auf Alleingänge setzen und so ein allzu bunter föderalistischer Flickenteppich in Bezug auf ergriffene Corona-Maßnahmen oder Lockerungen entsteht. Dennoch gibt es auch unter Föderalismusaspekten wenig an der Entscheidung für eine bundesgesetzliche Regelung auszusetzen. Dass der Bund die Verantwortung, die ohnehin kraft seiner Gesetzgebungskompetenz für den Infektionsschutz von Rechts wegen bei ihm liegt, wieder übernimmt, ist in diesem Zusammenhang gänzlich unproblematisch. Auch durch einen erhöhten Detaillierungsgrad der Regelungen wird der Föderalismusgedanke nicht verletzt. Und ihr Vollzug obliegt selbstverständlich sowieso auch weiterhin den Ländern.

Hinsichtlich der Gefahren, die sich angesichts des immer wieder beanstandeten »Flickenteppichs« unterschiedlicher Maßnahmen in den Ländern unter Gerechtigkeitsaspekten ergeben, ist festzuhalten, dass eine bundeseinheitliche gesetzliche Regelung des Infektionsschutzes die gerichtliche Kontrolle der Maßnahmen nun einheitlich dem Bundesverfassungsgericht überantwortet. So kann nicht mehr jedes Zivil- oder Verwaltungsgericht sein eigenes Rechtsverständnis für seinen Zuständigkeitsbereich durchsetzen.

Auch wenn der Gesetzgeber letztendlich bei den Verfahren und Formen wieder eine zu begrüßende Richtung eingeschlagen hat, bestehen gegen manch eine diskutierte Maßnahme berechtigte Vorbehalte. Wie lässt sich etwa begründen, dass eine immer wieder geforderte nächtliche Ausgangssperre tatsächlich einen Einfluss auf das Infektionsgeschehen haben wird? Geht es hier nicht viel eher darum, die Menschen wirkungsvoller zu kontrollieren? Da man den Bürgerinnen und Bürgern schlecht die Polizei in die Wohnungen schicken kann, möchte man sie so wohl lieber auf der Straße erwischen – wobei auch immer. Selbstverständlich bedeutet das eine immense, meines Erachtens nicht plausibel begründbare Einschränkung der Freiheit jedes einzelnen Bürgers, jeder einzelnen Bürgerin.

Als ebenso umstritten gilt das Festhalten am Inzidenzwert als dem alleinigen Gradmesser für die jeweilige Gefährdungslage, von dem etwa Schulschließungen und weitere Beschränkungen des Einzelhandels abhängen sollen. So haben beispielsweise Klaus Stöhr, ein ehemaliger Experte der WHO für Epidemiologie, und der Virologe Detlev Krüger, der Vorgänger von Christian Drosten an der Charité, gefordert, die Politik solle Corona-Maßnahmen besser an tatsächlichen Erkrankungen ausrichten als an der Anzahl ermittelter Infektionen.

Letztere sagt nämlich wenig darüber aus, wer tatsächlich wie schwer betroffen ist und wie viele Personen es betrifft. Zudem haben sich gerade über die Osterfeiertage aufgrund nicht erfolgter und dann nachgereichter Meldungen die Zahlen des RKI als wenig zuverlässig erwiesen. Ebenso unterscheidet die vom Gesetzgeber zurate gezogene Sieben-Tage-Inzidenz nicht, in welchen Altersgruppen, Lebensräumen und Bevölkerungsgruppen Infektionen auftreten. Geht es um punktuelle Ausbrüche in einzelnen Hotspots wie Schulen, Fleischfabriken oder Alten- und Pflegeheimen, oder stecken sich flächendeckend Menschen unterschiedlicher Altersgruppen und Gefährdungslagen an? Gleich hohe Inzidenzen können in der Realität vor Ort dramatisch unterschiedliche Bedeutung haben. Auch hier wird also nicht genügend auf Wirksamkeit und Plausibilität der zu Hilfe genommenen Instrumente geachtet. Und so wird auch hier – abgesehen von den verfassungsrechtlichen Bedenken wegen der Verhältnismäßigkeit – erneut das Vertrauen auf vernünftige Entscheidungen der Politik gefährdet – und damit die Bereitschaft der Bürgerinnen und Bürger, die getroffenen Maßnahmen mitzutragen und sich ihnen mit dem Gefühl zu beugen, das Richtige zu tun und zuletzt die Krise zu überwinden.

Jenseits von Corona

Die Pandemie hat, seit sie im Frühjahr 2020 in Europa und Deutschland angekommen ist, nicht nur unser Leben sprichwörtlich aus den Angeln gehoben, sondern nahezu alle öffentlichen Debatten im Land ganz weitgehend bestimmt. Auch der Großteil meiner Überlegungen zur Bedeutung unserer Freiheit ist von ihren Auswirkungen erfasst und mitgeprägt worden. Sei es das Recht auf wirtschaftliche Selbstbestimmung, auf Meinungsfreiheit oder den Schutz vor Gefahren für die öffentliche Sicherheit – in allen gesellschaftlichen Bereichen drängten sich Beispiele aus dem Pandemiegeschehen auf. An ihnen wird exemplarisch deutlich, was ganz grundsätzlich gilt: Auch jenseits der Pandemie müssen Politik und Gesellschaft die sozialstaatliche Ordnung Bedingungen anpassen, die sich ständig verändern. Die Forderungen und Zumutungen einer Welt im Wandel sind vielfältig; ob sie wie die Digitalisierung als technologische Revolution bei uns ankommen, als globale Wirtschaftskrise über uns hereinbrechen oder als Notwendigkeit erscheinen, angesichts der Drohungen des Klimawandels in praktisch allen Lebensbereichen umzudenken. Immer wieder geht es darum, unser Zusammenleben und seine Regeln aufgrund von wechselnden Herausforderungen zu überdenken und zukunftsfähig zu machen. Dabei gilt es, mögliche Gefahren, aber auch Chancen zu erkennen – das geschieht im stetigen Abgleich mit dem Stand unseres Wissens von der Welt – und zwischen unseren Freiheiten und den Geboten einer Vernunft abzuwägen, die über den Moment hinausweist.

Unser Grundgesetz stellt uns hierfür seit mehr als 70 Jahren einen stabilen Rahmen zur Verfügung, der so flexible Gestaltungen zulässt, dass er selbst über lange Perioden kaum der Ergänzungen bedarf. Vielmehr entwickeln sich Politik und gesellschaftliche Wertsetzungen innerhalb dieses Rahmens im Sinne von »trial and error«, das heißt, ohne von vornherein bestimmten inhaltlichen Vorgaben zu unterliegen, wohin die Reise gehen soll. Wie Regisseure und Darsteller auf einer offenen Bühne erschaffen Politik und alle, die an der Gestaltung des öffentlichen Lebens teilhaben, Dialogzeile um Dialogzeile die Aufführung unseres gesellschaftlichen

Miteinanders. Beständige Kontrolle der Regierenden durch die parlamentarische Opposition und die Gerichte sowie Kritik durch Medien und Zivilgesellschaft sorgen dafür, dass es hoffentlich auch ein gutes Theaterstück wird; dass die Regeln, die wir uns geben, mit den Erfordernissen und Fragen der Zeit Schritt halten und den Werten entsprechen, die uns wichtig sind.

Als besonders schützenswert ist in den vergangenen Jahrzehnten neben der Gesundheit die Natur in den Fokus gerückt. Wie können wir unser aller Lebensgrundlagen angesichts der größer werdenden Herausforderungen beim Klimaschutz erhalten? Häufiger auftretende Dürren und Unwetter auch in unseren Breiten stellen genauso konkrete Gefahren für Leib, Leben und soziale Sicherheit dar wie die Folgen des Klimawandels im globalen Sinn, sei es als steigende Meeresspiegel oder weltweite Migration von Menschen auf der Flucht vor Hunger und Krieg. Auch hier muss der Staat angemessen ausgleichen zwischen den Freiheitsinteressen seiner Bürgerinnen und Bürger einerseits und seiner Verpflichtung, auf Dauer die Sicherheit der Allgemeinheit zu gewährleisten, andererseits.

Als Beispiel für die Schwierigkeiten solcher Aushandlungsprozesse sei hier kurz der von den Grünen im Rahmen des Bundestagswahlkampfs 2013 vorgeschlagene »Veggieday« genannt, der den als klimaschädlich erkannten Fleischkonsum verringern sollte. Sind solche drastischen Eingriffe in unsere Freiheit sinnvoll, oder gibt es andere, bessere Mittel und Wege zu einer klimafreundlicheren Gesellschaft, die den Menschen in seiner Eigenverantwortung belassen?

Aber auch die Gefahren durch terroristische Anschläge und politische, vor allem rechtsextremistisch, antisemitisch oder rassistisch motivierte Gewaltverbrechen stehen weiter auf der politischen Agenda. In jüngster Vergangenheit haben wir sie etwa mit der Ermordung des Kasseler Regierungspräsidenten Walter Lübcke im Juni 2019, dem Anschlag auf die Synagoge in Halle mit zwei Todesopfern im Oktober desselben Jahres oder der Bluttat von Hanau mit elf Toten im Februar 2020 erlebt. Auch die Gewaltbereitschaft linker Extremisten, die sich bisher vor allem in durch linke Ideologen angestifteten Anschlägen auf Pkw oder Verkehrsinfrastrukturen entlädt, nimmt zu.

Alle genannten Politikfelder verlangen mit Dringlichkeit nach Lösungen. Dennoch sollten wir es als Gesellschaft vermeiden, ihnen gegenüber in einen dauerhaften Krisenmodus zu verfallen. Gerade angesichts großer Herausforderungen wäre es wichtig, nicht bloß kurzfristig im Sinne einer je aktuellen Gefahrenabwehr zu reagieren, sondern mit Ruhe und Weitsicht nachhaltig zu handeln.

Vor allem aber braucht es zur Bewältigung bestehender wie kommender Herausforderungen neben der geeigneten Politik auch Bürgerinnen und Bürger, die bereit sind, sich für ihre und unser aller Freiheit zu engagieren. Um hierfür Anreize zu schaffen, soll im Folgenden dargestellt werden, wie unsere freiheitliche Rechtsordnung und unser demokratisches Staatswesen sich von konkurrierenden Gesellschaftsmodellen unterscheiden und wie sie entstanden sind. Darauf aufbauend wird aus unterschiedlichen Blickwinkeln beleuchtet, was wir an ihnen haben und haben können – wenn wir es nur wollen.

Kapitel 2

Systemvergleiche

Das chinesische Modell

Die Entscheidungswege in Demokratien sind häufig langwierig und konfliktbehaftet. Angesichts neuer oder besonders großer Herausforderungen glauben viele Menschen daher, dass es Gesellschaften wie der unseren kaum gelingen kann, in angemessener Zeit befriedigende Lösungen zu entwickeln und umzusetzen. Dass die Regierenden in Deutschland sich mit widerstreitenden Meinungen und Interessen der Bevölkerung, mit vielfältigen Lobbygruppen, Sonderwünschen aus Ländern und Kommunen oder vonseiten der europäischen Partner auseinandersetzen müssen, wird als zunehmend ineffizient und unbefriedigend empfunden. Demgegenüber seien autoritär geführte Staaten wie China viel besser in der Lage, auf eine Krise schnell und wirkungsvoll zu reagieren. Statt sich in wenig zielführenden Abstimmungsprozessen aufzureiben, kann die Regierung in Peking mit dem riesigen Machtapparat der Kommunistischen Partei im Rücken weitgehend ungehindert Entscheidungen treffen und diese auch durchsetzen.

Tatsächlich zeigt sich bei der ersten unkritischen Betrachtung, dass die chinesische Führung die Corona-Pandemie nach dem initialen großen Ausbruch in Wuhan auf spektakuläre Weise unter Kontrolle gebracht hat. Seit Mitte des Sommers habe es im Land sogar gar keine lokalen Ansteckungen mehr gegeben, heißt es nach offiziellen Verlautbarungen; erst im Oktober 2020 tauchten neue kleinere Infektionscluster auf. Dieser Erfolg ist, abgesehen davon, dass die offiziell veröffentlichten Statistiken mit gebotener Vorsicht betrachtet werden sollten, allerdings zu einem hohen Preis erkauft worden, und zwar vor allem mit Blick auf unser Verständnis von Freiheit und Rechtsstaatlichkeit. So ist die elf Millionen Einwohner zählende Metropole Wuhan, in der die Krankheit zuerst entdeckt und beschrieben wurde, im Frühjahr 2020 für ganze zweieinhalb Monate komplett von der Außenwelt abgeriegelt worden. »Dabei kamen«, wie Amnesty International berichtet, »paramilitärische Truppen, Spezialeinheiten der Polizei, staatliche Gesundheitsmitarbeiter sowie von der Kommunistischen Partei organisierte ›Nachbarschaftskomitees‹ zum Einsatz – allesamt ausgestattet mit weitreichenden repressiven Befugnissen.«[8]

Bewohnerinnen und Bewohner durften die eigenen vier Wände nur noch zum Einkaufen oder zum Arztbesuch verlassen; wenn sie in Häusern wohnten, in denen es Infektionen gegeben hatte, mussten sie teilweise sogar über 70 Tage in ihren Wohnungen ausharren, ohne auch nur an die Luft zu können. Reisebeschränkungen verboten es ihnen wie den in der Stadt gestrandeten Besuchern, Wuhan ohne Ausnahmegenehmigung zu verlassen, der Individualverkehr wurde untersagt, der öffentliche Nahverkehr massiv eingeschränkt, Kontrollposten an den Ein- und Ausfallstraßen der Stadtviertel und -bezirke eingerichtet. Die Maßnahmen wurden rigoros durchgesetzt, einem Bericht im *Spiegel* nach wurde Verstößen sogar mit der Androhung von Haft- bis hin zu Todesstrafen begegnet.[9]

Auch nach Aufhebung von Ausgangssperre und Reiseverbot Anfang April galten weiter strenge Auflagen: etwa die Rund-um-die-Uhr-Kontrolle für alle durch eine verpflichtende Smartphone-App, die Gesundheitsdaten und Bewegungsprofile ihrer Nutzer nachverfolgt. Wer Wuhan nach dem Ende der Abschottung verließ, musste darüber hinaus am Ziel seiner Reise innerhalb Chinas wiederum für 14 Tage in strenge Quarantäne.

Als im Herbst in Qingdao am Gelben Meer neue COVID-19-Fälle bekannt wurden, zeigte der chinesische Staat ein weiteres Mal, mit welcher Effizienz er auf Herausforderungen zu reagieren imstande ist: Innerhalb einer Woche ließen die zuständigen Behörden alle neun Millionen Einwohner der Küstenstadt auf das Coronavirus testen. Dabei wurden, wie es heißt, keine neuen Infektionen registriert.

Die weitgehende Erholung von Menschen und Wirtschaft in der zweiten Jahreshälfte 2020 führte dazu, dass die Welt mit einem gewissen Neid auf China blickte. Trotz allen Eigenlobs der chinesischen Führung, aber auch der Anerkennung durch die WHO oder den deutschen Gesundheitsminister Jens Spahn ist dennoch zu konstatieren, dass die Kommunistische Partei Chinas mit ihrer Politik der harten Hand nur einen Teil der Aufgaben zufriedenstellend bewältigt hat. Bei genauerer Betrachtung zerfällt die Geschichte der Corona-Pandemie in dem asiatischen Land nämlich in zwei Phasen: In der ersten Phase bis weit in den Januar 2020 hinein leugnete die Regierung das Problem, erst in der zweiten Phase machte sie sich an seine Bekämpfung. Während das rigorose Einparteiensystem die Pandemie zuletzt effizient bewältigt hat, hat es in der ersten Phase völlig versagt, mit gravierenden Folgen für die ganze Welt.

Zu Beginn der Corona-Krise, ab Ende November 2019, haben chinesische Behörden die Berichte von Ärzten über die Häufungen ungewöhnlicher Lungenentzündungen in Wuhan und den Ausbruch einer Epidemie als »illegale Gerüchte« unterdrückt. So starben zunächst allein in Wuhan zwischen Januar und März 2020 etwa 3300 Menschen an ihrer COVID-19-Erkrankung. Als die chinesische Regierung schließlich umschwenkte, konnte sie nicht mehr verhindern, dass sich die Virusinfektion zu einer Pandemie entwickelte.[10]

Das auch in China zumindest auf dem Papier bestehende Recht auf Meinungsäußerung wurde in diesem Zusammenhang gleich in mehrere Richtungen außer Kraft gesetzt. Das Bekanntmachen der Krankheit wurde untersagt, weil die Partei innenpolitisch um ihre Macht und nach außen um den Ruf Chinas fürchtete; auch Kritiker der Maßnahmen oder Menschen, die über sie berichteten, waren Repressionen ausgesetzt. Diese Politik der Vertuschung verletzte jedoch nicht nur international anerkannte Menschenrechte, sondern sie erwies sich auch als fatal im Umgang mit dem tödlichen Virus: »Das Zensursystem ist der eigentliche Grund für die nicht zu stoppende Epidemie«, konstatiert die Menschenrechtsanwältin Wang Yu gegenüber dem Deutschlandfunk.[11]

Solche Schuldzuweisungen und Zweifel an der Richtigkeit des staatlichen Vorgehens verbittet man sich in Peking selbstverständlich genauso, wie man dort höchstwahrscheinlich belächelt, welches Unwohlsein uns unsere rechtsstaatlichen Bedenken etwa im Hinblick auf Persönlichkeitsrechte oder den Datenschutz bereiten. Gerade am Beispiel des Umgangs der chinesischen Regierung mit dem Ausbruch der Pandemie zeigt sich jedoch die Schwäche des starren, illiberalen Systems. Die Regierenden haben anfangs nämlich nicht möglichst schnell versucht, die Menschen zu schützen und die

Ausbreitung des Virus zu verhindern, sondern waren zunächst vor allem bemüht, Schaden von der Partei und dem Ruf des Landes abzuwenden. Kritik am Regierungshandeln ist jedoch eine notwendige Voraussetzung, um Fehler zu korrigieren. Autoritären Regimen, die Kritik nicht zulassen, sondern sogar systematisch unterdrücken, fällt diese Selbstkorrektur grundsätzlich schwerer als demokratischen Ländern.

Vordergründig mag die Effizienz chinesischen Regierungshandelns attraktiv erscheinen im Vergleich zu den Krisen, Blockaden und Streits, die wir im Moment auf vielen Ebenen unseres demokratischen Systems erleben. Doch hinter den beiden Systemen verbergen sich zwei grundverschiedene Ausrichtungen von Politik. Im freiheitlich demokratischen Rechtsstaat ist das Regierungshandeln ausschließlich auf die Freiheit und das Wohl seiner Bürgerinnen und Bürger ausgerichtet. Dagegen dient autokratisches Regierungshandeln in erster Linie dem Machterhalt der politischen Kaste, das Wohl des einzelnen Bürgers, der einzelnen Bürgerin ist gegenüber diesem Ziel nachrangig.

Die grundsätzliche Verschiedenheit der Systeme wird natürlich im Bereich des Rechtswesens besonders deutlich, wovon ich mir bei einem Besuch in China persönlich ein Bild machen konnte. Im Jahr 2005 folgte das Bundesverfassungsgericht, dessen Präsident ich damals war, einer Einladung des obersten chinesischen Gerichtshofs nach Peking. Dort hatten wir als Richterinnen und Richter nicht nur den Wunsch, den obersten Gerichtshof der Volksrepublik, sondern auch andere Institutionen der Justiz, etwa das oberste Gericht der Hauptstadt, zu besuchen. Im Prinzip stellt es ein Pendant zu einem regionalen Oberlandesgericht in Deutschland dar; wie man sich denken kann, ist es aber um ein Vielfaches größer. Unserem Wunsch wurde entsprochen, und wir wurden im

»Oberlandesgericht von Peking« sehr freundlich empfangen. Stolz und eindrucksvoll führten unsere Gastgeber uns vor, wie dort das chinesische Verständnis von Rechtsstaatlichkeit praktiziert wird. Gemeinsam betraten wir einen großen Raum, in dem Monitore die Wandflächen füllten. Sie dienten dazu, die in Bild und Ton aufgezeichneten Gerichtsverhandlungen live in das oberste Gericht der Region zu übertragen. Der uns führende Gerichtspräsident erläuterte den deutschen Delegationsmitgliedern, in diesem Raum werde die Rechtsstaatlichkeit verwirklicht. Alle derzeit stattfindenden mündlichen Verhandlungen in Peking würden hierher übertragen und hier beobachtet, man könne sich sogar vonseiten der Zentrale einschalten. Dies alles geschehe, um die Standardisierung der Rechtsprechung zu gewährleisten und so die Ziele der Rechtsstaatlichkeit, die *rule of law*, mit den Mitteln zeitgemäßer technischer Möglichkeiten umzusetzen.

Das Konzept der Rechtsstaatlichkeit entwickelte sich als Mittel gegenüber dem »Recht des Stärkeren«. Ziel und Kern ist vor allem, dass der Staat und seine Vertreter nicht nur Gesetze erlassen, sie vollziehen und Recht sprechen, sondern umgekehrt selbst diesen Gesetzen und dem in ihnen zum Ausdruck kommenden Recht unterworfen sind. Indem der »einfache« Bürger seine verbürgten Rechte auch gegen staatliche Instanzen und ihre Vertreter, ja gegen den Staat selbst einklagen und durchsetzen kann, wird der Staat in seiner Macht eingehegt. Nur indem der Staat seine vollziehenden und rechtsprechenden Organe an das Recht und seine Verfahren sowie die Gesetzgebung an die Verfassung bindet, kann überhaupt von Rechtsstaatlichkeit gesprochen werden. Damit, dass der Staat Verfahren kontrolliert und überwacht und womöglich sogar von einer übergeordneten Instanz in sie eingreifen lässt, ist diese Unterwerfung der staatlichen

Organe unter das Recht jedoch keineswegs gegeben. Im Gegenteil übt der Staat, anstatt seine Macht einzuhegen, diese Macht uneingeschränkt aus, in Form von Kontrolleuren, die selbst unsichtbar bleiben. Statt um transparente Verfahren, die der Rechtsdurchsetzung jedes einzelnen Menschen dienen und dafür sorgen, dass alle vor dem Recht gleich behandelt werden, geht es hier um die Sicherung der Eigeninteressen des Staates durch totale Überwachung.

Wie sehr gerade das Handeln der chinesischen Staatsführung auf Überwachung und Kontrolle setzt, um den Machterhalt zu gewährleisten, lässt sich insbesondere im Bereich der Digitalisierung beobachten. Allen voran ist die im Frühjahr 2015 angekündigte Einführung eines allumfassenden Sozialkredit-Systems zu erwähnen, dessen Verwirklichung bis zum Ende des Jahres 2020 geplant gewesen ist. Es handelt sich um ein System, für das aus allen gesellschaftlichen Bereichen Daten über das persönliche Verhalten von Personen gesammelt, ausgewertet und zu einer ganzheitlichen Bewertung gebündelt werden. Dabei werden das Konsum- und Internetverhalten, die Einschätzungen von Lehrern und Vorgesetzten, Verkehrsdelikte, Konflikte mit Vermietern oder den eigenen Kindern und vieles mehr in die Wertung einbezogen. Auf diese Weise sollen durch das System, wenn es voll funktionsfähig ist, alle Bürgerinnen und Bürger erfasst werden – die Möglichkeit, ihre Zustimmung zu verweigern, haben sie nicht. Aus der Analyse der Daten erhält jeder Chinese und jede Chinesin eine Gesamtbewertung, die wiederum über seine/ihre Chancen etwa auf dem Wohnungs- oder Arbeitsmarkt, aber auch beim Buchen von Reisen und Flügen entscheidet. Konkret könnte das beispielsweise bedeuten, dass jemand, weil er eine rote Ampel überfahren hat und außerdem dafür bekannt ist, eine Flasche Rotwein pro Woche zu leeren, nicht mehr ins Ausland reisen darf. Als Ziel des Projektes nennt die chinesische Regierung die Herstellung eines gesellschaftlichen Vertrauens oder einer »Mentalität der Ehrlichkeit«.[12] Totale Kontrolle, drakonische Strafen und die damit verbundene Angst, sich falsch zu verhalten und dafür an den Pranger gestellt zu werden, sind aber kaum das, was wir unter Ehrlichkeit verstehen würden. Für unsere Ohren klingt sowohl das Beispiel der Gerichtsüberwachung wie auch das der umfassenden Kontrolle aller Bürgerinnen und Bürger eher nach politischen Dystopien, wie sie selbst George Orwell kaum totalitärer hätte erdenken können. Die Garantie der Menschenwürde und viele weitere Grundrechte werden in China in eklatanter Weise verletzt; sie haben für die chinesische Regierung – wie für andere totalitäre Regime – schlicht keine Bedeutung.

Neue Unübersichtlichkeit: Ein Einfallstor für Populisten

In den freiheitlichen Demokratien konnten die Menschen in der Corona-Krise den Eindruck gewinnen, zu viele widerstreitende Instanzen mit zu unterschiedlichen Interessenlagen behinderten einander gegenseitig. Lange Zeit schien das Vorgehen der europäischen Staaten unkoordiniert und schlecht abgestimmt; auch das bundesrepublikanische föderale System erweckte häufig den Eindruck, als sei es hauptsächlich damit beschäftigt, einen Flickenteppich aus unübersichtlichen Regelungen und jede Menge Streit und Unsicherheiten zu produzieren.

Wie die Pandemie haben auch Klimawandel, Digitalisierung oder internationaler Terrorismus mit Prozessen zu tun, die häufig unter dem Stichwort der Globalisierung zusammengefasst werden. Die Welt rückt in vielerlei Hinsicht enger zusammen, Dinge werden komplexer, und Einflusssphären überlagern sich. Es ist geradezu ein Signum unserer Gegenwart, dass in ihr die Unübersichtlichkeit wächst. Das heißt unter anderem, dass es immer schwieriger wird, einfache Antworten auf bestehende Problemlagen zu geben. Demgegenüber ist es einer der großen Vorteile unseres Systems, dass es flexibel auf Neues reagieren kann, gerade weil es inhaltlich offen und in vielen Bereichen kaum im Vorhinein auf bestimmte Ziele festgelegt ist. Am gesellschaftlichen Prozess von Erkenntniszuwachs und Anpassung an Herausforderungen kann prinzipiell jeder teilhaben. So lassen sich einerseits viele Themen gleichzeitig bearbeiten. Andererseits kann es einer sechzehnjährigen Schülerin wie der schwedischen Aktivistin Greta Thunberg gelingen, auf ein Thema aufmerksam zu machen und den politischen Druck auf die Regierungen der ganzen Welt zu erhöhen.

Dennoch erreicht die zunehmende Unübersichtlichkeit mitunter beunruhigende Ausmaße und führt zu diffusen Ängsten; bedienen die Medien die betreffenden Themen zusätzlich aufmerksamkeitsheischend, verstärken sie die damit verbundenen Gefühle in der Regel noch. Dann macht sich Emotionalität breit, wo Vernunft herrschen sollte. Und allzu häufig verlässt sich die Politik nicht auf die stabilisierenden Verfahren des rechtsstaatlichen Systems, sondern reagiert zum Beispiel mit falsch verstandenem Pragmatismus wie beim »Wir schaffen das!« der Bundeskanzlerin in der Flüchtlingskrise. Statt dass geltendes Recht durchgesetzt wird, wie es die Verfassung verlangt, werden dann Entscheidungen eher nach den vermuteten Gefühlslagen der potenziellen Wählerschaft oder aufgrund von subjektiv humanitären Gesichtspunkten getroffen.

In einem Rechtsstaat wie dem unseren können allerdings auch Humanität und Moral grundsätzlich nur mithilfe des Rechts und nicht gegen es durchgesetzt werden. Anderenfalls entstehen Räume, in denen das Recht keine Geltung mehr hat, und das toleriert unsere rechtsstaatliche Ordnung nicht. Sie fordert die uneingeschränkte Herrschaft des Rechts für alle und in allen Situationen. Für ihre Durchsetzung ist allein der Staat mit seinem Machtmonopol zuständig. Das wiederum ist für ihn nicht nur Privileg, sondern vor allem Verpflichtung.

Demgemäß kann ein Untätigbleiben der Politik nicht hingenommen werden, wie wir es etwa angesichts der nicht erfüllten Forderungen aus der Climate-Action-Verordnung zur Dekarbonisierung beobachten können. Hier werden europarechtlich verbindlich festgelegte Ziele zur Reduktion von Treibhausgasemissionen um voraussichtlich viele Millionen Tonnen CO_2-Äquivalente verfehlt werden, ohne dass der Gesetzgeber wirkungsvoll etwas dagegen täte. Und das, obwohl es neben der Rechtsdurchsetzung um nichts Geringeres geht, als unsere Lebensgrundlagen in längerer Perspektive zukunftsfähig zu erhalten.

Es besteht in unserem System also – hier wie in anderen Bereichen – immer wieder Grund für Unzufriedenheit mit dem Agieren der politischen Klasse. Kein Ausweg scheint es mir allerdings zu sein, die Politik angesichts dieser Verärgerung auf die Straße und in die sozialen Netzwerke verlagern zu wollen, wie das etwa ein kleiner Teil von Gegnern der Corona-Maßnahmen betreibt. Diese Gegner brechen selbst in vielen Fällen das Recht, dessen Geltung sie angeblich einfordern wollen, beispielsweise, indem sie auf ihren Veranstaltungen und Demonstrationen in fahrlässiger Weise Abstandsregeln und Maskenpflicht nicht einhalten.

Ebenfalls nicht zielführend ist es, wenn wir in der öffentlichen Diskussion und auch in den Medien immer häufiger nur extreme Standpunkte vernehmen. Das hat teilweise verschwörungstheoretische Züge angenommen, was sich besonders in den Kommentarspalten und in den sozialen Medien niederschlägt. Eine bemerkenswerte Wirkung hiervon ist die extreme Polarisierung von Meinungen und ihren Trägern, die oftmals nicht mehr in der Lage sind, über Argumente zu kommunizieren. An die Stelle demokratisch verfasster Auseinandersetzung treten dann schnell offen geäußerter Hass und unüberbrückbare Freund-Feind-Schemata – eine Entwicklung, wie wir sie seit den Hochzeiten der PEGIDA-Demonstrationen in Dresden kennen. Ein Teil der Social-Media-Nutzer wird zu Fans, zu Followern starker Männer und ihrer Systeme. Das haben seit einigen Jahren viele Wortführer an den extremen Rändern unserer politischen Landschaft verstanden, die für die Erreichung ihrer Ziele auf weitreichende Polarisierung setzen. Ihnen allen ist gemein, dass sie unsere liberale Demokratie und ihre freiheitssichernde Funktion nicht sehr hoch einschätzen.

Führende Politiker aus mit uns eng verflochtenen Staaten wie der Türkei, aber auch in EU-Mitgliedstaaten wie Polen oder Ungarn preisen seit einiger Zeit die von ihnen verfochtene »illiberale Demokratie«. Sie schränken die Verfassungsgerichtsbarkeit und Meinungsfreiheit zunehmend ein und inszenieren sich dabei als starke Führungsfiguren mit einfachen Antworten. Hemdsärmelig gehen sie die von ihnen selbst definierten Missstände an und geben vor, von ihnen als allgemeingültig behauptete Traditionen schützen zu wollen. Dabei sind ihre Regierungen demokratisch legitimiert und haben sogar teilweise Zweidrittelmehrheiten hinter sich.

Der Wunsch nach Orientierung in einer unübersichtlich gewordenen Welt droht zum Einfallstor für populistische Ideen zu werden. Wenn sich große Teile ihrer Bevölkerungen tatsächlich bewusst dafür entscheiden, dass ihnen rechtsstaatliche Elemente ihrer Verfassungen weniger wichtig sind als die starke Führung durch einen paternalistischen Staat, sollte uns das zu denken geben. Denn die Anwendung und Durchsetzung geltenden Rechts für und gegen jedermann, die Achtung der Freiheits- und Menschenrechte sowie die Unabhängigkeit der Justiz sind grundlegende Errungenschaften der freiheitlichen Ordnung, die seit dem Ende des Zweiten Weltkriegs die Basis für unser Zusammenleben in Frieden und Wohlstand in Europa ist. Wer bereit ist, sie zu opfern, weil er oder sie sich insgeheim nach mehr Eindeutigkeit, Führung und nach mehr Weisungen und Verboten sehnt, gibt damit wesentliche Elemente preis, die repräsentativen Demokratien und parlamentarischen Regierungssystemen ihre außerordentlich hohe Stabilität verliehen haben.

Demokratie ohne Rechtsstaatlichkeit scheint dagegen kaum erstrebenswert. Im Gegensatz zu unserem System, das auf Gerechtigkeit und Ausgleich bedacht ist, würde eine Demokratie ohne rechtsstaatliche Kontrolle und Bindung auf lange Sicht unweigerlich in eine Herrschaft der gesellschaftlichen und politischen Mehrheit über die Minderheiten führen. Die Einzelnen wären nicht mehr sicher vor staatlicher Willkür, und keine Instanz würde ihnen ihre einklagbare Freiheit garantieren, die bei uns nach dem Grundgesetz einklagbar ist.

Starke Männer, Fake News und gespaltene Gesellschaften

Nicht nur in den bereits genannten Ländern im östlichen Europa und in der Türkei lässt sich beobachten, dass freiheitliche Systeme auch nach den einschneidenden Erfahrungen mit Totalitarismus und Gewaltherrschaft im 20. Jahrhundert noch immer von populistischen Führerpersonen gekapert werden können. Auch im Ursprungsland der modernen Demokratie, den Vereinigten Staaten, zeigte sich, was es für das gesellschaftliche Klima einer ganzen Nation bedeuten kann, wenn Standards von Rechtsstaatlichkeit, demokratische Verfahren und Vernunft offensiv beschädigt werden.

So verwundert es wenig, dass gerade die USA unter der Trump-Administration den Gegenpol zum chinesischen »Erfolgsmodell« in der Bekämpfung der Corona-Pandemie markiert haben. Hier hat die Regierungsstrategie, das Virus über lange Strecken komplett zu ignorieren beziehungsweise seine Gefährlichkeit zu leugnen, dazu geführt, dass die USA im Herbst 2020 mit großem Abstand die Tabellen der weltweiten Corona-Fallzahlen anführten, wie sie die Johns Hopkins University in Baltimore, Maryland, veröffentlicht. Sowohl was die Infektionen als auch was die Anzahl der Todesfälle anging, standen sie mit großem Abstand an der Spitze. Während der damalige Präsident im Wahlkampf und nachdem er selbst erkrankt war, immer weiter davon redete, COVID-19 sei halb so schlimm, waren bis Mitte Oktober in seinem Land bereits mehr als 215 000 Menschen an den Folgen der Krankheit verstorben. Auch in Brasilien, wo Präsident Bolsonaro bereits im Sommer an COVID-19 erkrankt war und die Gefährlichkeit der Krankheit zu der einer leichten Grippe herunterspielte, hatte es zum selben Zeitpunkt bereits deutlich über 150 000 Tote in Verbindung mit dem Coronavirus gegeben.

Beide Politiker sind in ihren Staaten, die jeweils von gravierenden und wachsenden sozialen Spaltungen geprägt sind, im Wesentlichen dadurch an die Macht gekommen, dass sie einfache Antworten auf komplexe gesellschaftliche Herausforderungen versprochen und klare Feindbilder benannt haben. Den immer deutlicher werdenden Klimawandel etwa leugnen sie gleichermaßen; Gelder, die zu seiner Begrenzung beitragen sollen, haben sie gestrichen, internationale Abkommen aufgekündigt und sabotiert. Ihre Ignoranz gegenüber wissenschaftlichen Erkenntnissen in Bezug auf die Pandemie genauso wie die Weigerung, selbst Schutzmasken zu tragen, haben nicht nur wenig zu den Bemühungen beigetragen, die Ausbreitung der Infektion zu verlangsamen, sondern im Gegenteil Corona-Leugner ermutigt und das Chaos in ihren Ländern vergrößert.

Selbstverständlich sind die USA auch nach vier Jahren Trump-Regierung noch immer eine robuste Demokratie mit einer unabhängigen wie wirkungsvollen Kontrolle der Regierungspolitik, und zwar nicht nur durch die Verteilung von Machtbefugnissen zwischen Bundesstaaten und Bundesregierung, sondern vor allem auch durch eine starke Judikative. Ähnlich wie unser Grundgesetz etabliert die amerikanische Verfassung – die in diesem Punkt als eins seiner wesentlichen Vorbilder anzusehen ist – ein strapazierfähiges System von »Checks and Balances«. Zwar vereint der Präsident in seiner Person eine Machtfülle, die in unserer parlamentarischen Demokratie nicht zuletzt aufgrund der Erfahrungen mit dem Machtmissbrauch in der Zeit des Nationalsozialismus zwischen 1933 und 1945 ausgeschlossen ist. Mithilfe von »Executive Orders« genannten Dekreten kann er seine Politik unter

Umständen auch gegen den Kongress durchsetzen, ohne dass er dazu einer formalgesetzlichen Ermächtigung bedürfte. Dennoch haben Gerichte sowohl auf Staats- als auch auf Bundesebene die Macht, seinem Durchregieren Schranken zu setzen.

Immer wieder zeigte sich in den Jahren seit 2017, welche Zerreißprobe die bis einschließlich 2020 herrschende Politik aus dem Weißen Haus für die über Generationen austarierte Balance des Systems bedeutete. Sie baute auf stark vereinfachende Schilderungen sozialer, wirtschaftlicher, politischer oder militärischer Problemstellungen, betrachtete politische Gegner als Feinde und mobilisierte die eigenen Anhänger über alle verfügbaren medialen Kanäle in einer Weise, durch die sie die Spaltung der Gesellschaft vertiefte. All das hat nicht zuletzt den bisher als verbindlich angesehenen Zusammenhang zwischen Vernunft und Politik preisgegeben, der in Gesellschaften, die sich als aufgeklärt verstehen, über die verschiedenen Lager hinweg das Grundvertrauen der Bürgerinnen und Bürger in ihre politische Vertretung absichert. Ein Präsident, der sich selbst an die Spitze derer stellt, die Fake News verbreiten, hat sicher kaum eine zukunftsfähige Einigkeit seiner Nation im Blick. Wie die starken Männer in der Türkei, Polen oder Ungarn auch bietet er in erster Linie der eigenen Klientel die Möglichkeit, sich allein auf die eigenen Wünsche und Privilegien zu konzentrieren.

Auch wenn unser politisches und gesellschaftliches System von vergleichbar tiefgreifenden Zerwürfnissen derzeit weit entfernt scheint, zeigen die Beispiele doch, dass die Gefahren, die von Populisten ausgehen, nicht unterschätzt werden sollten. So verlockend es manchen erscheinen mag, starken Führern zu folgen und damit eigene Verantwortung abgeben zu können, so anziehend deren einfache Antworten auf viele wirken mögen – die Geschichte hat immer wieder gezeigt, dass Populisten, wenn sie an die Macht gelangen, vor allem eins tun: unsere hart erkämpften Freiheiten außer Kraft setzen. Gerade wir in Deutschland haben damit schlimmste Erfahrungen gemacht.

Lehren aus der Rechtlosigkeit und ein Blick zurück über die Mauer

Pluralistische Gesellschaften wie unsere werden nicht mehr vorrangig durch gemeinsame Tradition, Religion oder Kultur zusammengehalten. Sie finden stattdessen in der Anerkennung der Verfassung, ihrer Werteordnung und des demokratisch gesetzten Rechts ihre verbindende Grundlage. Auf sie kann sich die Mehrheit der Bevölkerung beziehen, genau wie es die Minderheiten können. Für die Bundesrepublik Deutschland lässt sich sagen, dass das Grundgesetz und die auf ihm gründenden Gesetze im Zusammenspiel mit stabilen wirtschaftlichen und sozialen Verhältnissen unsere Gesellschaft über die Jahrzehnte ganz wesentlich geeint haben. In den über siebzig Jahren seines Bestehens hat das Grundgesetz den Rahmen für unsere Demokratie abgesteckt. Es hat unsere Freiheiten definiert und Verfahrensweisen vorgegeben, die es Politik und Gesetzgebung ermöglichen, den sozialen Konsens im Abgleich mit den zivilgesellschaftlichen Diskursen weitgehend offen zu gestalten. Auch heute noch erweist sich unsere Verfassung als tragfähiges Gebäude mit den Grundrechten als stützende Pfeiler. Über die Jahre sind mit neuen Herausforderungen, wachsendem Wissen und den damit verbundenen Werten immer wieder neue Räume angebaut und integriert worden, ohne dass dabei die zentralen Strukturen beschädigt worden wären.

Diese enorme Standfestigkeit auch in stürmischen Zeiten haben wir den Frauen und Männern des Parlamentarischen Rats zu verdanken, die das Grundgesetz erdacht haben. Auf den Ruinen der Schreckensdiktatur des Nationalsozialismus ist es als ein Bekenntnis zur rechtsstaatlichen Demokratie und zu Werten wie Freiheit, Gleichheit und Menschenwürde entstanden. Sie können nicht abgewählt werden, weder vom Volk noch von parlamentarischen Mehrheiten. Um sicherzustellen, dass der so charakterisierte Geist des Grundgesetzes erhalten bleibt und bei allen nötigen Anpassungsleistungen an sich verändernde Rahmenbedingungen im allgemeinen Wandel nicht verloren geht, gibt es eine eigene Gerichtsbarkeit, die über seine Einhaltung wacht: das Bundesverfassungsgericht und die Verfassungsgerichte der Länder.

Zunächst als Provisorium gedacht, waren die wichtigsten Zielsetzungen bei der Ausarbeitung des Grundgesetzes nach Diktatur, Krieg und vollständigem Zusammenbruch die Errichtung eines parlamentarischen Rechtsstaats und der wirtschaftliche Wiederaufbau.

Während der Periode der Teilung Deutschlands genügte häufig ein Blick in die DDR mit ihrem konkurrierenden staatssozialistisch-autoritären System, um sich zu vergewissern, was wir an unserer freiheitlichen Ordnung hatten. Denn was sich auf der anderen Seite zeigte, waren als Erstes die militärisch hochgerüsteten Grenzanlagen, mit deren Hilfe die eigene Bevölkerung im Land gehalten werden sollte. Aus meiner Kindheit, Studenten- und Assistentenzeit im geteilten Berlin habe ich ihren Anblick noch heute klar vor Augen.

Bei näherer Betrachtung wurde darüber hinaus erkennbar, wie tief die Strukturen der Stasi-Machenschaften in Familien und Freundeskreise hineinreichten, mit dem Ziel, aus Bürgerinnen und Bürgern eine opportunistische und durch die

Planungen der Partei lenkbare Masse zu formen. Auch wenn die Ausmaße des staatlichen Unrechts erst nach der Vereinigung der beiden deutschen Staaten vollständig ans Licht kamen, schien in Anbetracht dessen, was man im Westen wusste oder auch nur ahnte, die Verpflichtung auf eine Verfassung, die für fast alle ersichtliche Prosperität, individuelle Freiheit und Mitbestimmungsmöglichkeiten schuf, nicht schwer.

Heute, nachdem die Teilung Deutschlands und die Teilung der Welt in Ost und West seit drei Jahrzehnten überwunden sind – nicht zuletzt, weil die Bevölkerung der neuen Bundesländer sich entschieden hat, dem Geltungsbereich des Grundgesetzes beizutreten –, stehen mit Klimawandel und wirtschaftlichen Verteilungskämpfen, internationalem Terrorismus oder Pandemien neue Herausforderungen auf der Tagesordnung. Sie setzen ein gefestigtes, aber auch saturiertes und dabei bisweilen unbeweglich gewordenes Gemeinwesen unter einen gewaltigen und ungewohnten Anpassungsdruck. Das führt neuerdings zu Zweifeln an einem System, das über lange Zeit hochstabil war und zu Zweifeln keinen Anlass gab. Anstatt jedoch das System infrage zu stellen, also unsere Verfassung und den durch sie geschaffenen freiheitlichen Rechtsstaat, sollten wir uns darauf konzentrieren, es wieder funktionsfähiger zu machen.

Unser Grundgesetz kann, so wie es beschaffen ist, unsere Freiheit und politische Stabilität auch für die absehbare Zukunft sichern. Darüber hinaus ermöglicht es uns durch seine weitgehende inhaltliche und gestalterische Offenheit, kreativ mit neu auf uns zukommenden Herausforderungen umzugehen und mit ihnen fertigzuwerden. Dafür braucht es allerdings sowohl in der Politik als auch in der Zivilgesellschaft Menschen, die sich einbringen und erkennen, welche Anforderungen die Fragen der Zeit an sie, ihr Denken und ihr Engagement stellen. Opportunismus, Untertanengeist und Lethargie helfen uns mit Sicherheit genauso wenig wie ein Mehr an Überwachung, wie wir es in China beobachten können, oder eine weitere gesellschaftliche Polarisierung durch Populisten.

Um in der gesellschaftlichen Diskussion wieder den Weg zurück in die Mitte und zu tragfähigen Lösungen für alle zu finden, braucht unser Gemeinwesen Menschen, die bereit sind, sich in Diskussionen um die Suche nach gangbaren Wegen einzubringen. Das entspricht auf der einen Seite dem Menschenbild des Grundgesetzes.

Auf der anderen Seite geht es, wenn wir uns weiterhin und auf Dauer von autoritären Systemen und illiberalen Demokratien unterscheiden wollen, um die Rückbesinnung der Politik auf die bestehenden Strukturen und Funktionsbedingungen unserer parlamentarischen Demokratie. Gefordert sind hier sowohl Fähigkeit als auch Bereitschaft zu visionärer Führung und zukunftsorientierter Gestaltung – in strikter Wahrung des rechtsstaatlichen Grundsatzes der Herrschaft von Gesetz und Recht. Diese Aufgabe kann den Politikern und Amtsträgern niemand abnehmen.

Vielleicht hilft es aber, sich wieder deutlicher vor Augen zu führen, was eigentlich die Wesensmerkmale des freiheitlichen Verfassungsstaates sind und wie sie sich historisch – gegen Fürstenwillkür und religiöse Vorschriften, aber auch staatliche Übergriffigkeit – entwickelt haben, um zu einem Verständnis davon zu kommen, was überhaupt genau der Zweck des Staates ist und was uns unsere Freiheit wert sein sollte.

Kapitel 3

Rückblick: Wie der freiheitliche Verfassungsstaat entstand

Die Geburtsstunde der politischen Freiheit

Im Zentrum unseres Grundgesetzes stehen die Grundrechte jedes einzelnen Menschen. Darin unterscheidet es sich etwa von der ersten demokratisch-rechtsstaatlichen Verfassung Deutschlands, der sogenannten Weimarer Reichsverfassung. Die Freiheit ist somit Ausgangspunkt und Zweck unseres freiheitlichen Verfassungsstaats, der es, indem er die Grundrechte gewährt und garantiert, jedem Einzelnen erlaubt, seine Freiheitsrechte gegen den Staat geltend zu machen und notfalls einzuklagen.

Freiheit ist von jeher ein schillernder Begriff. Er beinhaltet die Vorstellung von einer Welt ohne Missstände und Not. In einem utopischen Reich der Freiheit könnten die Menschen als autonome Subjekte zwischen verschiedenen Möglichkeiten die jeweils beste auswählen. Dabei wäre es ihnen möglich, ihre wahre Bestimmung zu finden, sich zu dem zu entwickeln, was sie sein könnten. Und das alles ohne Zwang, frei von Beschränkungen. Sie wären einerseits – das ist die geläufige negative Definition des Freiheitsbegriffs – frei von Unterdrückung, Armut und Gewalt. Andererseits – so die positive Bestimmung – wären sie frei, sich aktiv an der Gestaltung der Gesellschaft, in der sie leben, zu beteiligen. Politische und wirtschaftliche Selbstverwirklichung, wie der Liberalismus sie vertritt, beruhen auf diesem positiven Aspekt des Freiheitsbegriffs.

Seit ihrer Gründung gelten die Vereinigten Staaten von Amerika als »Land of the Free«, und das nicht nur laut ihrer Nationalhymne. Das Selbstverständnis als Hort und Garant der Freiheit prägt die USA bis heute, und es strahlt weit über ihre Grenzen hinaus, auch wenn es seit dem Ende des Zweiten Weltkriegs einiges an Glanz verloren hat. Letztendlich konnten die Atombombenabwürfe über Hiroshima und Nagasaki, der Vietnamkrieg, CIA-Geheimaktionen in Süd- und Mittelamerika, Afrika und Asien, Kriege im Nahen und Mittleren Osten oder auch die ungelösten Rassismus-Probleme und Konflikte zu Hause dieses Selbstverständnis nicht schmälern. Historisch unbestreitbar ist, dass die dreizehn an der Gründung der Vereinigten Staaten beteiligten nordamerikanischen Kolonien die Ersten waren, die das »Recht auf Freiheit« als oberstes Gebot für das Handeln des Staates festschrieben. Drei Dokumente veränderten die Geschichte: die Grundrechteerklärung von Virginia (Virginia Declaration of Rights) von 1776, die amerikanische Unabhängigkeitserklärung aus demselben Jahr und die 1787 verabschiedete Verfassung.

Letztere enthält mit der Bill of Rights, die ihr 1789 in Form von Zusatzartikeln zugefügt wurde, einen einklagbaren Grundrechtekatalog, der noch heute in Kraft ist. Die Verfasser um Politiker wie Thomas Jefferson übersetzten damals neue Ideen aus der Sphäre der Theorie in die Politik und das Recht: zum einen den Gedanken, dass alle Menschen von Natur aus frei und gleich und ihr Leben sowie ihr Eigentum unverletzlich sind; zum anderen das für alle Menschen geltende unveräußerliche Recht auf Leben, Freiheit und das Streben nach Glück. Natürlich konnte die neue Verfassung bestehende Ungerechtigkeiten nicht aus der Welt schaffen. Freiheit galt in der Praxis der amerikanischen Gesellschaft zunächst bei Weitem nicht für alle Menschen gleichermaßen; die Bürgerrechte erstreckten sich weder auf Sklaven noch auf Frauen. Ähnlich wie in der Demokratie der griechischen Polis mehr als 2000 Jahre zuvor blieben politische Selbst- und Mitbestimmung – vorerst – Privilegien von männlichen Bürgern mit Grundbesitz.

Dennoch gab die Unabhängigkeitserklärung in ihrer Präambel mit dem Satz »all men are created equal« ein Versprechen, auf das sich die Forderungen nach Abschaffung der Sklaverei im Bürgerkrieg genauso beziehen konnten wie später die Bürgerrechtsbewegungen und der Kampf gegen die Rassentrennung. Seine Festschreibung als Verfassungsgrundsatz ermöglicht es Minderheiten auch heute noch, auf ihre Rechte zu verweisen und sie einzuklagen.

1789 erkor auch die Französische Revolution den Freiheitsbegriff im Dreiklang »Freiheit, Gleichheit, Brüderlichkeit« zu ihrer Parole. Inspiriert von den Ereignissen in Amerika brachte der Marquis de La Fayette, der selbst am amerikanischen Unabhängigkeitskrieg gegen Großbritannien teilgenommen hatte, einen Entwurf zu einer »Erklärung der Menschen- und Bürgerrechte« in die neu gegründete Nationalversammlung ein. Seit ihrer Verkündung am 26. August 1789 gilt ihr Text als Grundlage der französischen Demokratie und ihrer rechtsstaatlich verbürgten Freiheit. Enthalten ist auch hier die Garantie, dass alle Menschen frei und gleich an Rechten geboren werden; zudem wird jede politische Vereinigung darauf verpflichtet, den naturgegebenen und unantastbaren Menschenrechten auf Freiheit, Eigentum, Sicherheit und dem Widerstand gegen Unterdrückung zu dienen. Darüber hinaus verortet die Erklärung den Ursprung souveräner Macht beim Volk und schreibt die Gewaltenteilung fest.

Freiheit oder: Die Zähmung des Leviathan

Der politische Gehalt dessen, was Freiheit sein soll, hat sich im Lauf der Zeiten immer wieder verändert. Im klassischen Griechenland war die Demokratie Sache der Freien, Besitzenden und Gebildeten, das schloss die große Mehrheit der Menschen aus. In den feudalen Gesellschaften des Mittelalters herrschten starre Hierarchien und eine unverrückbare Ordnung von Abhängigkeiten – der Grad an Freiheit des einzelnen Menschen hing vom Grad seiner Macht ab. Einer überwiegenden Mehrheit unfreier Bauern stand eine sehr viel kleinere Gruppe von Freien, Lehnsherren und Lehnsleuten gegenüber. Die Lehnsleute wiederum waren ihren Lehnsherren als Vasallen verpflichtet, Dienst und Gehorsam zu leisten. Da die Kirche nicht mehr wie im Römischen Reich Staatskirche war, gab es nebeneinander weltliche und kirchliche Herrscher und Hierarchien, und da die Ordnung nicht (nur) politisch-rechtlich, sondern in erster Linie religiös legitimiert war, wies sie auch Königen und Päpsten die ihnen bestimmten Plätze zu: als Vasallen oder Statthalter Gottes auf Erden. Freiheit existierte nur in Form von Privilegien, also Sonderrechten. Personen oder Gruppen wie Zünfte und Stände konnten in den Genuss der obrigkeitlichen Privilegien, etwa der Freiheit von Steuerbelastungen, kommen. Diese rechtliche Sonderstellung wurde gewährt, um die bestehenden Machtverhältnisse zu festigen. Im Gegenzug verpflichteten sich die Privilegierten, Recht und Machtbereich des Herrschers anzuerkennen und zu erhalten.

Diese frühmittelalterliche Ordnung aus Adel, Klerus und Bauern veränderte sich allmählich ab dem 12. Jahrhundert, als es zu zahlreichen Neugründungen von Städten kam. Anders als die Bauern auf dem Land begannen die Menschen in den Städten, sich gegenüber Fürsten und Reich zu emanzipieren und sich selbst zu verwalten. Den Bauern und Leibeigenen, den Unfreien auf dem Land, eröffnete sich damit eine Perspektive zur – wenn auch keineswegs einfachen – Flucht: Wem es gelang, innerhalb der Stadtmauern für mindestens ein Jahr unterzutauchen, der konnte für sich das Recht in Anspruch nehmen, frei zu sein. »Stadtluft macht frei«, lautete eine damals verbreitete Losung, die den zugrunde liegenden Rechtsgrundsatz wiedergab. Allerdings liefen Zuzügler auf diesem Weg Gefahr, nur eine Unfreiheit gegen eine andere einzutauschen, da auch der Erwerb des Stadtbürgerrechts eine teure Angelegenheit war: Wer sich als Geflohener und damit zunächst Rechtloser ein Jahr in einer Stadt durchschlagen wollte, dem blieben statt eines selbstbestimmten Lebens oft nur Überlebensmöglichkeiten als Dienstbote, Knecht oder Magd.

Wenig später forderten Renaissance und Humanismus die mittelalterliche Ordnung mit neuen Ideen und einer Rückbesinnung auf antike Politik- und Philosophietraditionen heraus. Die Erfindung des Buchdrucks mit beweglichen Lettern führte zu einer potenzierten Verbreitung und Verfügbarkeit von Wissen, die Entdeckung der Neuen Welt durch Kolumbus weckte Hoffnungen auf bis dahin nicht vorstellbare Freiheiten, und das über Jahrhunderte bestimmende, vornehmlich römisch-katholische Weltbild geriet nach und nach ins Wanken. In einem Kloster in Wittenberg entwickelte der Augustinermönch Martin Luther seine eigene Sicht des christlichen Glaubens, womit er den Grundstein für die Reformation legte. Freiheit und Verantwortung des einzelnen Menschen gehören für ihn unauflöslich zusammen. In seiner Schrift *Von der Freiheit eines Christenmenschen*, die er als Erwiderung auf eine gegen ihn gerichtete Bannbulle Papst Leos X. verfasste, sind Freiheit und Dienstbarkeit nicht getrennt voneinander zu denken. Ein Christ ist demnach »niemand untertan«, muss also zu seinen Überzeugungen stehen und dem eigenen Gewissen folgen, auch wenn Autoritäten anderes fordern. Gleichzeitig kann Freiheit nie wirkliche Freiheit sein, wenn sie nicht auch Dienst am Nächsten ist. Als die aufständischen Bauern im später so genannten Deutschen Bauernkrieg einem Freiheitsbegriff folgten, den sie aus Luthers Standpunkten ableiteten, wehrte sich Luther in seiner Schrift *Wider die Mordischen und Reubischen Rotten der Bawren* explizit gegen diese Interpretation. Entgegen der Hoffnung der Revolutionäre und ganz im Sinne der Fürsten trug er durch die Aufforderung, der Obrigkeit untertan zu sein, zur Verfestigung der sozialen und politischen Verhältnisse bei.

Während Europa in Konfessionskriegen und Bürgerkriegen versank, säkularisierten sich die christlichen Gleichheits- und Freiheitsideen mit dem Aufkommen der Aufklärung. Freiheit wurde zur Freiheit, der Vernunft zu folgen. Dabei geriet die Religion selbst zunehmend in den Fokus der Kritik. Ihre Bindekraft für die Gesellschaft wurde schwächer, an die Stelle des auch vom Absolutismus als Legitimationsprinzip in Anspruch genommenen Gottesgnadentums mussten neue Begründungen für Herrschaft und staatliche Führung treten.

Mitte des 17. Jahrhunderts formulierte Thomas Hobbes, der als Staatstheoretiker dem Absolutismus, als Philosoph der Aufklärung zugerechnet wird, eine der Grundlagen für die neuzeitliche Politikwissenschaft. Sein 1651 erschienenes Hauptwerk *Leviathan oder Stoff, Form und Gewalt eines kirchlichen und staatlichen Gemeinwesens* verfasste er während des Englischen Bürgerkriegs, als die gesellschaftliche Ordnung binnen kürzester Zeit vor seinen Augen zerfiel. Von den grausam-chaotischen Vorgängen zutiefst erschüttert, erklärte Hobbes nicht die Freiheit zum Legitimationsprinzip des Staates, sondern die Sicherheit. Ihm zufolge hat jeder Mensch im Naturzustand ein Selbsterhaltungsrecht, das es ihm unter anderem erlaubt, Gewalt auszuüben. Aufgrund der andauernd bestehenden Unsicherheiten für Leib und Leben delegiert der Einzelne seine Naturrechte jedoch in einem Vertrag an den Staat und den Souverän. Der Staat der Neuzeit wird so als Macht- und Friedenseinheit konzipiert, in der der Staat das Gewaltmonopol innehat und für die Bürger Friedenspflicht gilt. Herrschaft gründet sich – und das ist das revolutionär Neue an Hobbes' Idee – nicht mehr auf Gottesgnadentum oder Erbrecht, sondern auf ein Übereinkommen zwischen autonomen und freien Rechtssubjekten. Von dieser Regelung der Verhältnisse profitieren alle: Der staatliche Souverän verspricht seinen Bürgern, sie vor wechselseitiger Gewalttätigkeit, Bürgerkrieg und äußeren Angriffen zu schützen, und befriedigt damit ihr elementares Sicherheitsbedürfnis.

Der moderne Verfassungsstaat beruht auf einer eindrucksvollen Fortentwicklung dieser von Hobbes vorgeschlagenen Sicherungszwecke des Staates. John Locke, der die Hauptgedanken von Hobbes aufnahm und weiterentwickelte, indem er die aus dem Naturzustand abgeleiteten Rechte höher, die Unterordnung unter das staatliche Gewaltmonopol weniger hoch bewertete, erklärte: »Where there is no law there is no freedom.«[13] Eine Gesellschaft, in der jeder frei sein kann, braucht also Recht und Gesetze, die diese Freiheit schützen. Es geht dabei nicht mehr ausschließlich um den Schutz der Individuen *voreinander*, sondern auch um das Bedürfnis des Einzelnen nach Sicherheit *vor staatlichen Eingriffen*. Damit der Staat nicht – wie es in Hobbes' Modell leicht absehbar war – von einer Schutzmacht zur Unterdrückungsmacht wird, müssen die Menschen- und Bürgerrechte als Freiheitsrechte auch gegen den Staat gewährleistet werden. Nicht der absolute Staat, der *Leviathan*, vielmehr der rechtsgebundene und machtbegrenzte Staat gewährleistet den inneren und äußeren Frieden und damit die Sicherheit seiner Bürger. Locke war der Erste, der die natürlichen Rechte des Individuums den Rechten des Staates überordnete. Um das Gewaltmonopol des Staates aufzubrechen, schlug er die Gewaltenteilung in Legislative und Exekutive vor. Dieses politische Modell wurde später durch den französischen Denker Charles de Montesquieu weiterentwickelt. Der gesetzgebenden und vollziehenden Gewalt fügte er die Judikative hinzu, jene dritte Säule der Demokratie, mit der festgeschrieben wird, dass das Handeln von Regierung und Gesetzgeber durch unabhängige Gerichte überprüft werden kann. Damit vollendete er den freiheitlich verfassten Staat zum freiheitlich verfassten *Rechts*staat.

Der Rechtsstaat: Von der Idee zur politischen Wirklichkeit

»Der letzte Zweck des Staates ist nicht, zu herrschen noch die Menschen in Furcht zu halten oder sie fremder Gewalt zu unterwerfen, sondern vielmehr den Einzelnen von der Furcht zu befreien, damit er so sicher als möglich leben und sein natürliches Recht, zu sein und zu wirken, ohne Schaden für sich und andere vollkommen behaupten kann. [...] Der Zweck des Staates ist in Wahrheit die Freiheit.«[14]

Diese Worte aus dem im Jahre 1670 erschienenen *Theologisch-politischen Traktat* des großen niederländischen Philosophen Baruch de Spinoza – eines Zeitgenossen von Thomas Hobbes und John Locke – stellen bereits in einer frühen Phase der Aufklärung explizit das Verhältnis von Freiheit und Sicherheit in den Mittelpunkt der Aufmerksamkeit. Der Staat ist nach diesen Überlegungen kein Selbstzweck, sondern er hat dienende Funktion. Was er ermöglichen soll, ist die Entfaltung menschlicher Freiheit. Hierfür ist es seine Aufgabe, den Frieden zu gewährleisten und die Menschen durch Sicherheit von ihrer Furcht – insbesondere ihrer Furcht vor Gewalt, Verbrechen und Tod – zu befreien. Spinoza entwickelt diese Vorstellung in einem Abschnitt über die »Gedankenfreiheit« und knüpft sie an eine Art Gesellschaftsvertrag, der ähnlich wie der Gesellschaftsvertrag bei Hobbes konstruiert ist und die Notwendigkeit eines staatlichen Machtmonopols beinhaltet. Anstelle eines absoluten Herrschers befürwortet Spinoza allerdings die Demokratie, da er von Mehrheiten in der Tendenz rationale Entscheidungen erwartet. Für ein friedliches Zusammenleben ist die Unterwerfung der Einzelnen unter das Gewaltmonopol des Staates notwendig, als ebenso wichtig aber erachtet er die Rede- und Gedankenfreiheit und das Recht zu philosophieren. Mit diesem Ansatz, der die Wechselbeziehungen von Freiheit und Sicherheit klar erkennt, berührt Spinoza das Zentrum einer auch heute noch aktuellen Problemstellung: Wie löst man das Paradox, dass der Staat, um die Freiheitsrechte potenziell bedrohter Menschen zu schützen, seinerseits Freiheitseingriffe vornimmt?

In Deutschland standen die Gedanken Immanuel Kants zur Eingrenzung und Abwehr des Staates am Anfang der sich entwickelnden Rechtsstaatsidee. In seiner 1785 erschienenen *Metaphysik der Sitten* geht er davon aus, dass jeder Mensch durch seine Geburt ein Recht auf Freiheit hat. Aufgabe der Gesetze muss es daher sein, die individuelle Freiheit der Einzelnen mit der Freiheit aller anderen in einem allgemeinen Recht in Übereinstimmung zu bringen. Das Staatsrecht wird so zur Grundlage einer staatlichen Ordnung, in der das Volk als Souverän Freiheit und Gleichheit aller Staatsbürger gewährleistet. Dafür ist – wie bei Locke und Montesquieu – Gewaltenteilung unabdingbare Voraussetzung. Sind diese Bedingungen einmal gegeben und ist der Staat durch Recht und Gesetz verfasst, verbietet sich jeder Widerstand gegen staatliche Entscheidungen. Auch in dieser Konzeption blieb der Sicherheitszweck des Staates unbestritten: »Denn«, wie es Wilhelm von Humboldt prägnant formulierte, »ohne Sicherheit ist keine Freiheit.«[15]

Zielrichtung dieses eher formalen Freiheits- und Rechtsstaatsverständnisses war insbesondere die Ausklammerung einer »polizeystaatlichen« Wohlfahrtspolitik, wie sie zum Beispiel in den 1756 erschienenen *Grundsätzen der Polizeywissenschaft* des Johann Heinrich Gottlob von Justis beschrieben ist. Aus heutiger Sicht ist hier die Wandlung des Polizeibegriffs zu beachten. Verstehen wir unter polizeilichen Aufgaben gegenwärtig vor allem das Durchsetzen von Recht und Ordnung, fiel in der Zeit der absolutistischen Staaten ein weit größerer Teil staatlichen Handelns in diese Kategorie. In der Auslegung von Justis und seinen Zeitgenossen ging es der »Polizeywissenschaft« um die Bestimmung exakter Kompetenzen und Befugnisse für das staatliche Handeln weit über die rechtsstaatlichen Bestimmungen zur Gewährung von Sicherheit hinaus. Vielmehr sollte der Staat hier als merkantilistischer Wohlfahrtsstaat fürsorgend und vorsorgend alle Lebensbereiche – von der Landwirtschaft bis zur Förderung des Bank- und Kreditwesens – reglementieren und die Untertanen sozusagen in den Zustand aristotelischer Glückseligkeit, der Eudämonie, versetzen. Wie weit das gehen sollte, veranschaulicht exemplarisch § 300 aus Justis' *Grundsätzen*: »Der Ort, wo eine Universität seyn soll, muß eine angenehme Lage und gesunde Luft haben; und die Lebensmittel müssen in dasiger Gegend genugsam vorhanden und mäßigen Preises seyn.« Residenzstädte kommen nach Justis fürs Studium nicht in Betracht, »als weil die Studirenden durch das Gepränge und die Lustbarkeiten des Hofes von ihrem Fleisse zu sehr zerstreut werden«.[16]

Die auf Kant zurückgehende Linie verzichtet auf solcherart paternalistische Überregulierungen. In ihr ist der später so genannte Rechtsstaat weitaus schlanker und formeller angelegt. Seine Konzeption beinhaltet in ihrer Frühzeit vor allem die Forderung nach einer Verfassung, einer an Gesetze gebundenen Exekutive und bestimmten institutionellen Gewährleistungen der Freiheitsrechte.

Der Begriff »Rechtsstaat« etablierte sich im Verlauf des 19. Jahrhunderts; erstmals erschien er 1833 im Titel der Abhandlung *Die deutsche Polizeiwissenschaft nach den Grundsätzen des Rechtsstaats* des Tübinger Professors für Staatswissenschaften Robert von Mohl. Mohl, der selbst Mitglied mehrerer Parlamente gewesen war, darunter der Frankfurter Nationalversammlung und des Reichstags, verband den Rechtsstaat jedoch nicht mit einer parlamentarischen Demokratie, sondern war Verfechter der konstitutionellen Monarchie, also der »Einherrschaft mit Volksvertretung«.[17] Die Verfassungslehre, die sich parallel zur Durchsetzung rechtsstaatlicher Elemente entwickelte, sprach dem Recht so vorrangig die Funktion zu, die politischen Machthaber vom König über Minister, Parlamentarier und Richter bis zu den Verwaltungsbeamten durch gerichtliche Kontrolle konsequent an die Interessen der Bevölkerung zu binden. Das Volk selbst in die Position des Souveräns zu erheben schien ihr jedoch nicht erforderlich. Dem akademischen Diskurs ging es weniger um die Überwindung von Herrschaft und Macht als um ihre Einhegung. Als wichtigste Ziele des Verfassungsstaates wurden daher die Mäßigung der Staatsgewalt, die Gewährleistung von Grund- und Menschenrechten, das Selbstbestimmungsrecht und das allgemeine Recht, gerichtlichen Schutz in Anspruch nehmen zu können, betrachtet. Doch auch kommunale Selbstverwaltung, politischer Dezentralismus und Föderalismus, besonders in Verbindung mit dem Prinzip der Subsidiarität, gehörten bereits zu den bedeutenden Elementen des Rechtsstaatsverständnisses, wie es in den universitären Lehrfächern Staats- und Verwaltungsrecht in der zweiten Hälfte des 19. Jahrhunderts gelehrt wurde. Ebenfalls zu dieser Zeit hatte sich die Verwaltungsgerichtsbarkeit in den meisten deutschen Ländern etabliert. Die Formalisierung des Rechts und Bindung der Verwaltungstätigkeit an kalkulierbare Rechtsformen gehörten von nun an zu den Kennzeichen des Rechtsstaats.

Das Grundgesetz: Einigkeit und Recht und Freiheit

»Einigkeit und Recht und Freiheit«, mit diesen Worten beginnt unsere Nationalhymne. Dieser Dreiklang kann über seinen lyrischen Gehalt hinaus als programmatische Aussage über das Verhältnis der einzelnen Person zum Staat verstanden werden. Er etabliert ein dreiseitiges Wertemodell, wobei das Recht in der Mitte steht, zwischen der Freiheit des einzelnen Menschen auf der einen und der Einigkeit der Menschen auf der anderen Seite. Letztere zielte historisch wohl vor allem auf die Überwindung der früheren deutschen Kleinstaaterei ab, erschöpft sich aber keineswegs in diesem Aspekt.

Das Grundgesetz macht die Freiheit sowohl zur Grundlage der persönlichen Entfaltung des einzelnen Menschen als auch zur Basis aller zwischenmenschlichen und sozialen Beziehungen. Artikel für Artikel gewähren und garantieren die Grundrechte nicht nur den Schutz der Individuen, sondern ebenso eine allgemeine Werteordnung für alle Bereiche des menschlichen und gesellschaftlichen Lebens.

Spätestens seit Kant ist es eine Binsenweisheit, dass Freiheitsrechte dort an ihre Grenzen stoßen, wo sie mit gleichrangigen Freiheitsrechten anderer kollidieren. Hier gilt es, Ausgleich zu schaffen. Kein Mensch existiert ohne soziale Einbettung. Das Menschenbild des Grundgesetzes ist daher nicht das isolierter, souveräner Einzelner, vielmehr erkennt die Verfassung die Spannung zwischen Individuum und Gemeinschaft an und löst sie auf, indem sie betont, dass das Individuum von vornherein auf die Gemeinschaft bezogen und an sie gebunden ist. Die Entscheidung, Menschen als gesellschaftliche Wesen zu betrachten, impliziert aber keinesfalls, dass deren Eigenwert angetastet werden darf.

Im Gegenteil hat es Sinn und Ziel des Staates zu sein, die Freiheit des einzelnen Menschen zu befördern und seine Würde auch dann zu achten, wenn im Interesse anderer Menschen oder der Gemeinschaft gehandelt wird. So hält sich der Staat auch dann noch sehr weitgehend zurück, wenn es etwa um die Bestrafung von Straftätern geht – zum Wohl der Gemeinschaft, deren Regeln von Straftätern verletzt wurden oder deren Sicherheit gefährdet wurde. Selbst bei schweren Straftaten gilt die Bindung der Strafverfolgungsorgane an Recht und Gesetz. Zwar müssen die Ermittlungen der Polizei unweigerlich in die Grundrechte der Verdächtigen eingreifen, diese dürfen jedoch nie willkürlichen Schikanen ausgesetzt werden. Den staatlichen Eingriffsbefugnissen der Behörden stehen immer die Rechte der Beschuldigten entgegen, zum Beispiel die Rechte auf Schweigen, anwaltlichen Beistand, eine aktive Verteidigung oder auch das Einlegen von Rechtsmitteln, wenn es zu einer Verurteilung gekommen ist. Bei der Verhängung von Strafen haben Gerichte zu überlegen, wie schwer die Schuld der Täter wiegt, um für gerechten Schuldausgleich zu sorgen. Vorrangiges Ziel sollte immer zuerst die Resozialisierung sein. Als härteste Maßregel kommt – etwa bei Sexualstraftätern, bei denen davon ausgegangen werden muss, dass sie rückfällig werden – zum Schutz der Allgemeinheit die Verhängung einer Sicherheitsverwahrung infrage. Sie erfolgt im Anschluss an das Verbüßen der eigentlichen Strafe und kann lebenslang andauern. Doch selbst hier darf es nie um Rache oder Entwürdigung der Täter gehen. Der Täter darf nicht zum Rechtlosen werden.

Genau das soll das Recht, das im Text der Nationalhymne an so herausragender Stelle genannt ist, sicherstellen.

Den noch ausstehenden Aspekt der Einigkeit könnte man nun darauf reduzieren, dass es genügen sollte, wenn in einer Gesellschaft allgemein eine Reihe von Grundsätzen anerkannt und geteilt würde: insbesondere die Bindung an die freiheitliche Verfassung, die Gemeinschaftsbindung der Einzelnen und die rechtliche Rückbindung der Gemeinschaft an das Ziel individueller Freiheit. Doch mit diesem eher formalen Minimalverständnis des Begriffs Einigkeit wäre dessen

Bedeutung für das grundgesetzliche Menschen- und Gesellschaftsbild nur unvollständig beschrieben. Denn es scheint offensichtlich, dass alles, was an Einigkeit fehlt, was also nicht von den Menschen aus Überzeugung und Engagement in die Gesellschaft eingebracht wird, im Wertedreieck aus »Einigkeit und Recht und Freiheit« vom Recht aufgefangen werden muss. Das kann im Extremfall zu einer Überforderung des Rechts führen. Was etwa zu tun ist, wenn sich niemand da engagiert, wo es nottut, wird immer wieder in Bezug auf das Umweltrecht diskutiert. Erklären sich Verbraucher und Unternehmen nicht von sich aus bereit, beim Schutz der Umwelt mitzuwirken, indem sie beispielsweise natürliche Ressourcen schonen und Verschmutzungen vermeiden, wird es zur Staatsaufgabe, steuernd einzugreifen, umweltfreundliches Verhalten zu belohnen und umweltfeindliches zu bestrafen. Ergeben sich so aus übermäßigen Reglementierungen immer größere Einschränkungen der Freiheit, kann das ab einem bestimmten Punkt jedoch das gesamte System in Gefahr bringen.

Allerdings entzieht sich das Konzept der Einigkeit, ähnlich wie die Begriffe von Brüderlichkeit oder Solidarität, auf eigentümliche Weise einer eindeutigen Verortung, während die Ideen der Freiheit, des Rechts und der Gemeinschaftsbezogenheit letztlich von ihrer Wirkungsweise her recht präzise bestimmt werden können. Vielleicht ist das der Grund für die unter anderem vom Verfassungsrechtler Wolfgang Hoffmann-Riem vertretene Ansicht, der Gedanke der Brüderlichkeit scheine heute merkwürdig antiquiert und sei im Sozialstaatsprinzip aufgegangen, belaste also nicht die einzelnen Bürger, sondern den anonymen Staat. Brüderlichkeit sei kein grundlegender Orientierungswert mehr und präge nicht das Lebensgefühl der Menschen zueinander.[18]

In der Tat taucht der Terminus Brüderlichkeit im Grundgesetz ebenso wenig auf wie die Begriffe Solidarität oder Einigkeit. Klar dürfte jedoch sein, dass eine naheliegende Verbindung zwischen der Einigkeit und dem notwendigen Bezug des Menschen auf die Gemeinschaft besteht. Ein Staat, dessen Bürgerinnen und Bürger sich darauf beschränken, anderen nicht zu schaden, sich im Übrigen aber nicht füreinander interessieren oder verantwortlich fühlen, ist zum Scheitern verurteilt. Im Gesellschaftlichen gilt der Satz »Wer nicht viel macht, macht nicht viel falsch« eben nicht. Vielmehr wird sich eine Gesellschaft nur dann an die stets im Wandel befindliche Welt anpassen können, wenn ihre Mitglieder eine Zivilgesellschaft bilden und sich auch füreinander in einem Mindestmaß verantwortlich fühlen. Allerdings – und das ist entscheidend – kann diese Haltung nicht erzwungen werden. Denn eine Einigkeit, die nicht auf Freiwilligkeit beruht, sondern auf Zwang – und sei er auch nur informeller Art –, stünde in einem kaum lösbaren Konflikt zum Gedanken der Freiheit.

Der Text unserer Nationalhymne erscheint vor diesem Hintergrund sehr weise, da er hinsichtlich der »Einigkeit« dazu auffordert, nach dieser »brüderlich mit Herz und Hand« zu streben. Denn in Sachen Einigkeit und Solidarität ist der Staat verloren, wenn »Herz und Hand« nicht von den Menschen selbst eingebracht werden.

Zur Freiheit des Einzelnen gehört, wie die zweite Seite einer Medaille, das Prinzip seiner Verantwortlichkeit. Bürgerfreiheit bedeutet eben nicht »egoistische Selbstverwirklichung, unbeschränkte Bedürfnisbefriedigung oder schrankenlose Beliebigkeit«;[19] vielmehr bedingen Freiheit und Verantwortung einander. Dennoch fordert das Grundgesetz diese Verantwortung des einzelnen Menschen nicht ausdrücklich ein. Die wenigen Stellen, an denen der Begriff Verantwortung in der Verfassung zu finden ist – etwa in der Präambel oder in Artikel 20a, der den Schutz der Lebensgrundlagen und der Tiere in Verantwortung für die nächsten Generationen regelt –, betreffen durchweg die Verantwortung des Staates, der Staatsorgane oder auch des ganzen Volkes. Insbesondere die Grundrechte sind zunächst und vor allem anderen Abwehrrechte gegen den Staat, nicht aber Grundpflichten.

Mit anderen Worten: Der Staat ist darauf angewiesen, dass wir, seine Bürger, Verantwortung übernehmen; dass wir uns in Parteien, Gewerkschaften und Verbänden engagieren, um das gesellschaftliche Leben zu organisieren und am Laufen zu halten. Aber er zwingt den einzelnen Menschen nicht dazu.

Gleichwohl wird die Eigenverantwortung des einzelnen Menschen vom Grundgesetz vorausgesetzt, und zwar in der grundlegenden Idee der Freiheitlichkeit. Denn eine Gesellschaft, in der jeder zwar das Recht hätte, sein Verhalten frei zu bestimmen, den Gebrauch dieser Freiheit aber nicht auch für und vor sich verantworten müsste, führte quasi automatisch zurück in einen hobbesschen Naturzustand, dazu, dass der Staat alle Entscheidungen an sich ziehen und die eingeräumte Freiheit umgehend wieder kassieren müsste. So ist die Freiheit zwar nicht der einzige Grundwert der Verfassung, nimmt aber als systematischer Ausgangspunkt und als Kriterium für das Verständnis auch der anderen Grundwerte eine besondere und zentrale Position ein.

Die Doppelfunktion der Grundrechte

So, wie das Grundgesetz den einzelnen Menschen gleichzeitig als frei und gemeinschaftsgebunden betrachtet, sind auch zwei Funktionen der in der Verfassung festgeschriebenen

Grundrechte nicht voneinander zu trennen: Zunächst sind sie Abwehrrechte des Einzelnen gegen den Staat. Als solche sichern sie, dass der Staat den Bürgerinnen und Bürgern einen Freiheitsraum einräumt und diesen achtet. Gleichzeitig sind die Grundrechte aber auch Quelle staatlicher Aufgaben, nämlich der sogenannten staatlichen Schutzpflichten: Der Staat muss aktiv dafür Sorge tragen, dass die grundrechtlichen Freiheiten des Einzelnen nicht beeinträchtigt werden, weder durch Dritte noch durch Gefahrenlagen, wie sie Naturkatastrophen, Angriffe oder Epidemien darstellen. Anspruch und Zweck des modernen Staates bestehen also darin, beides miteinander zu verbinden – den Schutz vor grundrechtswidrigen Freiheitseinschränkungen durch den Staat selbst, aber auch vor Grundrechtsbeeinträchtigungen von außen oder von dritter Seite.

Konkret gestaltet er das Verhältnis von Freiheit und Schutz in nahezu allen Lebensbereichen aus, indem die Vertreter des Staates Gesetze erlassen und Normen und Regelungen definieren. Angesichts komplexer Veränderungen, vor die wir uns zum Beispiel durch neue Techniken, extreme Klimaphänomene, den demografischen Wandel, Wirtschaftseinbrüche, das Auseinanderdriften gesellschaftlicher Milieus oder Umweltgefahren gestellt sehen und die immer wieder auch die Freiheit des einzelnen Menschen bedrohen, haben die Repräsentanten des Staates den grundgesetzlichen Schutzauftrag im Lauf der Zeit stetig erweitert. Das wirft jedoch auch Fragen danach auf, ob, wann und mit welchem Inhalt es geboten ist, dass der Gesetzgeber steuernd eingreift und zusätzliche Vorschriften schafft. Wesentlich für die Entscheidungsfindung sind hier vor allem bereits vorhandene Regelungen, aber auch die Einschätzung möglicher Gefahren und ihres Ausmaßes. Genauso muss beurteilt werden, welcher Stellenwert dem Rechtsgut, das geschützt werden soll, gegenüber anderen Rechtsgütern zukommt.

Ein klassisches und gerade in heutiger Zeit aktuelles Gebiet, auf dem diese recht abstrakten Fragestellungen immer wieder konkret behandelt werden, ist die innere Sicherheit. Im Folgenden möchte ich zeigen, dass das Sicherheitsrecht auf den grundrechtlichen Schutzpflichten beruht und dass auch der Gedanke der Sicherheit zuletzt dem größeren Ziel der Freiheit dient – weshalb die Freiheit selbst eine Grenze für Freiheitsbeschränkungen im Interesse der Freiheit darstellt.

Selbstverständlich hat der Staat den Auftrag, seine Bevölkerung vor Gefahren wie terroristischen Anschlägen zu schützen. Das heißt, wenn ihm Gefährdungen bekannt werden, ist er verpflichtet, gegen diese vorzugehen. Aus seinen grundrechtlichen Schutzpflichten ergibt sich ein sogenanntes Untermaßverbot; dieses verbietet dem Staat, angesichts von Gefährdungslagen untätig zu bleiben. Auch wenn er nur völlig Ungeeignetes oder evidentermaßen zu wenig Geeignetes gegen die Gefahr unternimmt, verletzt er seine grundrechtlichen Pflichten.

Ebenso selbstverständlich entbindet ihn der Gedanke, für bestimmte Individuen, Gruppen oder die Allgemeinheit Sicherheit zu schaffen, nicht davon, im Rahmen der Maßnahmen, die er ergreift, die elementaren Freiheitsräume *für alle* weiterhin einzuräumen und zu achten. Die Pflicht des Staates, die öffentliche Sicherheit zu garantieren, findet also ihre Grenze am Verbot, unverhältnismäßig in die Grundrechte unbeteiligter Dritter einzugreifen. Deren Abwehrrechte bewirken dann ein Übermaßverbot. Der abwägende Spielraum des Staates besteht also in einem Korridor zwischen Übermaß- und Untermaßverbot, ergriffene Maßnahmen dürfen, um es salopp zu sagen, nicht zu viel regulieren, aber sie dürfen auch nicht zu wenig leisten. Innerhalb dieses Korridors kann und muss der Gesetzgeber entscheiden, wie er seinen Pflichten nachkommen will und wie der Ausgleich der Interessen dabei auszusehen hat. Die Verfassung macht dazu im Detail keine Vorgaben. Ganz allgemein gilt die Richtschnur, dass jeder Grundrechtseingriff zur Erreichung seines legitimen Ziels geeignet, erforderlich und im Hinblick auf die Schwere des Eingriffs angemessen sein muss.

Zwei Grenzen für staatliches Handeln kennt das Grundgesetz allerdings: einerseits die absolute, das heißt thematisch enge und nicht abwägbare der Menschenwürdegarantie; nicht von ungefähr ist sie im ersten Absatz des ersten Artikels des Grundgesetzes festgeschrieben, der lautet: »Die Würde des Menschen ist unantastbar. Sie zu achten und zu schützen ist Verpflichtung aller staatlichen Gewalt.« Andererseits gibt es die relative, also thematisch weitere und abwägungsoffene Grenze der Verhältnismäßigkeit. Beide Grenzen dienen dem Schutz eines Kernbereichs von Freiheitlichkeit, der nicht verletzt werden darf.

Liegt eine Gefährdungslage vor, kann und muss der Staat in die Freiheitsrechte insbesondere von Gefährdern eingreifen, sich dabei an rechtsstaatliche Regeln halten und seine Eingriffe in Einklang mit den Grundsätzen der Verhältnismäßigkeit und der Achtung der Menschenwürde begrenzen. Keinesfalls darf er, weil er seiner Schutzverpflichtung nachkommen will, andere unschuldige, unbeteiligte Menschen gefährden oder gar das an ihn gerichtete Tötungsverbot missachten. Auch die Folter ist – als gravierende vorsätzliche Verletzung der Menschenwürde – unter allen Umständen und ausnahmslos ausgeschlossen. Das wird im Übrigen durch die Europäische Menschenrechtskonvention ausdrücklich bestätigt – selbst für den Fall des Staatsnotstandes.

An der Menschenwürdegarantie werden die Unterschiede zwischen Rechtsstaaten und solchen, in denen Rechtsstaatlichkeit nicht gegeben ist, besonders deutlich. Im Rechtsstaat gilt: Gleichgültig, was ein Mensch tut, seine Würde muss unantastbar bleiben. Durch diesen Grundsatz sind selbst schwere Straftäter in Bezug auf ihre Grundrechte hier besser geschützt als beispielsweise Demonstranten, die in autoritär geführten Staaten oder Diktaturen gegen Machtmissbrauch oder Korruption ihrer Regierenden auf die Straßen gehen. Das lässt sich an zahlreichen Beispielen beobachten. Seit dem Sommer 2020 etwa protestierten Bürgerinnen und Bürger in Belarus über Wochen und Monate friedlich gegen ein offensichtlich gefälschtes Wahlergebnis. Hier haben Polizeieinheiten immer wieder unverhältnismäßig Gewalt angewandt, willkürlich Demonstranten festgenommen, sie auf der Straße, in Polizeitransporten, Polizeistationen und Haftanstalten geschlagen und ihrer Freiheit beraubt. Diese Schikanen dienen jedoch keineswegs dem Schutz anderer Menschen oder der Allgemeinheit. Vor allem aber zielt die Art der Bestrafung und Einschüchterung mit Vorsatz darauf ab, den Menschen ihre Würde zu nehmen – etwa, indem sie geohrfeigt, bei der Verhaftung geprügelt oder im Gefängnis dazu genötigt werden, ihre Kleider abzulegen.[20] Im Rechtsstaat wären solche »Schikanen«, die auf die Entwürdigung eines Straffälligen zielen, undenkbar; der Staat würde damit selbst Unrecht begehen. Hier gilt der Grundsatz: Staatliche Eingriffe in Grundrechte können nur dann durch den Nutzen für die Allgemeinheit gerechtfertigt sein, wenn dabei die Würde dessen gewahrt bleibt, der im konkreten Fall als Bedrohung angesehen wird.

Im Kern dient auch die staatliche Sicherheitsgewähr der Freiheit. Genau deshalb dürfen im Interesse der Freiheitssicherung grundrechtliche Freiheitsrechte vom Staat nicht so weit ausgesetzt oder eingeschränkt werden, dass sie in ihrem Kernbereich und in ihrem Wesensgehalt Schaden nehmen. Das Grundgesetz enthält einen Auftrag an den Staat, Beeinträchtigungen unserer freiheitlich-demokratischen Ordnung abzuwehren, dies aber stets unter Einhaltung der Regeln des Rechtsstaats. Gerade daran, dass er auch den Umgang mit seinen Gegnern den allgemein geltenden rechtsstaatlichen Grundsätzen unterwirft, sie nicht einfach aus der Rechtsgemeinschaft ausschließt und sie nicht als »Feinde der Rechtsgemeinschaft« rechtlos stellt, zeigt sich die Kraft dieses Rechtsstaates.

Angesichts des Kampfes gegen den Terror stellt sich zudem mit neuer Dringlichkeit die Frage, inwieweit wir als Gesellschaft bereit sind, Freiheiten und Rechte aufzugeben, um uns möglichst sicher zu fühlen; vor allem aber, inwieweit entsprechende Eingriffe effektiv zu mehr Sicherheit führen und nicht nur dazu dienen, dass wir uns sicherer *fühlen*. Mit jedem neuen Anschlag wird der Ruf nach weitreichenden Maßnahmen zur Terrorbekämpfung in der politischen Diskussion lauter. Auch unbescholtene Bürger sollten nach Ansicht derjenigen, die für eine Ausweitung polizeilicher Befugnisse plädieren, Einschränkungen ihrer Freiheitsrechte hinnehmen, um terroristischen Gefährdungen wirksam vorzubeugen. Dabei sollte man sich allerdings stets vor Augen halten, dass mühsam errungene bürgerliche Freiheiten gegenüber dem Staat schnell ins Hintertreffen geraten und einmal erreichte Standards selbstbestimmter Lebensführung wieder verloren gehen können. Auch außerhalb des Schutzbereichs des Lebens und der Menschenwürde darf der Staat die Grundrechte deshalb nur insoweit antasten, als es dafür einen wichtigen Grund im Interesse des Gemeinwohls gibt und das Übermaßverbot nicht verletzt wird. Antiterrormaßnahmen dürfen zum Beispiel nicht dazu führen, dass, wie bei der anlasslosen »flächendeckenden« Vorratsdatenspeicherung, praktisch alle Aktivitäten von Bürgerinnen und Bürgern rekonstruierbar gemacht werden, was sich mit dem Grundrecht auf Schutz des Telekommunikationsgeheimnisses nicht vereinbaren lässt.[21] Aus diesem Grund der Unverhältnismäßigkeit hat das Bundesverfassungsgericht das vom Bundestag 2007 verabschiedete Gesetz zur Vorratsdatenspeicherung unter meinem Vorsitz für verfassungswidrig und nichtig erklärt.

Ein Grundrechtseingriff von hoher Intensität kann aber insbesondere auch dann unverhältnismäßig sein, wenn der Anlass einzugreifen kein hinreichendes Gewicht aufweist. Nach der grundrechtlich verbürgten »Vertraulichkeit und Integrität informationstechnischer Systeme«[22] beispielsweise kann eine sogenannte Onlinedurchsuchung, also das Infiltrieren und Auslesen digitaler Speichermedien, nur zulässig sein, wenn tatsächliche Anhaltspunkte vorliegen, dass ein überragend wichtiges Rechtsgut in Gefahr ist. Es müssen somit Leib, Leben und Freiheit von Personen bedroht sein oder aber Güter der Allgemeinheit, deren Gefährdung den Bestand des Staates oder die Grundlagen der Existenz der Menschen berührt.

Selbst wenn es um den Schutz besonders wichtiger Rechtsgüter Einzelner oder der Allgemeinheit geht, bedarf es auch einer hinreichenden Wahrscheinlichkeit, dass die gefürchtete Gefährdung tatsächlich eintreten kann. Bloße Vermutungen oder allgemeine Erfahrungssätze allein reichen nicht aus, um etwa einen heimlichen Zugriff auf informationstechnische Systeme zu rechtfertigen. Vielmehr müssen Tatsachen festgestellt werden, die eine Gefahrenprognose tragen. Solange der Anlass einzugreifen nicht hinreichend konkretisiert, die Gefahr für ein zu schützendes Rechtsgut also ermittlungstechnisch noch nicht ausreichend nachgewiesen ist, wird dem Gewicht des jeweiligen Grundrechtseingriffs nicht hinreichend Rechnung getragen.

Die Frage nach der Verhältnismäßigkeit stellt sich mit jedem Gesetz, mit dem wir bestimmte Freiheitsrechte einschränken, und nicht immer geschieht die Einschränkung nur zugunsten der Sicherheit. Auch andere Rechtsgüter müssen gegeneinander abgewogen werden, von denen jedes für sich bedeutsam sein kann. Ein heikler Fall dieser Art wurde 2009 vom Bundesverfassungsgericht entschieden: Es beendete einen langen Streit mit dem sogenannten Wunsiedel-Beschluss.[23] Die Rechtsgüter, deren Gewichtung hier zur Debatte stand, waren die Meinungsfreiheit, der öffentliche Friede und der Schutz der Menschenwürde, in diesem Fall einer besonderen Gruppe: der Opfer von nationalsozialistischer Gewalt- und Willkürherrschaft. Das Beispiel zeigt unter anderem auch, wie die Kontrollfunktion der Gerichte als dritter Gewalt im Staat die Politik und Rechtsetzung durch die Parlamentarier neu hinterfragt und beurteilt. Hintergrund der Auseinandersetzung, die sich über Jahre und durch viele Instanzen bis zur Verfassungsbeschwerde an das Bundesverfassungsgericht zog, waren die Gedenkmärsche Rechtsextremer zum Geburtstag des Hitler-Stellvertreters Rudolf Heß durch die fränkische Gemeinde Wunsiedel. Zwischen 2001 und 2004 wuchs deren Teilnehmerzahl stetig, zuletzt auf knapp 5000 Demonstranten aus Deutschland und Europa, die als immer größere Gefahr für den öffentlichen Frieden betrachtet werden mussten. Im März 2005 novellierte daraufhin der Deutsche Bundestag den Volksverhetzungsparagrafen des Strafgesetzbuches (§ 130 StGB), indem er ihm eine

Ergänzung hinzufügte. Diese stellt es unter Strafe, »öffentlich oder in einer Versammlung den öffentlichen Frieden in einer die Würde der Opfer verletzenden Weise dadurch« zu stören, dass »die nationalsozialistische Gewalt- und Willkürherrschaft [ge]billigt, verherrlicht oder [ge]rechtfertigt« wird. Aufgrund dieser Novelle verbot das Landratsamt des Kreises Wunsiedel den Gedenkmarsch für das Jahr 2005, wogegen der Anmelder Klage einlegte. Die Klage wurde in mehreren Instanzen abgewiesen, bis der Erste Senat des Bundesverfassungsgerichts vier Jahre später aufgrund einer Verfassungsbeschwerde in letzter Instanz über die Angelegenheit zu entscheiden hatte. Dabei ging es auch darum, zu klären, ob die vom Deutschen Bundestag beschlossene Ergänzung des Strafgesetzbuches als rechtens anzusehen sei, da sie – so die Argumentation des Beschwerdeführers – als politisch einseitige Sonderbestimmung in sein grundgesetzlich garantiertes Recht auf freie Meinungsäußerung eingreife. Das Grundrecht der Meinungsfreiheit ist Inhalt des Grundgesetz-Artikels 5. Dort heißt es: »Jeder hat das Recht, seine Meinung in Wort, Bild und Schrift frei zu äußern [...] Eine Zensur findet nicht statt.« Eingeschränkt wird im zweiten Absatz: »Diese Rechte finden ihre Schranken in den Vorschriften der allgemeinen Gesetze ...« Nach Auffassung des Beschwerdeführers konnte somit eine Grundrechtseinschränkung, die nicht die Form eines allgemeinen, also für alle geltenden Gesetzes habe, nicht statthaft sein. Dem schloss sich das Bundesverfassungsgericht in seiner Entscheidung so weit an, dass es zustimmte, tatsächlich müsse ein Grundrechtseingriff grundsätzlich durch ein allgemeines Gesetz erfolgen und nicht durch eine Sonderbestimmung im Hinblick auf bestimmte Gruppen oder Meinungen. In diesem Fall jedoch geschehe der Eingriff durchaus im Einklang mit dem Geist des Grundgesetzes, das in seiner Gesamtheit als Gegenentwurf zum Terror des Nationalsozialismus zu verstehen sei. Diese Einschätzung rechtfertige ein abweichendes Vorgehen und mache es mit dem Grundgesetz vereinbar. Damit wurde aber ausdrücklich nicht der Gehalt des Rechts auf Meinungsfreiheit in der Sache selbst zurückgenommen. »Das Grundgesetz rechtfertigt kein allgemeines Verbot der Verbreitung rechtsradikalen oder auch nationalsozialistischen Gedankenguts schon in Bezug auf die geistige Wirkung seines Inhalts«, heißt es in der Begründung der Entscheidung.[24] Damit ist gemeint: Denken und meinen kann zunächst jeder, was er oder sie will. Erst, wenn eine Meinung, die jemand für sich für richtig hält, den privaten beziehungsweise gedanklichen Bereich verlässt und sich so in eine Bedrohung der Grundrechte anderer oder des öffentlichen Friedens verwandelt, ist der Staat berechtigt und aufgefordert einzugreifen. Damit blieben die Gedenkmärsche in Wunsiedel verboten.

Freiheit als Zweck der Verfassung

Das Grundgesetz bindet alles staatliche Handeln an Recht und Gesetz. Der Rechtsstaat und sein Medium, das Recht, beruhen auf Grundlagen, die der Pflege und der ständigen Vergewisserung bedürfen. Das gilt für die Zwecke und Ziele des Rechts ebenso wie für alle seine Funktionen, die unsere Freiheit sichern, und genauso für das Vertrauen in das Recht und das Rechtsbewusstsein – und zwar aufseiten der Bevölkerung und in den Organen des Staates.

Wie ich gezeigt habe, ist Freiheit nicht der einzige Grundwert der Verfassung. Sie ist aber ihr Ausgangspunkt und hat entscheidende Bedeutung für den Inhalt und das Gefüge aller anderen Verfassungswerte. Um die freiheitliche Entfaltung aller zu gewährleisten, haben sich Menschen der Idee nach überhaupt erst im Staat zusammengeschlossen und sich durch Verfassungen nicht zuletzt gegen seine Übermacht abgesichert. Als grundlegendes Prinzip betrifft die Freiheit jedoch nicht nur das direkte Verhältnis des Einzelnen zum Staat, sondern auch das vielgestaltige Verhältnis des Staates zu einer unüberschaubaren Zahl von privaten Personen und Organisationen mit unterschiedlichen Interessenlagen. Hier ist der staatliche Schutz vor nicht staatlichen Gefährdern der Freiheit ein wichtiges Thema. Und hier, wie auch sonst, ist die Freiheit ein guter Gradmesser bei der Beurteilung, ob Vorschriften und Regeln erforderlich oder entbehrlich sind. Im Tagesgeschäft von Gesetzgebung und Rechtspolitik darf nämlich das Recht nicht als ein technisches Instrumentarium oder beliebig einsetzbares Werkzeug missverstanden werden. Stattdessen sollte stets eine Rückbesinnung darauf erfolgen, wie das Recht dem eigentlichen Ziel des Staates dienen kann, Freiheit zu ermöglichen.

Als das Grundgesetz entstanden ist, waren viele der Herausforderungen, vor denen wir heute stehen, noch nicht präsent, zum Teil sogar in ihrer Bedeutung für die Grundlagen unseres Lebens noch nicht einmal vorstellbar. Selbstverständlich verlangen neue Fragen, wie sie etwa der Klimawandel sowie die Digitalisierung und Globalisierung aufwerfen, nach neuen Antworten. Unsere Gesellschaft muss sich dem Wandel und den sich verändernden Gegebenheiten anpassen. Das bedeutet aber nicht, dass wir die in langen geschichtlichen Zeiträumen erkämpften Freiheitsrechte dafür aufgeben müssten. Dass der Staat Grundrechte einkassiert, um die Gesellschaft einer Welt im Wandel anzupassen, kann kaum eine befriedigende Lösung anstehender Probleme sein.

Auch wenn wir beispielsweise aufgrund veränderter klimatischer Bedingungen unser alltägliches Verhalten hinterfragen und verändern müssen, sollten wir das nicht vorrangig unter Zwang und Bevormundung tun, sondern als freie Bürgerinnen und Bürger – auf der Grundlage von vernünftigen Entscheidungen, die wir im Abgleich unseres wachsenden Wissens von der Welt mit unseren gesellschaftlich geteilten Werten treffen. Dafür benötigen wir eine rechtliche Grundlage, die stabil ist, was ihre Zwecke angeht, und flexibel genug, um Entwicklung zu ermöglichen. Bei allen nötigen Feinjustierungen hat es der Geist des Grundgesetzes über die Jahrzehnte vermocht, unsere Freiheiten und unser Selbstverständnis als gesellschaftlich eingebundene autonome Subjekte zu sichern. Denn gerade in ihrer inhaltlichen Offenheit – dabei gebunden an definierte Verfahrensweisen und die unbedingte Verpflichtung zur Einhaltung der Grundrechte – ist unsere Verfassung ein starkes Werkzeug, um auch in Zukunft zu gewährleisten, dass wir alle möglichst frei leben können.

KAPITEL 4

Meinungsfreiheit unter den Bedingungen der Digitalisierung

Meinungsfreiheit, Fake News und Demokratie

1937 formulierte Benjamin N. Cardozo, Richter am amerikanischen Obersten Gerichtshof, den berühmten Satz, nach dem die Meinungsfreiheit Matrix und unabdingbare Voraussetzung aller anderen Arten von Freiheit sei. Mit anderen Worten: Alle anderen Freiheiten, insbesondere die Freiheit der Presse, der Wissenschaft und der Kunst, wären ohne sie nicht denkbar. Dieser Auffassung hat sich auch das Bundesverfassungsgericht angeschlossen. In seiner grundlegenden und wohl bedeutendsten Entscheidung zur Meinungsfreiheit des Grundgesetzes – dem sogenannten Lüth-Urteil vom 15. Januar 1958 – heißt es: »Das Grundrecht auf freie Meinungsäußerung ist als unmittelbarster Ausdruck der menschlichen Persönlichkeit in der Gesellschaft eines der vornehmsten Menschenrechte überhaupt […] Für eine freiheitlich-demokratische Staatsordnung ist es schlechthin konstituierend, denn es ermöglicht erst die ständige geistige Auseinandersetzung, den Kampf der Meinungen, der ihr Lebenselement ist […] Es ist in gewissem Sinn die Grundlage jeder Freiheit überhaupt.«[25]

Angesichts dieser allgemeinen Wertschätzung sollten nicht nur Verfassungsrechtler hellhörig werden, wenn seit Jahren immer wieder gefordert wird, aufgrund von Hassreden, Shitstorms und der Zunahme von Fake News im Internet müssten wir die Meinungsfreiheit »neu denken«. Die Vertreter dieser These argumentieren, unter den Bedingungen der Digitalisierung gebe es kaum noch Grenzen für die Verbreitung von Falschmeldungen und »gefühlten Wahrheiten«. Mehr und mehr entstünden sogenannte alternative Realitäten. Meldungen und Behauptungen würden nicht mehr auf ihre Plausibilität hin überprüft, es würde nicht mehr um Verständigung gerungen. Stattdessen sammelten sich die Anhänger gemeinsam geteilter Glaubenssätze verstärkt in je eigenen Communitys, die sich gegenüber unwillkommenen Argumenten abschotteten und durch Andersdenkende kaum noch erreichbar seien. Das bedrohe zunehmend unsere Demokratie und Gesellschaftsordnung, die wesentlich auf einem geteilten Konsens darüber beruhten, was als wahr und rational anzunehmen sei.

Natürlich kommt der Digitalisierung eine bedeutende Rolle bei diesem Wandel zu. Bevor mit der Digitalisierung das Internet seinen Siegeszug als Informationsmedium Nummer eins angetreten habe, so die Verfechter einer »neu gedachten« Meinungsfreiheit, hätten die klassischen Medien – Presse, Rundfunk und Fernsehen – als Gatekeeper der öffentlichen Meinung gedient. Durch ihre Filter- und Verteilfunktion seien sie in der Lage gewesen, die öffentliche Diskussion zu prägen, ein ausgewogenes Informationsangebot zur Verfügung zu stellen und insgesamt eine gesellschaftlich integrative Wirkung zu entfalten. Diese weitgehend vernunftgemäße Lenkung und Mäßigung der öffentlichen Meinungsbildung sei mit der allgemeinen Durchsetzung der

Digitalisierung weitgehend verloren gegangen. Die Einzelnen seien nun für sie kaum überprüfbaren, gänzlich ungefilterten Informationsfluten ausgesetzt und damit in zuvor unbekanntem Maße anfällig für Beeinflussung bis hin zur Manipulation.

Sicherlich sind diese Beobachtungen in großen Teilen zutreffend. Aber sollten wir aus dem verständlichen Unbehagen, das sie verursachen, tatsächlich den Schluss ziehen, wir müssten das wesentliche Grundrecht, unsere Meinung frei äußern zu können, neu denken? Mir scheint, wer das fordert, ist nur unter bestimmten Bedingungen bereit, die Meinungsfreiheit des Grundgesetzes als schützenswertes Gut anzusehen: nämlich genau dann, wenn und solange sie – flankiert von einer inhaltlich ausgewogenen Medien- und Meinungslandschaft – ihrer Funktion als Stütze unserer freiheitlich-demokratischen Verfassungsordnung gerecht wird. Geht man von dieser Voraussetzung aus, ist es nur ein kleiner Schritt zur Forderung, die Verbreitung von sogenannten Hassreden und Fake News generell außerhalb jedes Grundrechtsschutzes anzusiedeln und sie also aus dem Recht auf freie Meinungsäußerung herauszunehmen. In der Folge müsste man insbesondere die großen Betreiber oder Anbieter sozialer Netzwerke einer stärkeren rechtlichen Bindung und Verantwortung unterwerfen, da die zu beanstandenden Inhalte in erster Linie über ihre Infrastrukturen verteilt werden. Bevor ich auf diese und ähnliche Vorschläge eingehe, stellt sich zunächst die Frage, ob das Grundrecht der Meinungsfreiheit, wie es in Artikel 5 des Grundgesetzes festgeschrieben ist, wirklich in diesem Sinn zu interpretieren ist.

Meinungen, Schmähungen und Tatsachen

Hierfür gilt es zunächst, genauer zu definieren, was »Meinungen« aus verfassungsrechtlicher Sicht überhaupt sind. Wie lassen sie sich etwa von Schmähungen oder aber von Tatsachen abgrenzen? Nach der Rechtsprechung des Bundesverfassungsgerichts sind Meinungen Werturteile, die »durch die subjektive Einstellung des sich Äußernden zum Gegenstand der Äußerung gekennzeichnet sind«. Sie lassen sich weder als wahr noch als unwahr qualifizieren. Es sind immer Stellungnahmen, es geht um Elemente des Dafürhaltens, des Meinens im Rahmen einer geistigen Auseinandersetzung. Für den grundrechtlichen Schutz kommt es dabei nicht auf den konkreten Inhalt der Meinungsäußerung an. Es spielt für den verfassungsrechtlichen Schutz also weder eine Rolle, ob eine Meinungsäußerung begründet oder grundlos erscheint, noch, ob sie von anderen für nützlich oder für schädlich, für wertvoll oder für wertlos gehalten wird.

Eine Ausnahme von der prinzipiellen Irrelevanz des Meinungsinhalts wird allein im Fall der Schmähkritik gemacht. Eine Schmähkritik liegt außerhalb des Schutzbereichs der Meinungsfreiheit. Hier geht das Bundesverfassungsgericht davon aus, dass nicht jede überzogene oder gar ausfällige Kritik gleich als Schmähkritik einzustufen ist. Wesentlich sei für diese Kategorisierung vielmehr, dass bei der Äußerung nicht mehr die Auseinandersetzung in der Sache, sondern die Diffamierung der Person im Vordergrund stehe. Sie müsse jenseits von polemischer und überspitzter Kritik in der persönlichen Herabsetzung einer Person bestehen, etwa durch Verwendung von besonders schwerwiegenden Schimpfwörtern aus der Fäkalsprache.

Ebenfalls von Meinungsäußerungen zu unterscheiden sind Tatsachenbehauptungen. Dabei geht es um Äußerungen über gegenwärtige oder vergangene Zustände oder Ereignisse, die der Überprüfung zugänglich sind und deren Wahrheitsgehalt bewiesen werden kann. Im Einzelfall ist die Abgrenzung zwischen Meinungsäußerungen und Tatsachenbehauptungen nicht immer leicht. Sie muss jeweils durch die kontextabhängige Auslegung einer Äußerung vorgenommen werden. So ist die Äußerung »Soldaten sind Mörder« vom Bundesverfassungsgericht nicht als Tatsachenbehauptung verstanden worden, etwa mit dem Inhalt, dass alle Soldaten in der Vergangenheit Morde im strafrechtlichen Sinne begangen hätten. Vielmehr ist sie wegen der in der wertenden Gleichstellung mit Mördern liegenden Kränkung des einzelnen Soldaten beziehungsweise des gesamten Berufsstands als abschätziges Werturteil beurteilt worden – und damit als Meinungsäußerung zulässig.

Immer wieder umstritten gewesen ist, ob und inwieweit Tatsachenbehauptungen vom Schutz der Meinungsfreiheit erfasst sind. Das liegt vor allem daran, dass Meinungsäußerungen oftmals nahezu untrennbar mit Tatsachenbehauptungen vermischt sind. Nach der Rechtsprechung des Bundesverfassungsgerichts sind Tatsachenbehauptungen »im strengen Sinn keine Äußerungen einer Meinung«. Ob sie dennoch unter den grundgesetzlichen Schutz der Meinungsfreiheit fallen, hängt davon ab, ob und wie sie zur Meinungsbildung beitragen. Können sie als relevante Voraussetzung der Meinungsfindung angesehen werden, sind sie geschützt. Als erwiesen oder bewusst unwahre Behauptungen bleibt ihnen der grundrechtliche Schutz versagt.

Grenzen der Meinungsfreiheit

Wie für andere Grundrechte auch, gelten für das Recht auf freie Meinungsäußerung verfassungsrechtliche Schranken. Sie werden in erster Linie durch allgemeine Gesetze bestimmt, die der Gewährleistung schützenswerter Rechtsgüter dienen. Kommt es etwa zu Konflikten mit Gemeinschaftswerten, die ohne Rücksicht auf bestimmte Meinungen als schützenswert gelten, hat dieser Schutz Vorrang vor der Betätigung der Meinungsfreiheit. Allerdings sollte hier wie bei allen Grundrechtseinschränkungen eine gründliche Abwägung erfolgen, die auch dem Recht auf freie Meinungsäußerung seine im konkreten Fall größtmögliche Wirksamkeit garantiert. Von höchster Bedeutung ist in diesem Zusammenhang, dass Gesetze, die Beschränkungen der Meinungsfreiheit nach sich ziehen, selbst strikt meinungsneutral sein müssen. Kein Gesetz darf sich von vornherein nur gegen bestimmte Überzeugungen, Haltungen oder Ideologien richten. Eine Ausnahme bilden hier allerdings Aussagen, die die nationalsozialistische Gewalt- und Willkürherrschaft gutheißen. In dem im Kapitel »Die Doppelfunktion der Grundrechte« bereits behandelten »Wunsiedel-Beschluss« hat das Bundesverfassungsgericht klargestellt, dass die Verherrlichung des Nationalsozialismus in Deutschland als Angriff auf die Identität des Gemeinwesens nach innen mit friedensbedrohendem Potenzial gewertet werden muss. Deshalb ist sie nicht dadurch zu rechtfertigen, dass sie durch die Meinungsfreiheit gedeckt sei.

Das Grundrecht, seine Meinung äußern zu dürfen, ist aber analog zu anderen Grundrechten mehr als ein reines Abwehrrecht des Einzelnen gegenüber dem Staat. Als Ausdruck gesetzlich verbürgter Werteentscheidungen setzt es Maßstäbe für die Auslegung und Anwendung von Gesetzen bis ins Privatrecht. So entfaltet es Wirksamkeit auch in Rechtsstreitigkeiten zwischen Privatpersonen oder Organisationen. Kommt es dabei etwa zu Spannungen zwischen Forderungen der Meinungsfreiheit und des Persönlichkeitsschutzes, wird in jedem konkreten Fall im Einklang mit dem Verhältnismäßigkeitsgrundsatz zu beurteilen sein, wie die kollidierenden Rechtsgüter gegeneinander abgewogen werden müssen. Im Dezember 2009 hat der Bundesgerichtshof etwa geurteilt, dass der 1993 wegen Mordes an dem Schauspieler Walter Sedlmayr Verurteilte auch nach der Haft keinen Anspruch darauf habe, dass Mitschriften von Rundfunkbeiträgen aus der Zeit des Verbrechens, die seinen vollen Namen enthielten, aus dem Onlinearchiv des Deutschlandradios gelöscht werden müssten. Der Kläger sah durch die Berichterstattung beziehungsweise deren fortbestehende Dokumentation seine Persönlichkeitsrechte gefährdet, da sie geeignet seien, ihn zu stigmatisieren und sozial zu isolieren. Allerdings gehört die Berichterstattung über Straftaten zum Auftrag der Medien, über das Zeitgeschehen zu informieren. Neben der Verletzung der Rechtsordnung begründeten sowohl die Sympathie mit den Opfern als auch die Furcht vor Wiederholung von Straftaten und das Bestreben, ihnen vorzubeugen, ein anzuerkennendes Interesse der Öffentlichkeit an näheren Informationen über Tat und Täter. Je ungewöhnlicher und schwerer eine Tat sei, als desto größer habe dieses Interesse zu gelten, sodass bei schweren Gewaltverbrechen Informationen über Tat und Tathergang, aber auch über die Person des Täters und seine Motive sowie über die Strafverfolgung legitimerweise bereitgestellt werden müssten. Hinter dieses öffentliche Informationsinteresse und das Recht des Senders auf freie Meinungsäußerung habe das Interesse des klagenden Straftäters am Schutz seiner Persönlichkeit und an der Achtung seines Privatlebens zurückzutreten.[26]

Besonders umstritten sind immer wieder Fälle, in denen Kunstfreiheit und Persönlichkeitsrechte in Konflikt miteinander geraten und gegeneinander abgewogen werden müssen. Ein viel diskutiertes Beispiel ist hier der Roman *Esra* von Maxim Biller. In seinem von autobiografischen Erlebnissen inspirierten Text schildert Biller die unglückliche Liebe eines Schriftstellers zu einer in Deutschland lebenden türkischen Frau. Durch die Veröffentlichung des Werkes sahen sich die als Vorlage für die Protagonistin Esra dienende ehemalige Geliebte des Autors, eine Schauspielerin, wie auch ihre ebenfalls in der Öffentlichkeit stehende Mutter, die das Vorbild für die fiktive Figur Lale, die Mutter Esras, im Roman abgegeben hat, in ihren Persönlichkeitsrechten verletzt. Beide Frauen klagten gegen die Veröffentlichung und bekamen in mehreren Instanzen – zuletzt vor dem Bundesgerichtshof – recht.

In der Buchbranche wurde das Urteil scharf kritisiert, da es das Grundrecht der Kunstfreiheit zu weitgehend einschränke. Der Verlag legte Verfassungsbeschwerde ein. Diese wies der Erste Senat des Bundesverfassungsgerichts mit Beschluss vom 13. Juni 2007 unter meiner Mitwirkung zurück.[27] Dabei wurden allerdings die Persönlichkeitsrechte der beiden Klägerinnen im Unterschied zu den vorherigen Instanzen unterschiedlich gewertet. Im Hinblick auf die erste Klägerin des Ausgangsverfahrens, die als Vorbild für die Romanfigur Esra diente, hat das Gericht einen Eingriff in den besonders geschützten Kernbereich des Persönlichkeitsrechts bejaht, weil es um Darstellungen aus dem Sexualleben und daher um die Verletzung der besonders schützenswerten Intimsphäre ging. Die von den Zivilgerichten angenommene Persönlichkeitsrechtsverletzung dieser Klägerin ist vom Bundesverfassungsgericht demgemäß auch vor dem Hintergrund der Kunstfreiheitsgarantie des Grundgesetzes verfassungsrechtlich unbeanstandet geblieben.

Im Fall der zweiten Klägerin, die als Vorbild für die Romanfigur der Mutter Lale diente, ist hingegen die Kunstfreiheit als vorrangig erachtet worden, weil es sich hier zwar um negative Darstellungen aus der Privatsphäre dieser Klägerin, nicht aber um Eingriffe in den Kernbereich privater Lebensgestaltung handelte. Alles in allem zeigt so auch die »Esra-Entscheidung« des Bundesverfassungsgerichts den Grundsatz auf, dass die Freiheitsrechte des Grundgesetzes, insbesondere auch der Schutz des allgemeinen Persönlichkeitsrechts, unterschiedliche Schutzintensitäten aufweisen. Hier kommt in erster Linie dem Menschenwürdekern, der den engen Kernbereich privater Lebensgestaltung als absolut unantastbar schützt, besonderes Gewicht zu. Ist dieser Kernbereich privater Lebensgestaltung im Kontext des allgemeinen Persönlichkeitsrechts verletzt, müssen andere, im konkreten Einzelfall kollidierende Grundrechte in jedem Fall zurücktreten. Dies gilt selbst für die Kunstfreiheit, die nach Artikel 5 Absatz 3 des Grundgesetzes unter keinem ausdrücklichen Gesetzesvorbehalt steht.

Bei allen Abwägungen im Zusammenhang von Persönlichkeitsrechten und Meinungsfreiheit spielt nicht zuletzt die Interpretation der infrage stehenden Meinungsäußerung eine entscheidende Rolle. Ihre Auslegung muss sachgerecht und kontextbezogen erfolgen, wobei der Interpretation das Verständnis eines unvoreingenommenen und verständigen Publikums zugrunde zu legen ist. Erweist sich die Meinungsäußerung dabei als mehrdeutig, so hat dies entscheidende Auswirkungen auf die Güterabwägung. Überprüft das Bundesverfassungsgericht straf- oder zivilgerichtliche Sanktionen, die aufgrund von mehrdeutigen Meinungsäußerungen erfolgt sind, geht es von dem Grundsatz aus, dass die Gerichte bei der Auslegung der Meinungsäußerung nicht ohne Weiteres für den zur Sanktion führenden Sinn entscheiden dürfen, ohne zuvor die Alternativen mit tragfähigen Gründen ausgeschlossen zu haben. Andernfalls müsste jeder, der eine Meinung äußert, stets befürchten, wegen einer Deutung, die den gemeinten Sinn seiner Äußerung verfehlt, mit staatlichen Sanktionen belegt zu werden. Eine solche einschüchternde Wirkung wäre mit der Meinungsfreiheit, wie sie vom Grundgesetz intendiert ist, grundsätzlich unverträglich. Denn die Grundrechte unserer Verfassung sind gerade nicht dafür gemacht, den Einzelnen in ihren Entfaltungsmöglichkeiten Grenzen zu setzen. Im Gegenteil sollen sie dem Individuum zur Durchsetzung seiner Freiheit verhelfen und ihm ermöglichen, an gesellschaftlicher Gestaltung teilzuhaben.

Presse- und Rundfunkfreiheit – Gemeinsamkeiten und Unterschiede

Neben dem Individualgrundrecht der Meinungsfreiheit garantiert Artikel 5 unseres Grundgesetzes auch die Presse- und die Rundfunkfreiheit. Alle drei Grundrechte gleichen einander in ihrer Wirkung als Freiheitsrechte zur Abwehr gegen Übergriffe des Staates. Darüber hinaus bestehen jedoch zwischen Presse- und Rundfunkfreiheit wesentliche Unterschiede. Für die Presse gilt der sogenannte Tendenzschutz. Er erlaubt es Verlegern, publizistische Tendenzen festzulegen und Mitarbeiterinnen und Mitarbeiter zur Berücksichtigung dieser Tendenzen zu verpflichten. Presseunternehmen haben das Recht, ihre Beschäftigten aufgrund von politischen oder religiösen Einstellungen oder Zugehörigkeiten auszuwählen und gegebenenfalls wieder zu kündigen. Einerseits gilt eine freie, unzensierte und nicht von der öffentlichen Gewalt gelenkte Presse als Ausweis eines freiheitlichen Staates. Andererseits dürfen aber einzelne Presseorgane durchaus einseitig berichten und dabei sogar gegen den Staat, der ihre Freiheit garantiert, opponieren. Zur Verteidigung von Demokratie und Verfassung sind sie keineswegs verpflichtet.

Wegen der überragenden Bedeutung, die der Rundfunk für den Prozess der öffentlichen Meinungsbildung und damit für die Funktionsfähigkeit der demokratischen Ordnung insgesamt hat, wird die Rundfunkfreiheit fundamental anders gewertet. Über ihre Wirkung als Abwehrrecht hinaus wird sie in erster Linie als eine Freiheit der Meinungsbildung angesehen und hat daher den Status einer dienenden Freiheit. Unter den Bedingungen der modernen Massenkommunikation soll sie eine notwendige Ergänzung und Verstärkung der Meinungsfreiheit darstellen und die Aufgabe erfüllen, eine freie und umfassende Meinungsbildung durch den Rundfunk zu gewährleisten.

Das Bundesverfassungsgericht hat vor diesem Hintergrund in einer Reihe von Entscheidungen wesentliche Organisationsprinzipien der Rundfunkordnung aus dem Grundgesetz und der darin enthaltenen Rundfunkfreiheit abgeleitet, die der Gesetzgeber zu beachten beziehungsweise zu verwirklichen hat. Diese Prinzipien zielen allesamt darauf ab, eine freie und umfassende Berichterstattung zu gewährleisten, die wiederum die freie, individuelle und öffentliche Meinungsbildung durch den Rundfunk fördert. Erste Bedingung ist auch hier, dass der Rundfunk frei von staatlicher Beherrschung und Einflussnahme bleibt. Doch bloße Staatsfreiheit allein ermöglicht noch keine freie und umfassende Meinungsbildung. Daher heißt es etwa im sogenannten WDR-Urteil aus dem Jahr 1991 exemplarisch: »Zwar entfaltet das Grundrecht der Rundfunkfreiheit seinen Schutz auch und zuerst gegenüber dem Staat. Daneben bedarf es jedoch einer positiven Ordnung, die sicherstellt, dass der Rundfunk ebenso wenig wie dem Staat einzelnen gesellschaftlichen Gruppen ausgeliefert wird, sondern die Vielfalt der Themen und Meinungen aufnimmt und wiedergibt, die in der Gesellschaft insgesamt eine Rolle spielen. Zu diesem Zweck sind materielle, organisatorische und prozedurale Regelungen notwendig [...] Wie diese Ordnung im Einzelnen ausgestaltet wird, ist Sache der gesetzgeberischen Entscheidung. Das Grundgesetz schreibt weder ein bestimmtes Modell vor noch zwingt es zu konsistenter Verwirklichung des einmal gewählten Modells. Von Verfassungs wegen kommt es vielmehr allein auf die Gewährleistung freier und umfassender Berichterstattung an.«[28]

Meinungsfreiheit im Internet

Wenn nun in Zeiten der Digitalisierung und des Internets diskutiert wird, ob die Meinungsfreiheit neu zu denken sei, so liefern die Überlegungen zur dienenden Funktion der Rundfunkfreiheit einen ersten Ansatzpunkt. Schnell war zu hören, dass die besondere gesellschaftliche Wirkung der Rundfunkfreiheit analog auf die Informationsvermittler des Internets zu übertragen sei. Auch für sie müsse gelten, was für den Rundfunk im klassischen Sinn vom Bundesverfassungsgericht aus Artikel 5 des Grundgesetzes abgeleitet werde. Es müsse somit eine positive gesetzliche Ordnung geschaffen werden, die sicherstellt, dass auch dieses Medium ebenso wenig dem Staat wie einzelnen gesellschaftlichen Gruppen oder anderen einzelnen Personen ausgeliefert sei. Stattdessen solle es die Vielfalt der Themen und Meinungen aufnehmen und wiedergeben, die in der Gesellschaft insgesamt eine Rolle spielten. Hierfür müssten materielle, organisatorische und prozedurale Regelungen geschaffen werden, die sich an der Aufgabe orientieren, die Funktion des Mediums für den Prozess der öffentlichen Meinungsbildung und damit für die demokratische Ordnung insgesamt zu erhalten beziehungsweise zu stärken.

Damit wird einer Verpflichtung zur Diversität das Wort geredet, die für die Sicherung von Meinungsvielfalt und Meinungspluralität als konstitutiver Bestandteil der Demokratie zwingend erforderlich sein soll. Auch Internetplattformen und Websites mit Informationsangeboten sollten verpflichtet werden, für geeignete Strukturen und Formate einer ausgewogenen Meinungsbildung und Meinungspräsentation Sorge zu tragen. Auf diese Weise würde die demokratische Fundierung der Mediengrundrechte den Veränderungen durch Digitalisierung und Internet Rechnung tragen.

Für diese Überlegungen könnte auf den ersten Blick folgender Aspekt sprechen: Wesentliches Merkmal des Rundfunks gegenüber der Presse ist es, dass er Informationen auf dem Wege einer unkörperlichen Übertragung verbreitet. Damit sind begrifflich sowohl der herkömmliche Hörrundfunk und der Fernsehrundfunk als auch alle neuartigen unkörperlichen Übertragungsformen, insbesondere beispielsweise das Internet, erfasst. Dennoch stößt die Forderung nach einer Eins-zu-eins-Übertragung der Verfahrensregeln zum Schutz der Rundfunkfreiheit auf die neuen Medien auf zahlreiche Bedenken. Für welche Informationsvermittler sollen die avisierten Regelungen Geltung entfalten? Geht es hierbei nur um professionelle Betreiber von Internetplattformen wie etwa Facebook? Oder sollen in den Geltungsbereich auch Privatpersonen fallen, die etwa ein Internetforum mit einseitiger politischer Ausrichtung betreiben oder es anderen Nutzern ermöglichen, entsprechende politische Äußerungen zu veröffentlichen?

Hinzu kommt eine weitere, meines Erachtens derzeit unüberwindliche Schwierigkeit. Die großen Betreiber von Plattformen haben ihren Sitz im – außereuropäischen – Ausland, sodass der deutsche Staat oder die Europäische Union ihnen spezifische Regelwerke kaum zwingend vorschreiben können. Wie soll der Gesetzgeber in Deutschland oder in der Europäischen Union unter den gegebenen Bedingungen seiner Aufgabe, durch eine positive rechtliche Ordnung Diversität und Pluralität zu gewährleisten, gerecht werden können? Wie soll er Leitgrundsätze verbindlich machen, die ein Mindestmaß an inhaltlicher Ausgewogenheit, Sachlichkeit und gegenseitiger Achtung sichern? Das gilt vor allem dann, wenn Plattformbetreiber aus Staaten kommen, deren Regierungen und Gesetzgeber andere Vorstellungen von Meinungsfreiheit, Pluralität und demokratiestaatlicher Funktion der Medien haben als wir, sodass selbst völkerrechtlich verbindliche Absprachen nicht getroffen werden können.[29]

Das Netzwerkdurchsetzungsgesetz

Einen ganz anders gearteten Reformschritt unternimmt das kürzlich beschlossene Netzwerkdurchsetzungsgesetz. Danach sind Anbieter sozialer Netzwerke verpflichtet, ein wirksames und transparentes Verfahren bei Beschwerden gegen rechtswidrige Inhalte vorzunehmen und damit neben den Urhebern selbst mehr Verantwortung für die von ihnen verbreiteten Inhalte zu übernehmen. Bei offensichtlich rechtswidrigen Inhalten muss der Anbieter für eine Entfernung innerhalb von 24 Stunden, bei allen übrigen, »schlicht rechtswidrigen« Inhalten innerhalb von sieben Tagen Sorge tragen. Bei Verletzung dieser Pflicht begeht der Anbieter eine Ordnungswidrigkeit, und es drohen hohe Geldbußen.

Daher ist die Annahme nicht von der Hand zu weisen, dass Anbieter – auch unter Berücksichtigung der Kürze der Zeit – geneigt sein könnten, bei Beschwerden vorsichtshalber die Entfernung vorzunehmen, selbst wenn objektiv die Annahme einer Rechtswidrigkeit zweifelhaft ist. Das hieße, dass sie die Meinungsfreiheit selbst dann zurücktreten lassen könnten, wenn objektiv die Grenzen des Grundrechts der Meinungsfreiheit nach Artikel 5 des Grundgesetzes gar nicht überschritten sind. Diese Befürchtung eines massiven Overblockings, also einer massenhaften Löschung von kontroversen, aber legalen Inhalten hat sich bislang allerdings nicht bewahrheitet. Von Anfang 2018 bis Ende 2019 gingen bei den Netzwerken rund 2,9 Millionen Beschwerden ein. Von ihnen führten nur 28 Prozent zur Löschung.

Der Gesetzgeber des Netzwerkdurchsetzungsgesetzes folgt einem sympathisch klingenden Gedanken der »regulierten Selbstregulierung«.[30] Diese Idee der regulierten Selbstregulierung ist angesichts der sich rasch ändernden technologischen Gegebenheiten und Möglichkeiten auf den ersten Blick durchaus bestechend. Auf der anderen Seite ist im vorliegenden Zusammenhang jedoch die hohe wertsetzende Bedeutung unserer grundgesetzlichen Meinungsfreiheit in Rechnung zu stellen. Auch wenn das Ziel des Gesetzgebers, Menschen vor illegal kommunizierten Inhalten zu schützen, begrüßenswert ist, besteht die Gefahr, dass das Netzwerkdurchsetzungsgesetz gleichzeitig auch die Kommunikationsgrundrechte aus Artikel 5 des Grundgesetzes einschränkt, indem es die Meinungs- und Informationsfreiheit der Nutzer solcher sozialen Netzwerke tangiert. Wenn sich das Netzwerkdurchsetzungsgesetz zu einem Zensurinstrument in privater Hand wandeln würde, wäre das fatal.

Bei der Ermittlung der Schranken der Meinungsfreiheit sind nach der Rechtsprechung des Bundesverfassungsgerichts äußerst strenge Maßstäbe anzuwenden. Die Freiheit der Meinungsäußerung kann im Allgemeinen nur aufgrund einer auf den jeweiligen Einzelfall bezogenen Interessenabwägung beschränkt werden, die der grundlegenden wertsetzenden Bedeutung der Meinungsfreiheit Rechnung trägt. Wenn sich die privaten Anbieter aber im Zweifel vorsorglich für eine Löschung entscheiden, stellt sich die Frage, ob der Gesetzgeber des Netzwerkdurchsetzungsgesetzes die besondere Wertentscheidung des Grundgesetzes zugunsten der Meinungsfreiheit hinreichend berücksichtigt hat.

Überdies wäre zu überlegen, ob nicht aufgrund der gebotenen »Waffengleichheit« ein entsprechender Schutzmechanismus zugunsten desjenigen vorgesehen werden müsste, dessen Meinungsäußerungen entfernt wurden, wenn es zu einer unzulässigen beziehungsweise voreiligen Löschung gekommen ist. Um die Bekämpfung strafbarer Inhalte auf den Plattformen weiter zu verbessern und transparenter zu machen, aber auch die Rechte von Nutzerinnen und Nutzern sozialer Netzwerke zu stärken, hat der Bundestag im Mai 2021 ein Änderungsgesetz zum Netzwerkdurchsetzungsgesetz beschlossen. Dieses sieht unter anderem vor, dass sowohl die Nutzer, die mit der Löschung ihrer Beiträge nicht einverstanden sind, als auch diejenigen, deren gemeldete Beiträge nicht gelöscht wurden, vom Anbieter in einem Gegenvorstellungsverfahren eine Überprüfung der Entscheidung verlangen können – als Alternative zu einer Klage vor Gericht. Zusätzlich soll eine Schlichtungsstelle für entsprechende Streitigkeiten eingeführt werden, ehe der Rechtsweg beschritten wird.

Hier stellt sich allerdings die Grundsatzfrage, ob mit diesem Schritt der regulierten Selbstregulierung und der Privatisierung von Streitentscheidungen nicht das staatliche Rechtsprechungsmonopol des Grundgesetzes sowie der rechtsstaatliche Justizgewährungsanspruch missachtet werden, indem es zu einer faktischen Ausschaltung der staatlichen Gerichtsbarkeit kommt. Genauso wenig, wie er das zulassen darf, ist es dem Gesetzgeber gestattet, die Kommunikationsfreiheiten unverhältnismäßig zurückzusetzen. Die Grenzen der Meinungsfreiheit sind von ihm zu konkretisieren, und nicht allein von privaten Anbietern. Dagegen könnte er zum Beispiel Verhaltensregeln fördern, die von Unternehmen oder Verbänden entwickelt, dann aber vom Staat genehmigt und publiziert werden. Eine solche Lösung würde einer gesetzlich geregelten Selbstregulierung entsprechen und sich an Artikel 40 der Datenschutz-Grundverordnung der EU anlehnen, der zur transparenten Mitgestaltung auffordert.

Alles in allem frage ich mich dennoch, ob in Zeiten des Internets und der Digitalisierung die Meinungsfreiheit wirklich zwingend neu gedacht werden muss. Es ist unzweifelhaft, dass das Internet kein rechtsfreier Raum ist. Alle gesetzlichen Vorschriften zum Schutz öffentlicher oder privater Rechtsgüter gelten selbstverständlich uneingeschränkt auch bei der Nutzung des Internets. Was nötig ist, ist die vom Rechtsstaatsprinzip geforderte effiziente Durchsetzung geltenden Rechts. Hier muss die Gesetzgebung möglicherweise durch eine Anpassung von Organisation und Verfahren dafür Sorge tragen, dass unter den veränderten technologischen Bedingungen sowohl die Herrschaft des Rechts wie auch die staatliche Justizgewährung uneingeschränkte Geltung behält beziehungsweise wiedererlangt. Aber – um hier ein Wort meines Kollegen Stefan Magen zu zitieren – »die Demokratie ist sicher eine inhärent riskante Ordnung«.

»Cancel Culture« – Absagen statt aushalten?

Herausforderungen wie die durch den Populismus, durch Hassreden und die Verbreitung von Fake News gehören zu den Risiken, die Demokratien um der Freiheit willen immer wieder eingehen und bestehen müssen. Das gilt im Übrigen nicht nur und nicht einmal speziell im Bereich des Digitalen. Der Staat hat dabei sicherlich die freiheitliche demokratische Grundordnung zu sichern, aber eben ausschließlich mit den Mitteln des Rechtsstaats. Das heißt, er muss die Freiheitsrechte achten, und hier insbesondere das Grundrecht der Meinungsfreiheit. Dieses Recht darf nur auf gesetzlicher Grundlage und zum Schutz höher- oder zumindest gleichrangiger Rechtsgüter der Allgemeinheit oder des Einzelnen eingeschränkt werden, nicht aber zur Durchsetzung einer »besseren Moral«.

Seit einiger Zeit ist jedoch ein Trend zu beobachten, der genau darauf abzielt: Um das, was Teile des gesellschaftlichen Diskurses als politisch korrekt betrachten, zu schützen, erheben sich immer wieder Stimmen, die fordern, bestimmte, nicht mit ihren Überzeugungen übereinstimmende Meinungen zu verbieten oder ihnen zumindest keinen öffentlichen Raum zuzuerkennen. Veranstaltungen, die unerwünschten Stimmen ein Forum bieten, sollen lieber abgesagt werden, als dass man sich mit diesen auseinandersetzt. Das hat, zuerst in den USA, zum Begriff der »Cancel Culture« geführt. In diesem Fall ist von wesentlicher Bedeutung, dass hier nicht der Staat abweichende Meinungen verbietet oder unterdrückt, sondern dass private Interessen und Einstellungen einander bekämpfen. Es geht darum, zu bestimmen, was gesellschaftlich anerkannt gesagt werden darf und was nicht. Unliebsamen Meinungen sollen Grenzen gesetzt werden; was als nicht mit dem behaupteten, als Tatsache hingestellten gesellschaftlichen Mainstream vereinbar gilt, soll ausgegrenzt werden. Immer mehr Menschen scheinen nicht länger bereit zu sein, anderen ihr Recht auf eine eigene Meinung zuzugestehen, geschweige denn sich mit dieser zu beschäftigen.

Hierbei denke ich etwa daran, wie sich an unseren Universitäten der Ton gegenüber Andersdenkenden verschärft. So haben im Oktober 2019 Studierende der Universität Hamburg wiederholt Vorlesungen des Wirtschaftsprofessors und AfD-Mitbegründers Bernd Lucke gestört und vorzeitig beendet. Ihr Vorwurf: Er habe als frühe Führungsperson der AfD »den Schneeball geworfen, der die rechte Lawine ins Rollen gebracht hat«. Laut Bericht der *Süddeutschen Zeitung* war diese Äußerung auf einem im Hörsaal aufgespannten Transparent deutlich zu lesen. »Wir denken, so ein Mensch gehört nicht an die Universität«, sagte Karim Kuropka, der Vorsitzende des Allgemeinen Studierendenausschusses (AStA), bei einer Protestkundgebung.[31]

Dann kommt mir die österreichische Kabarettistin Lisa Eckhart in den Sinn. In einem ihrer Texte beschäftigte sie sich mit Woody Allen, Harvey Weinstein und den Missbrauchsvorwürfen gegen sie und überschritt dabei Geschmacksgrenzen, indem sie mit Antisemitismus-Klischees spielte und ätzend Kritik an Kirche, Opfergesten und übereilten Urteilen übte. Daraufhin warfen ihr Kritiker vor, selbst antisemitische

Vorurteile zu bedienen. Ein Auftritt im Rahmen eines Hamburger Literaturfestivals, bei dem sie ihren Debütroman vorstellen sollte, wurde vom Veranstalter mit Verweis auf bei ihm eingegangene Drohungen abgesagt. Nach einer neuerlichen Einladung sagte die Kabarettistin ihrerseits die Teilnahme ab.

Schlagzeilen machte auch ein weiterer Fall Ende April 2021. Kurz bevor die »Bundesnotbremse« die Maßnahmen zur Eindämmung der Pandemie noch einmal verschärfen sollte, veröffentlichten Schauspieler und Regisseure in 53 ironisch-satirischen Videos ihre Kritik am Umgang der Politik mit der Corona-Krise. Die unter dem Hashtag *#allesdichtmachen* lancierte Aktion löste einen medialen Shitstorm aus, im Zuge dessen ein Rundfunkrat des WDR forderte, der Sender möge die Zusammenarbeit mit dem Schauspieler Jan-Josef Liefers – einem der beteiligten Akteure – beenden. Man muss sich das einmal vor Augen halten: Ein Schauspieler wagt es, auf künstlerische Weise zu Politik-Kritik aufzufordern – die, ganz gleich, wie man sich persönlich dazu verhält, in mancherlei Hinsicht doch zumindest legitim erscheint –, und soll dafür sanktioniert werden, indem ihm eine Möglichkeit, seinen Beruf auszuüben, genommen wird. Abgesehen davon, dass solche Forderungen im Hinblick auf das so fundamentale Recht der freien Meinungsäußerung als nicht mehr nur bedenklich, sondern geradezu gefährlich für unser demokratisches Zusammenleben erscheinen, hat auch im Fall von *#allesdichtmachen* die fast schon reflexartige Emotionalisierung der Debatte dazu geführt, dass eine sachliche Auseinandersetzung verhindert wurde. 26 der veröffentlichten Videos – also ziemlich genau die Hälfte – wurden im Zuge der hitzigen Debatte wieder von der Seite gelöscht. Zum Teil, weil ihre Urheber sich von ihrer zuvor geäußerten Meinung distanzieren wollten, zum Teil aber auch, weil sie sich nicht in der Lage sahen, die wütenden Rückmeldungen zu ertragen oder weil sie das Gefühl hatten, nur so sich und ihre Familien schützen zu können.

Es steht jedem frei, sich über *#allesdichtmachen* zu ärgern, und bei manchen, die sich bei ihrer Arbeit auf einer Intensivstation aufreiben, ist wohl auch ein gewisser emotionaler Überschuss im Ton verständlich. Auch können Bernd Lucke und Lisa Eckhart für ihre jeweiligen Äußerungen und Meinungen, Thesen oder Texte durchaus begründet kritisiert werden, ja, man darf sich über sie empören, aber man darf sie keinesfalls entgegen der Meinungs-, Wissenschafts- und Kunstfreiheit zensieren und mundtot machen. Hier geht es, wie gesagt, um Grundrechtsbeeinträchtigungen, die nicht unmittelbar vom Staat ausgehen. Der Staat ist aber wegen der aus Art. 5 GG folgenden Schutzpflicht gehalten, den Grundrechtsinhaber gegebenenfalls durch geeignete Maßnahmen vor von dritter Seite ausgehenden Beeinträchtigungen zu schützen. Nach meiner Überzeugung sollte es in einem demokratischen System – für das wahrscheinlich sowohl die Hamburger Studierenden als auch Lisa Eckharts Kritiker ihrer Selbsteinschätzung nach einstehen – darum gehen, auch Meinungen, mit denen man selbst nicht übereinstimmt, auszuhalten. Statt sie zu verbieten und die Meinungsträger zum Schweigen zu bringen, wäre es sinnvoller, ihnen im Sinne der Definition des Bundesverfassungsgerichts zu begegnen. Das erklärt nämlich, wie eingangs bereits zitiert, nicht ohne Grund die »ständige geistige Auseinandersetzung, den Kampf der Meinungen« zum »Lebenselement« einer demokratisch-freiheitlichen Staatsordnung. Nicht mehr Verbote sind hier gefordert, sondern wie so oft die Bereitschaft zu mehr Einmischung, Teilnahme an Diskussion und Diskurs – und letztlich mehr gesellschaftliches Engagement. Denn in

Bezug auf die Meinungsfreiheit verhält es sich so, wie es der bekannte Bonner Staatsrechtslehrer Josef Isensee einmal auf den Punkt gebracht hat: »Die Sonne der Freiheit scheint über Weizen und Unkraut. Wer alles Unkraut, das in der Demokratie wächst, vernichten will, wird am Ende auch dem Weizen schaden.«

KAPITEL 5

Der freiheitliche Verfassungsstaat und die Wirtschaftsordnung

Das Kapital des 21. Jahrhunderts: Big Data

Wie frei wir leben, hängt nicht allein davon ab, wie unsere Gesellschaft rechtlich und politisch verfasst ist. Ganz entscheidend ist auch die Art, wie wir arbeiten und uns versorgen, oder kurz: wie wir wirtschaften. Gerade im Bereich der Ökonomie machen sich die durch die Globalisierung und Digitalisierung ausgelösten, tiefgreifenden Veränderungen besonders stark bemerkbar. Neben der Corona-Pandemie, dem Klimawandel und dem internationalen Terror zählen sie zu den größten aktuellen Herausforderungen für unsere Freiheit. Gut sichtbar zeigt sich das überall da, wo die Macht global operierender Unternehmen auf Regulierungsbemühungen nationalstaatlicher Akteure trifft.

Selten in der Geschichte der Menschheit hat es eine vergleichbare Machtkonzentration in den Händen weniger gegeben: Die amerikanischen Technik- und Datenunternehmen Facebook, Amazon, Google, Apple und Co. haben nicht nur innerhalb der USA, sondern weltweit eine technische und wirtschaftliche Vorrangstellung aufgebaut, die durch nationale Regierungen und Regelungen kaum mehr zu kontrollieren ist. »Wir sind an einem Punkt angelangt, an dem wir handeln müssen«, sagt daher Margrethe Vestager, Vizepräsidentin der EU-Kommission und Kommissarin für Digitales, im Interview mit der *Zeit*. »Ein Punkt, an dem die Macht der digitalen Unternehmen [...] unsere Freiheiten, unsere Chancen, ja sogar unsere Demokratie bedroht.«[32]

Nur einmal zuvor konnte eine private Handelskompanie ähnlich viel wirtschaftliche und politische Macht auf sich vereinen: die Britische Ostindien-Kompanie. Die Aktiengesellschaft englischer Kaufleute wurde 1600 durch einen Freibrief von Königin Elisabeth I. dazu berechtigt, exklusiv den Handel des Königreichs mit Indien zu betreiben. Aus Mitteln des Privatvermögens ihrer Anteilseigner kaufte sie Schiffe und gründete Handelsstützpunkte am Arabischen Meer und am Golf von Bengalen. Durch diplomatisches Wirken gelang es ihr, wichtige Privilegien zu erringen und Verträge mit den indischen Fürsten, unter deren Oberhoheit sie agierte, abzuschließen. Dafür, dass die Kompanie sie mit Luxuswaren aus Europa versorgte, erteilten die Fürsten ihr weitgehende Rechte, eigene Interessen durchzusetzen. Die Ostindien-Kompanie expandierte und unterhielt bald ein eigenes Heer, mit dem sie aktive Territorialpolitik betrieb und gegen Konkurrenten wie die niederländische, französische und portugiesische Handelsgesellschaft sowie nicht kooperierende Einheimische vorging. Außerdem prägte sie eigenes Geld und erhob Steuern.

Neben einem Monopol auf den Handel mit Baumwolle, Seidenstoffen, Färbemitteln und Tee erlangte sie nach und nach immer mehr politische Macht auf dem indischen Subkontinent und baute gleichzeitig durch Lobbyarbeit ihren Einfluss auf die Entscheidungen im britischen Parlament aus. Auf dem Höhepunkt ihrer insgesamt fast drei Jahrhunderte andauernden Erfolgsgeschichte fielen ihre Interessen mit denen der britischen Regierung in London zunehmend in eins, bis die Gesellschaft schließlich 1748 durch ein Gesetz wieder der britischen Verwaltung unterstellt wurde. Als stärkste militärische Macht in Indien stellte die Handelskompanie einen zentralen Baustein bei der Errichtung des Britischen Empire dar. In ihrer Hochzeit stand rund ein Fünftel der Weltbevölkerung unter der Kontrolle der Britischen Ostindien-Kompanie. Der von der Kompanie geförderte Export von Opium ins chinesische Kaiserreich sorgte dort für eine grassierende Opiumsucht der Bevölkerung, den Abfluss von Geld und drohte die florierende chinesische Wirtschaft in den Ruin zu treiben. Er führte zu zwei mehrjährigen Opiumkriegen, die die britische Armee 1839 bis 1842 und 1856 bis 1860, diesmal zusammen mit Frankreich, gegen China führte. Allerdings verlor die Ostindien-Kompanie aufgrund von Misswirtschaft und Aufständen in Indien schließlich ihre politische Führungsrolle auf dem Subkontinent. 1858 wurde Indien direkt der Krone unterstellt und die Ostindien-Kompanie schließlich 1874 aufgelöst. Ein Beschluss des britischen Parlaments erhob Königin Victoria 1876 zur Kaiserin von Indien, das bis 1947 Kronkolonie blieb. Selbstverständlich waren die Briten mit ihrem Empire und der Ostindien-Kompanie nicht die einzigen Europäer, die über lange Zeit große Teile des Globus beherrschten, seine Schätze abtransportierten und seine Ressourcen ausbeuteten. Seit der Entdeckung Amerikas durch Christoph Kolumbus haben Spanier, Portugiesen, Holländer, Franzosen, Belgier und als Letzte die Deutschen kaum eine Weltregion ausgelassen, wenn es darum ging, geopolitische und wirtschaftliche Ansprüche durchzusetzen. Die Nachwirkungen des Kolonialismus, der maßgeblich zur Aufteilung der Erde in Zentren und Peripherien und zum damit einhergehenden Gefälle an Wohlstand und Lebenschancen geführt hat, sind bis heute nicht überwunden.

Das Kapital, mit dem die Britische Ostindien-Kompanie wie auch die anderen europäischen Handelsgesellschaften wirtschafteten, bestand in den Ressourcen der ausgebeuteten Regionen: von Rohstoffen wie Erz, Kupfer, Gold, Öl über Baumwolle und Seide, Gewürze, Tee, Kaffee und Kakao bis zu Menschen, die sie versklavten. Die heutigen Tech- und Datengiganten des Silicon Valley haben ihre globale Vormachtstellung auf einer ganz neuen Art von Kapital aufgebaut: auf Daten. Big Data – riesige Datenmengen – sind eine nicht natürliche Ressource, die erst mit der digitalen Revolution entstanden ist, durch die sich die Möglichkeiten, Informationen zu verarbeiten und bereitzustellen, grundsätzlich verändert haben.

Neben klassischen Unternehmen, die mit Ressourcen und Produkten handeln, sind in Form von Sharing-Ökonomien, sozialen Netzwerken u.Ä. sogenannte Plattformökonomien entstanden. Diese basieren auf digitalen Plattformen, die ihren Nutzern lediglich die Strukturen bereitstellen, mit deren Hilfe Inhalte kommuniziert oder Produkte gehandelt werden können. Man spricht hier von User-generated Content. Die persönlichen Daten, die Nutzer mit ihren Transaktionen – und heute meist mit ihrer expliziten Einwilligung – den Plattformbetreibern überlassen, werden zu Analysezwecken verwendet, zum Beispiel, um Werbung zu personalisieren oder Nutzer mit auf sie zugeschnittenen Inhalten und Empfehlungen zu versorgen. Auf diese Weise eröffnet das Internet nicht nur Milliarden Nutzern rund um den Globus Zugang zu Wissen und neuen Dienstleistungen, sondern ermöglicht es umgekehrt den Anbietern digitaler Strukturen, das dabei anfallende Wissen über nahezu jede Regung jedes einzelnen Nutzers gewinnbringend einzusetzen.

Daten und Datenströme sind zu einem Kapital geworden, mit dem sich gigantische Gewinne erzielen lassen. Die dabei entstandenen Plattformökonomien haben die Wirtschaft nahezu vollständig umgekrempelt. Im Jahr 2008 fanden sich mit PetroChina, Sinopec, Exxon, Gazprom und Shell noch fünf Energiekonzerne auf der Liste der zehn reichsten Unternehmen der Welt. Im Jahr 2018 hatten IT-Konzerne mit datenbasierten Geschäftsmodellen sie vollständig verdrängt.[33]

Facebook, Amazon, Google, Apple und Co. gehören zu den großen Gewinnern dieser Entwicklung. Zu einer Zeit, in der die überwiegende Mehrzahl staatlicher wie privatwirtschaftlicher Akteure sich nicht vorstellen konnte, welche Entwicklungen durch die Revolution des Digitalen auf die Welt zukommen würden, haben sie auf technische Innovation und unternehmerischen Wagemut gesetzt. So haben sie ihren technologischen Vorsprung im Umgang mit Daten erarbeitet, den sie heute nutzen können, um Konkurrenz gar nicht erst aufkommen zu lassen. »Das Wesen von Big Data ist das Monopol«, resümiert der Volkswirtschaftler Thomas Straubhaar in *Die Welt*.[34] »Ursache hierfür sind immense Fixkosten der Datenverarbeitung auf der einen und nahezu keine variablen Kosten der Datennutzung auf der anderen Seite. Es kostet Millionen bis Milliarden, um YouTube, Netflix, Spotify oder WhatsApp zur Marktreife zu bringen, aber nur wenig bis nichts, um einer zusätzlichen Person die Nutzung zu ermöglichen.«

Die Wirtschaftsordnung in den westlichen Demokratien hat mit Regelungen wie dem Kartellrecht normalerweise Hebel, die verhindern, dass es zu ungesunden Monopolbildungen und Machtkonzentrationen kommt. Diese Hebel wurden im Fall von Facebook, Amazon, Google, Apple und Co. jedoch nicht wirksam, und zwar nicht zuletzt deshalb, weil die disruptive, umstürzende Wirkung ihrer auf Daten basierenden Geschäftsmodelle in Politik und Gesellschaft viel zu lang nicht erkannt worden ist. In Erinnerung geblieben ist hier der Satz von Bundeskanzlerin Angela Merkel aus dem Jahr 2013: »Das Internet ist für uns alle Neuland.« Schon damals hatten die Datenunternehmen den Markt bereits weitgehend untereinander aufgeteilt.

Wenn zu viel freier Wettbewerb die Freiheit des Wettbewerbs bedroht

Die Machtposition der global agierenden Tech-Unternehmen bedroht heute ganz konkret unsere Wirtschaftsordnung. Diese basiert wie in der Mehrzahl der westlichen Staaten auf dezentraler Vielfalt, die nicht zuletzt dem Einzelnen die Entfaltung seiner wirtschaftlichen Freiheiten ermöglichen soll. In der Regel funktioniert das seit Bestehen der Bundesrepublik recht gut. Dennoch gibt es nicht wenige Wirtschaftsbereiche, in denen es Monopole und die monopolähnliche Konzentration von Marktmacht anderen, kleineren Wettbewerbern schwer oder gar unmöglich machen, ebenfalls am Markt zu bestehen. Das verletzt grundlegende Prinzipien unserer Marktwirtschaft, weshalb Kritiker zu Recht nach Regulierung durch den Gesetzgeber rufen.

Unsere Wirtschaftsordnung basiert wesentlich auf der Garantie des Privateigentums. Den Einzelnen soll durch die freie Verfügung über ihr Eigentum ein bestimmender Anteil am sozialen und wirtschaftlichen Leben und an seiner Gestaltung ermöglicht werden – allein oder im Verbund mit anderen. Das heißt, Entscheidungen darüber, was wie und in welchen Mengen produziert wird, welche Investitionen getätigt und wie Waren und Dienstleistungen verteilt und auf den Markt gebracht werden, bleiben den Wirtschaftsteilnehmern, die miteinander in freiem Wettbewerb stehen, überlassen, und der Staat hält sich aus der Planung der Wirtschaft weitgehend heraus. In anderen Worten, die Marktteilnehmer tauschen nach eigenem Ermessen Güter aus und nutzen oder veräußern sie je nachdem, wie sie ihren Bedarf einschätzen. Dabei folgen sie ganz ihren privaten Interessen und Initiativen. Während sie als Eigentümer über den Einsatz ihres Kapitals dezentral entscheiden, übernimmt der Markt, auf dem sich Anbieter und Nachfrager treffen, die erforderliche Koordination. Hier bilden sich die Preise, die über den Wert entscheiden, den die Waren und das Eigentum von Unternehmern und Investoren letztendlich haben.

Diese Ordnung verfügt über eine immense Anspornfunktion, erhöht die Bereitschaft der Einzelnen, vermögenswerte Güter zu bilden, diese zu erhalten und nach Möglichkeit zu mehren, und fördert die für eine ökonomische Weiterentwicklung notwendige Leistungsbereitschaft. Da jedes Unternehmen sein Produkt erfolgreich verkaufen und einen genau bestimmten Kundenkreis bedienen, eine eigene Nische besetzen will, muss sich sein Angebot von den Produkten anderer unterscheiden. Auf diese Weise entsteht eine in der Summe große Vielfalt an Angeboten, die sowohl zu einer verbesserten Versorgung des Marktes führt als auch der Allgemeinheit dient. Die Eigentümer, die die Chancen und Risiken wahrnehmen, die aus ihrer Freiheit zu disponieren resultieren, tragen aber auch für etwaige Fehlentscheidungen die Verantwortung und die Haftung. Auch wenn diese Risiken nicht zu unterschätzen sind und die Gefahr des Scheiterns jede Neugründung begleitet, hat sich doch gezeigt, dass die private Initiative meist einer zentralen Planung weit überlegen ist. Und genau das ist der Aspekt, der dem frei verfügbaren Privateigentum seine überragende Bedeutung für unsere Wirtschaftsordnung verleiht: der aus ihm resultierende gesellschaftliche Nutzen für die Entfaltung von Produktivität und allgemeinem Wohlstand.

Als aktuelles Beispiel dafür, wie private Initiative im Rahmen wettbewerbsgetriebener Konkurrenz schnell zu gesellschaftlich relevanten Ergebnissen führt, lässt sich der weltweite Wettlauf zur Entwicklung eines Impfstoffs gegen das Coronavirus anführen. Nach Angaben der WHO sind 2020 weltweit mehr als 200 Entwicklungen für ein Vakzin angelaufen, 52 Impfstoffkandidaten befanden sich Ende des Jahres in klinischen Studien.[35] Selbstverständlich haben zur schnellen Zulassung der ersten Präparate nicht nur der gesellschaftliche Druck, sondern auch der Wille der Regulierungsbehörden, die erforderlichen Tests zu koordinieren und zu beschleunigen, beigetragen. Dennoch stimmt es, wenn der deutsche Wirtschaftswissenschaftler Hans-Werner Sinn den Erfolg des Mainzer Unternehmens BioNTech in einem Gastbeitrag für den englischen *Guardian* als Triumph der Innovation bezeichnet.[36] Bereits am 24. Januar, also vor dem ersten COVID-19-Fall in Deutschland, hat das Ärzte- und Unternehmerpaar Uğur Şahin und Özlem Türeci entschieden, das Unternehmen, das es einst zur Erforschung von Krebstherapien gegründet hatte, auf die Entwicklung eines Impfstoffs gegen die neuartige Coronavirus-Erkrankung, die aufmerksamen Wissenschaftlern nicht entgangen war, umzustellen. Damit haben die beiden Forscher und gleichzeitigen Marktteilnehmer auf eine wirtschaftlich riskante Entscheidung gesetzt, zu der eine Regierung zu diesem Zeitpunkt möglicherweise noch gar nicht in der Lage gewesen wäre. Elf Monate später führte dieser schnelle Entschluss zur Zulassung des ersten wirksamen Mittels gegen die Pandemie.[37]

Diese Innovationskraft unserer freien Wirtschaftsordnung kann sich jedoch nur entfalten, wenn der freie und faire Wettbewerb ohne Einschränkungen funktioniert. Paradoxerweise aber können gerade aus dem Wettbewerb selbst bedeutende Einschränkungen resultieren. In einer Rede zur Festveranstaltung »70 Jahre soziale Marktwirtschaft«[38] im Juni 2018 hat Bundeskanzlerin Angela Merkel diesen Zusammenhang folgendermaßen beschrieben: »Ein funktionsfähiger Wettbewerb ist das zentrale Element der sozialen Marktwirtschaft. Er setzt die Kräfte frei, um stetiges Wachstum zu ermöglichen. In diesem Sinne setzt soziale Marktwirtschaft Freiheit voraus. Sie bedeutet aber kein Laisser-faire-Prinzip und keinen bedingungslosen Wettbewerb ohne staatlichen Eingriff. Denn Wettbewerb neigt stets auch dazu, sich selbst zu beschränken.«[39] Die Entwicklung von zu großen Marktkonzentrationen durch ungezügeltes Wachstum oder Fusionen, aber auch der Eintritt internationaler Monopolisten in einen Markt, kann dessen Gleichgewicht und Funktion empfindlich stören. Daher kann der Staat den Markt keineswegs sich selbst überlassen, er ist vielmehr verpflichtet, durch ausgewogene Eingriffe und gegebenenfalls neue Regelungen und korrigierende Gesetze Einfluss zu nehmen. Wenn ein Unternehmen wie Amazon – laut *Spiegel* »der weltgrößte Onlineversandhandel, der größte Anbieter von Cloud-Computing-Diensten und der größte Marktplatz für unabhängige Händler«[40] – Konkurrenten keinen Raum mehr lässt, neben ihm zu bestehen, drohen folgenschwere Beschädigungen unserer Wirtschaftsordnung. Ein Beispiel liefern Amazons Arbeitsbedingungen: Wie wir alle wissen, bedurfte es jahrzehntelanger, harter Auseinandersetzungen, bis bestimmte Standards an Arbeitnehmerrechten anerkannt und zumindest in den westlichen Demokratien weitgehend durchgesetzt wurden. Amazon aber hebelt diese Standards einfach aus – nicht der einzige Grund, weshalb die Monopolstellung des Internetriesen eine Bedrohung der Freiheit für uns alle ist.

Monopolbildung und die damit verbundene wirtschaftliche Macht ist natürlich nicht nur bei Techfirmen, die mit Daten handeln – und mittlerweile weltweit entsprechend im Fokus stehen –, zu beobachten. Um dieser Macht zu begegnen, versucht zum Beispiel die Europäische Union, in aktuellen Gesetzgebungsverfahren die großen Internetplattformen zu regulieren, nachdem sie bereits in den vergangenen Jahren hohe Geldstrafen verhängt hat. Nach mehreren Verfahren musste Google mehr als acht Milliarden Euro zahlen und Teile seiner Geschäftspraxis ändern, weil der Konzern unter anderem für Drittanbieter die Nutzung seiner Dienste mit vertraglichen Beschränkungen verbunden hatte, was als wettbewerbsverzerrend angesehen wurde. In anderen Worten, Google war vorgeworfen worden, seine Marktmacht zum Schaden kleinerer Anbieter auszunutzen. Amazon wird vorgeworfen, seine Marktmacht zu missbrauchen, weil das Unternehmen systematisch nicht öffentliche Geschäftsdaten von unabhängigen Händlern für das eigene Einzelhandelsgeschäft nutzt. Im Dezember 2020 hat die EU-Kommission den Digital Services Act und den Digital Market Act vorgestellt, zwei Gesetzespakete, die auf eine europaweit bessere Regulierung insbesondere der großen Internetkonzerne, auf faires Wirtschaften und besseren Verbraucherschutz abzielen. Ab 2023 könnten die Gesetze in Kraft treten.

In Australien hat die Regierung Schritte unternommen, um Internetplattformen wie Google und Facebook zu verpflichten, für verlinkte Inhalte anderer Medien auf ihren Seiten Gebühren zu zahlen. Deren Höhe soll mit Verlagen und

Sendern, die diese Inhalte erzeugen, ausgehandelt oder von einer staatlich bestellten Schiedsstelle festgelegt werden. Beide Unternehmen reagierten auf diese Eingriffe in ihre Geschäftspraxis mit Widerstand: Facebook blockierte für kurze Zeit für australische Nutzer die Funktion, Medieninhalte zu verlinken; Google drohte mit der Abschaltung seiner Suchmaschine für den Raum Australien.[41] Die australische Regierung reagierte auf den Protest von Facebook und verabschiedete das Gesetz schließlich in leicht veränderter Form, in der es nun seit dem 3. März 2021 in Kraft ist.[42] Ob das Gesetz sich eignet, die Macht und den Machtmissbrauch großer Konzerne wirklich einzuhegen, ist umstritten.[43] Doch das Beispiel zeigt, dass die freiheitlichen Demokratien überall auf der Welt begonnen haben, sich mit den großen Tech-Konzernen auseinanderzusetzen.

Auch in den USA, dem Mutterland der »Big Four« (Apple, Google, Amazon, Facebook – es ließen sich aber auch noch Microsoft und Netflix hinzuzählen), sieht man die Dominanz dieser Konzerne zunehmend kritisch. So kommt ein Kartellbericht des Wettbewerbsunterausschusses im Repräsentantenhaus vom Herbst 2020 zu dem Schluss, die Unternehmen, die einst selbst als Start-ups begonnen hatten, hätten mittlerweile monopolähnliche Stellungen inne und müssten deshalb stärker kontrolliert werden. Zwar habe ihr Geschäft der »Gesellschaft klare Vorteile gebracht«, zitiert das Redaktionsnetzwerk Deutschland aus dem Bericht[44], doch spielten sie selbst nach anderen Regeln als den Regeln, die sie ihren Mitbewerbern diktierten. So wird Apple unter anderem vorgeworfen, auf seinen Geräten den eigenen Musik-Streamingdienst Apple Music gegenüber Konkurrenten wie Spotify zu bevorzugen und von direkten Wettbewerbern die Zahlung eines Teils ihrer Umsätze zu verlangen.

Dass das bestehende Kartellrecht die Monopolstellung der Tech-Giganten nicht verhindert hat, führt dazu, dass die Liste ihrer Vergehen immer länger wird, die Politik jedoch bisher wenig Mittel gefunden hat, ihnen etwas entgegenzusetzen. Zu den Vorwürfen, die gegen Google, Amazon und Co. im Raum stehen, gehören Marktmachtmissbrauch, Steuervermeidung, Verletzungen des Datenschutzes und vieles andere mehr. Daher werden in jüngster Zeit verstärkt Überlegungen geäußert, marktbeherrschende Plattformen nicht nur durch Verbote und Strafen wegen unfairer Geschäftspraktiken zu regulieren, sondern sie zu zerschlagen. In diesem Sinne haben 48 US-Bundesstaaten und die Federal Trade Commission Klage wegen Monopolisierung gegen Facebook eingereicht.[45] Eine ähnliche Klage wird von den 48 Bundesstaaten gegen Google vorbereitet.[46] Wie das global entbrannte Ringen zwischen den Unternehmen und der Politik ausgehen wird, ist ungewiss.

Eingriffe des Staates dürfen nicht zur Bedrohung des freien Wettbewerbs werden

Jede gesetzgeberische Maßnahme, die einen Eingriff in ein Grundrecht bedeutet, stellt tendenziell eine Bedrohung unserer Freiheiten dar. Deshalb bedarf sie der plausiblen Begründung und der Abwägung, ob sie notwendig und gerechtfertigt ist. Das gilt selbst dann, wenn die Maßnahme auf Sicherung, Aufrechterhaltung oder Verbesserung des Gemeinwohls zielt, indem sie etwa eine Monopolstellung wie im Fall von Amazon begrenzen will. Sie darf, in anderen Worten, nicht über ein genau abgestecktes Ziel hinausschießen.

So wäre es sicher nicht legitim, wenn die Politik entschiede, das Eigentum an Produktionsmitteln, das sich in der Hand eines großen Konzerns befindet, wäre beispielsweise besser in freier Verfügung durch die Allgemeinheit nutzbar.

Zwar beinhaltet das Grundgesetz in Artikel 15 eine sogenannte Sozialisierungsermächtigung, auf die gern hingewiesen wird, wenn Politiker sich profilieren möchten und über die Möglichkeit der Vergesellschaftung ganzer Wirtschaftszweige spekulieren oder wenn es um Planspiele zu einer Aneignung von Wohneigentum durch den Staat geht, durch die überhöhte Mietpreise verhindert werden sollen. In dem Artikel heißt es, Grund und Boden, Naturschätze und Produktionsmittel können zum Zwecke der Vergesellschaftung in Gemeineigentum oder in andere Formen der Gemeinwirtschaft überführt werden. Allerdings müsste es dafür wirklich triftige Gründe geben; die Interessen der Allgemeinheit und der Beteiligten müssten bestimmt und eine angemessene Entschädigung festgesetzt werden. Bedeutsamer aber als die zu erwartenden Kosten ist in diesem Fall wiederum, dass die Verfassung insgesamt als konsistente Einheit angesehen werden muss. Als solche garantiert sie zuerst unsere Freiheitsrechte, die auch die Eigentumsgarantie sowie die Berufs- und Unternehmerfreiheit beinhalten. Dass diese Grundrechte nicht im Übermaß beschränkt werden dürfen, ist sicherlich der Hauptgrund dafür, dass der Sozialisierungsartikel des Grundgesetzes in der Geschichte der Bundesrepublik noch nie zur Anwendung gekommen ist.

Dennoch wird derzeit von einer Berliner Initiative ein Volksbegehren gefordert, dessen Ziel es ist, den gemeinwirtschaftlichen Anteil am städtischen Wohnraumangebot zu erhöhen. Zu diesem Zweck sollen Wohnungsunternehmen, die mehr als 3000 Wohnungen besitzen, enteignet und ihre

Bestände in eine neu zu gründende Anstalt öffentlichen Rechts überführt werden. Damit würde allerdings nicht nur die Eigentumsgarantie verletzt und gegen den grundgesetzlichen Gleichheitsgrundsatz verstoßen. Auch die Verhältnismäßigkeit der Maßnahme ließe sich kaum begründen, da zur Erreichung des eigentlich begrüßenswerten Anliegens, Wohnraum für alle bezahlbar zu machen, auch andere Mittel zur Verfügung stünden. So könnte der Staat etwa die Sozialbindung des Grundeigentums stärken, indem er durch preisrechtliche Vorschriften stärker auf eine sozialverträgliche Nutzung durch die Eigentümer einwirkt; er könnte Regelungen schaffen, die die Möglichkeiten zur Spekulation mit Wohnraum begrenzen und den Wohnungsneubau besser fördern. Schwerlich begründbar scheint es mir jedoch, hierfür die Eigentumsstruktur insgesamt auf den Prüfstand zu stellen und für ein willkürlich bestimmtes Segment der Wohnungswirtschaft die Eigentumsgarantie auszusetzen. Denn für unsere wirtschaftliche Verfasstheit hat die freie Verfügung über unser Eigentum zentralen Stellenwert. Würde sie durch gesetzgeberisches Handeln infrage gestellt, läge auch hierin eine schwerwiegende Bedrohung unserer Freiheit.

Wie bei der Frage nach der Eignung und Rechtmäßigkeit von Corona-Maßnahmen oder von Freiheitseinschränkungen im Kampf gegen den Terrorismus stellt sich also auch im Zusammenhang mit den wirtschaftlichen Grundrechten immer wieder die Frage, welche Beschränkungen noch als angemessen angesehen werden können und welche nicht. Wiederum besteht zum einen das bereits besprochene rechtsstaatliche Übermaßverbot, das jeden Eingriff an seine Verhältnismäßigkeit bindet. Zum anderen greift auch hier die allgemeine Eingriffsschranke nach Artikel 19 Absatz 2 des

Grundgesetzes, die besagt: »In keinem Falle darf ein Grundrecht in seinem Wesensgehalt angetastet werden.«

Der grundgesetzliche Schutz des Eigentums, wie er in Artikel 14 des Grundgesetzes festgeschrieben ist, garantiert dem individuellen Eigentümer das Recht an seinem Eigentum wie an dessen Vererbung. Eingriffe in diese Garantien sind nur dann legitim, wenn wir durch unseren konkreten Eigentumsgebrauch andere oder die Allgemeinheit in ihren Möglichkeiten, zu wirtschaften und sich zu entfalten, beschränken oder behindern würden. Das ist sicherlich der Fall, wenn zum Beispiel ein Unternehmen eine Vormachtstellung am Markt erreicht, die es ihm ermöglicht, Konkurrenten zu verdrängen oder gar nicht erst Fuß fassen zu lassen.

Bei der Konzentrationskontrolle, der Kontrolle von Ballung wirtschaftlicher Macht, geht es darum, einen fairen Wettbewerb für alle potenziellen Anbieter zu gewährleisten und so auch kleinen, schwächeren oder neuen Marktteilnehmern die Freiheit zu sichern, sich am Wirtschaftsleben zu beteiligen. Die hierfür notwendigen Eingriffe in die Eigentumsgarantie ermöglicht die Verfassung, indem sie dem Staat einen Vorbehalt der grundgesetzlichen Eigentumsgarantie einräumt. Dieser verpflichtet ihn zu definieren, innerhalb welcher Rahmen und Grenzen Eigentum und seine Nutzung als legitim anzusehen sind. »Inhalt und Schranken« des Eigentums, heißt es im bereits zitierten Eigentumsartikel, »werden durch die Gesetze bestimmt.« An den Staat ergeht daher der Auftrag, Rahmen zu setzen. Er hat die Aufgabe, festzulegen, welche Grundbedingungen für einen funktionsfähigen Wettbewerbsprozess gelten sollen, und er muss die Voraussetzungen für eine dezentral organisierte Wirtschaft schaffen. Damit ein Wettbewerb als fair betrachtet werden kann, sollen marktbeherrschende Stellungen einzelner Unternehmen oder von Unternehmenszusammenschlüssen legitimerweise vermieden werden. Mittel, die dem Staat hierfür zur Verfügung stehen, sind Kartellverbote, Missbrauchsaufsicht und Fusionskontrollen. Im Hinblick auf die Eigentumsgarantie sind diese Instrumente des Staates grundsätzlich als unbedenklich anzusehen und dazu geeignet, den freien Wettbewerb zu erhalten.

Darüber hinaus kann der Staat Marktanteilsgrenzen einführen, um Konzentrationen, die den freien Wettbewerb behindern, von vornherein zu vermeiden. Dadurch schließt er aus, dass ein Wettbewerber eine marktbeherrschende Stellung aufbaut und diese gegen Mitbewerber ausnutzt. Das ist prinzipiell wesentlich einfacher, als ein einmal bestehendes Monopol wieder zu zerschlagen. Sind Marktanteilsgrenzen festgelegt, kann der Staat immer dann einschreiten und beispielsweise Entflechtungen oder Teilverkäufe verfügen, wenn Unternehmen oder Unternehmenszusammenschlüsse die definierten Grenzen überschreiten. Dabei ist es gleichgültig, ob die Überschreitung Folge einer unzulässigen Fusion oder des Wachstums eines Unternehmens ist. In beiden Fällen werden Eigentumspositionen gegen die vom Gesetz vorgegebenen Beschränkungen aufgebaut. Eine Entflechtung kann dann von der Aufspaltung in selbstständige Teilunternehmen bis zur Zerschlagung eines Unternehmens oder einer Unternehmensgruppe gehen. Solange diese Aufgliederung einen Eigentümer in die Schranken verweist, die sein Unternehmenseigentum zulässigerweise begründen und begrenzen, stellt sie keinen verfassungswidrigen Eigentumseingriff dar, auch dann nicht, wenn durch sie die Substanz des Unternehmens gemindert wird. Allerdings ist eine Einschränkung der Eigentumsgarantie dann nicht mehr zulässig, wenn sie dazu führt, die Wettbewerbsfähigkeit des von ihr betroffenen Unternehmens zu beseitigen.

Deutlich schwieriger gestaltet sich ein staatlicher Eingriff allerdings, wenn Marktanteilsgrenzen erst festgelegt worden sind, nachdem ein Unternehmen eine marktbeherrschende Stellung erreicht hat. In einem solchen Fall hat es seine Eigentumspositionen innerhalb der geltenden Rechtsordnung und im Einklang mit ihr erlangt. Der Entzug oder auch nur der Teilentzug von Unternehmenseigentum, etwa durch die Verpflichtung zu einem Verkauf, kann dann nicht mehr als Verweisung des Eigentümers in die Schranken der missachteten Rechtsordnung gewertet werden. Wird er dennoch verpflichtet, einen Teil seines Unternehmens zu veräußern, stellt das – wie auch jede andere auf Entflechtung abzielende Entzugsmaßnahme durch die öffentliche Gewalt – einen Eingriff in die legal erlangte Eigentumssubstanz dar. Nach der Verfassung muss er somit angemessen entschädigt werden. Diese Überlegungen müssen auch dann gelten, wenn und soweit Kartellrecht der EU durch die Kommission zur Anwendung kommt.

Sicherung der Grundversorgung als Staatsaufgabe

Seit Bestehen der Bundesrepublik hat sich immer wieder gezeigt, dass der Markt nicht alle auftretenden Spannungen und Probleme allein lösen kann. Das gilt sowohl für seine Selbstregulation als auch im Hinblick auf seine Aufgabe, die Gesellschaft mit lebensnotwendigen Gütern und Leistungen zu versorgen. Um sicherzustellen, dass die Wirtschaft insgesamt funktionsfähig bleibt und so überhaupt die Voraussetzungen gegeben sind, dass Einzelne mit ihrem Eigentum wirtschaften können, greift der Staat immer wieder in Eigentumsverhältnisse ein. Dazu berechtigen ihn die vorgestellten Schranken und Vorbehalte, die der Konzentrationskontrolle dienen. Analog zum stets notwendigen Ausgleich zwischen Sicherheit und Freiheit hat der Staat, wie gezeigt, auch in Bezug auf die wirtschaftlichen Grundrechte jedes Mal neu abzuwägen, wie weit seine Eingriffe in die Freiheiten der Einzelnen gehen dürfen. Er muss aber auch immer beurteilen, welche Eingriffe auf jeden Fall erforderlich sind, um das gewünschte Ziel, etwa die Aufrechterhaltung der Wertschöpfungskette, zu erreichen. Als generell wichtiger Zweck der staatlichen Steuerung ist zunächst die Gewährleistung der Grundversorgung der Bevölkerung und der notwendigen Infrastruktur zu nennen. Hier ergeben sich durch den zweiten Absatz aus Artikel 14 des Grundgesetzes, der besagt, dass Eigentum verpflichtet und sein Gebrauch dem Gemeinwohl dienen soll, Möglichkeiten, Handlungen privater Marktakteure Grenzen zu setzen.

Wie auf anderen Gebieten führt auch hier staatliches Eingreifen immer wieder zu Konflikten mit privaten Akteuren, die von den ergriffenen Maßnahmen betroffen sind. Dabei wird der Staat in diesem Bereich durch die rechtsprechende Gewalt, die Judikative, in der Regel in seinen Entscheidungen unterstützt. So hatte sich das Bundesverfassungsgericht schon im Juli 1954 mit der Verfassungsmäßigkeit des sogenannten Investitionshilfegesetzes befasst. Damals waren der Kohlenbergbau, die eisenschaffende Industrie und die Energiewirtschaft wegen fehlender Investitionen in eine tiefe Krise geraten. Aufgrund der von den Alliierten geforderten Entflechtung der bis zum Kriegsende hochgradig konzentrierten Montanindustrie waren in diesem Bereich die Eigentumsverhältnisse ungeklärt, was Investoren abschreckte. Hinzu kam, dass ein Teil der geförderten Kohle von der noch nicht souveränen Bundesrepublik billig nach Westeuropa geliefert werden musste. Das Fehlen der Kohle machte sich in den von ihr abhängigen Industrien direkt bemerkbar.

»Ende 1950 sah sich [Wirtschaftsminister Ludwig] Erhard gezwungen, den Bundesbürgern die Weihnachtsfeiertage zu verdunkeln«, erinnerte sich *Die Zeit* fast 40 Jahre später. »Per Verordnung vom 23. Dezember wies er die Länderminister an, Privatverbrauchern täglich zwei Stunden die Strom- und Gaszufuhr zu sperren. Im Januar 1951 erhielten die Unternehmen Bescheid, künftig ein Viertel weniger Strom als bisher zu verbrauchen; überschritten sie in einer Woche diesen Wert, so wurde in der folgenden Woche die Zufuhr abgeschaltet. Die Bundesbahn musste den Personenverkehr einschränken.«[47]

Die Spitzenverbände der gewerblichen Wirtschaft hatten einen Finanzbedarf von einer Milliarde DM in den unterfinanzierten Industriezweigen ermittelt, die nötig sei, um die Krise zu überwinden. Ihre freiwillige Selbstverpflichtung, die Summe zu erbringen, blieb jedoch ohne Wirkung, weshalb der Bundestag ein Gesetz beschloss, das bis auf wenige, genau definierte Ausnahmen alle gewerblichen Unternehmen zu einer einmaligen Abgabe zugunsten der Grundstoffindustrien verpflichtete. Es ging also um die Umverteilung einer großen Menge an Kapital aus einem Bereich der Wirtschaft in einen anderen, der für die Aufrechterhaltung der Produktion in der Bundesrepublik als zentral angesehen wurde. Damit griff der Staat steuernd und ordnend im Sinne des Allgemeinwohls in das Wirtschaftsleben ein, wogegen viele zahlungspflichtige Unternehmen scharf protestierten und Verfassungsbeschwerde einlegten. In seinem Urteil wies das Bundesverfassungsgericht die Beanstandung durch die Beschwerdeführer jedoch zurück, die beklagten, dass das Investitionshilfegesetz in die Verfügungsfreiheit der von ihm betroffenen Unternehmen eingreife und als wirtschaftslenkendes Gesetz gegen den Gleichheitsgrundsatz verstoße, weil es die Wettbewerbslage verändere.

Dagegen stellte das Gericht klar, die Verfassung ermögliche es »dem Gesetzgeber, die ihm jeweils sachgemäß erscheinende Wirtschaftspolitik zu verfolgen, sofern er dabei das Grundgesetz beachtet. Die gegenwärtige Wirtschafts- und Sozialordnung ist zwar eine nach dem Grundgesetz mögliche Ordnung, keineswegs aber die allein mögliche. Sie beruht auf einer vom Willen des Gesetzgebers getragenen wirtschafts- und sozialpolitischen Entscheidung, die durch eine andere Entscheidung ersetzt oder durchbrochen werden kann. Daher ist es verfassungsrechtlich ohne Bedeutung, ob das Investitionshilfegesetz im Einklang mit der bisherigen Wirtschafts- und Sozialordnung steht und ob das zur Wirtschaftslenkung verwandte Mittel ›marktkonform‹ ist. Der Gleichheitssatz ist nicht verletzt. Er darf nicht dazu benutzt werden, den weiten Ermessensspielraum einzuengen, den das Grundgesetz dem Gesetzgeber einräumt. Nur die Überschreitung oder der Missbrauch des gesetzgeberischen Ermessens verstoßen gegen den Gleichheitssatz.«[48]

Wie in anderen Bereichen auch, eröffnet das Grundgesetz dem Gesetzgeber auf dem Feld der Wirtschaftspolitik einen weiten Gestaltungsspielraum. Sein Augenmerk hat er dabei auf die im je zu beurteilenden Fall konkret bestehenden grundrechtlichen Rechtspositionen der Marktteilnehmer zu richten. Allein aus ihnen leiten sich der Rahmen und die Schranken ab, innerhalb derer er nach der Verfassung ordnend eingreifen darf beziehungsweise muss.

Die Verfassung lässt Spielraum in Bezug auf unsere Wirtschaftsordnung

Die Wirtschaft der Bundesrepublik Deutschland ist seit ihrem Beginn dezentral und marktförmig organisiert. Auf der Garantie des privaten Eigentums aufgebaut, wird der freie Markt mit seinen Chancen und Risiken jedoch von sozialstaatlichen Regelungen, Sozialpartnerschaften und Tarifverträgen sowie konkreten regulierenden Eingriffen des Staates flankiert. Diese Regelungen umfassen weit mehr als nur kartellrechtliche Instrumente oder Enteignungen, so zum Beispiel die Festlegung unterschiedlicher Steuersätze für unterschiedlich hohe Einkommen zwecks eines verträglichen Lastenausgleichs bei der Finanzierung von Staats- und Gemeinwohlaufgaben. Wer über ein höheres Einkommen verfügt, wird stärker zur Kasse gebeten als Menschen am Rande des Existenzminimums. Ziel dieses wirtschafts- und gesellschaftspolitischen Leitbilds, für das sich seit den 1970er-Jahren die Bezeichnung soziale Marktwirtschaft durchgesetzt hat, ist es, eine auf privater Initiative gründende Wettbewerbswirtschaft mit sozialem Fortschritt, einem hohen Maß an Wohlstand für breite Kreise der Bevölkerung und damit einhergehendem sozialen Frieden zu verbinden. Bundeskanzlerin Angela Merkel hat dieses Wirtschaftsmodell als »dritten Weg zwischen Kapitalismus und Staatswirtschaft« beschrieben und als Exportschlager gewertet.[49]

Über die soziale Marktwirtschaft als Wirtschaftsordnung der Bundesrepublik besteht bei uns heute ein breiter Konsens, und sie erfreut sich berechtigter Wertschätzung. Umso überraschter stellt man vielleicht mit Blick ins Grundgesetz fest, dass dort von sozialer Marktwirtschaft an keiner Stelle die Rede ist. Vielmehr zeichnet sich unsere

Verfassung durch grundsätzliche Neutralität in Bezug auf unsere konkrete Wirtschaftsordnung aus. Sie räumt dem Gesetzgeber stattdessen legitime Möglichkeiten ein, zum Zweck der Gestaltung Eingriffe in die Wirtschaftsordnung vorzunehmen, soweit sie verhältnismäßig und zielführend sind.

Anders war dies noch in der Weimarer Reichsverfassung, in der es hieß: »Die Ordnung des Wirtschaftslebens muss den Grundsätzen der Gerechtigkeit mit dem Ziele der Gewährleistung eines menschenwürdigen Daseins für alle entsprechen.«[50] Mit diesem Satz begann hier ein eigener Abschnitt, der eine ganze Reihe ausdrücklicher Regelungen und programmatischer Aussagen enthielt, die das Wirtschaftsleben ordnen sollten. Im Gegensatz dazu liefert das Grundgesetz kein Modell, nach dem die Volkswirtschaft – vom verfassungsrechtlichen Standpunkt aus betrachtet – zu entwickeln wäre. Ganz im Gegenteil kam man im Parlamentarischen Rat überein, in das Grundgesetz zunächst nur die klassischen Grundrechte, das heißt die Freiheitsrechte, aufzunehmen und die Regelung der Sozial- und Wirtschaftsordnung der Zukunft zu überlassen. Dies geschah zum einen vor dem Hintergrund, dass die Versammlung, die 1948/49 das Grundgesetz erarbeitete, davon ausging, eine provisorische Verfassung zu konstituieren. Zum anderen war für den Entschluss, allein die klassischen Freiheitsrechte zu gewährleisten, der Wille ausschlaggebend, anders als in Weimar nicht Programmsätze und Verfassungsaufträge, sondern unmittelbar geltendes Recht zu schaffen.

Daher soll sich nun der Blick auf die in der Verfassung enthaltenen Grundrechte richten, die als unmittelbar geltendes Recht Gesetzgebung, vollziehende Gewalt und Rechtsprechung in Bezug auf die Wirtschaft, die ökonomische Tätigkeit der Gesellschaft binden. Neben der für das Wirtschaften wesentlichen Garantie des Privateigentums (Artikel 14) gewährt das Grundgesetz die Berufs- und damit auch Gewerbe- und Unternehmerfreiheit sowie das Recht der freien Wahl des Arbeitsplatzes und der Ausbildungsstätte (Artikel 12). Alle Deutschen dürfen sich an jedem Ort im Bundesgebiet aufhalten und eine Wohnung nehmen (Artikel 11); es ist ihnen gestattet, Handelsgesellschaften und Körperschaften mit unterschiedlichen Rechtsformen zu gründen, sich in solchen Vereinigungen zu betätigen oder aus ihnen auszutreten, sie aufzulösen und ihnen fernzubleiben (Artikel 9). Die Freiheit, Verträge abzuschließen und ihre Inhalte selbst zu bestimmen, ist, sofern diese nicht gegen gesetzliche Bestimmungen verstoßen, Bestandteil der allgemeinen Handlungsfreiheit (Artikel 2). Schließlich eröffnet das Recht die Möglichkeit, Vereinigungen wie Gewerkschaften oder Verbände zu gründen, ihnen beizutreten oder fernzubleiben und über diese Zusammenschlüsse die Arbeits- und Wirtschaftsbedingungen in einer Ordnung der sozialen Selbstverwaltung privatautonom festzulegen (Artikel 9). Das geschieht etwa, wenn Arbeitgeberverbände und Gewerkschaften als Tarifvertragsparteien gemeinsame Regelungen zu Lohn- und Arbeitsbedingungen aushandeln.

Welche Folgerungen ergeben sich nun aus diesen Freiheiten für die Wirtschaftsordnung in Deutschland? Zunächst ist festzuhalten, dass sich das Bundesverfassungsgericht, dessen Aufgabe bekanntermaßen darin besteht, dem Geist des Grundgesetzes zur Geltung zu verhelfen, die Grundannahme der wirtschaftspolitischen Neutralität der Verfassung zu eigen macht, indem es betont: »Das Grundgesetz [...] enthält keine unmittelbare Festlegung und Gewährleistung einer bestimmten Wirtschaftsordnung.«[51]

Expliziter entscheidet dagegen das EU-Recht die Frage nach der Wirtschaftsordnung: In Artikel 3 des am 1. Dezember 2009 in Kraft getretenen Vertrags von Lissabon heißt es: »Die Union errichtet einen Binnenmarkt. Sie wirkt auf die nachhaltige Entwicklung Europas auf der Grundlage eines ausgewogenen Wirtschaftswachstums und von Preisstabilität, eine in hohem Maße wettbewerbsfähige soziale Marktwirtschaft, die auf Vollbeschäftigung und sozialen Fortschritt abzielt, sowie ein hohes Maß an Umweltschutz und Verbesserung der Umweltqualität hin. Sie fördert den wissenschaftlichen und technischen Fortschritt.«

Die Grundannahme des Bundesverfassungsgerichts, dass das Grundgesetz den Staat nicht auf eine bestimmte Wirtschaftsordnung festlege, bedeutet aber keineswegs, dass Regierung und Gesetzgebung in Fragen der Wirtschaftsordnung unbegrenzte Gestaltungsfreiheit hätten. Einerseits stellen die grundrechtlich verbürgten Freiheiten, die für die wirtschaftliche Betätigung in der Bundesrepublik Deutschland gelten, bei allem Beharren auf wirtschaftspolitischer Neutralität eins sicher: Die Entstehung einer zentral verwalteten Volkswirtschaft mit einem System befehlsgesteuerter Staatsplanung, wie es in den Plan- oder Zentralverwaltungswirtschaften sozialistischer Staaten üblich ist und im früheren Ostblock war, ist und bleibt durch sie ausgeschlossen. Dagegen steht es der Politik aber durchaus frei, die Wirtschaftspolitik durch ihre Lenkung beispielsweise stärker nach, wie heute gefordert, umweltpolitischen Gesichtspunkten auszurichten und im Sinne einer sozialen und ökologischen Marktwirtschaft weiterzuentwickeln.

Andererseits haben der Staat und seine Organe dafür Sorge zu tragen, dass die Mechanismen des Marktes in ihrer Wirkung begrenzt werden, wo auch immer sie dazu tendieren, die Freiheit der wirtschaftlich tätigen Akteure einzuschränken. Statt auf Laisser-faire zu setzen, ist die Gesetzgebung gehalten, am Markt ordnend für faire Bedingungen für alle Teilnehmer zu sorgen und einen funktionierenden Wettbewerb zu garantieren.

Ein Sonderfall: Die Energiewirtschaft

Ein anschauliches Beispiel dafür, wie umkämpft wirtschaftsordnende Eingriffe durch den Staat gerade in Bereichen sind, die die Grundversorgung betreffen, stellt die Energiewirtschaft dar. Mit der Energierechtsnovelle des Jahres 1998 wurde die Elektrizitäts- und Gasversorgung in Deutschland grundsätzlich neu organisiert. Bis zu diesem Zeitpunkt hatte es im deutschen Energierecht traditionelle Gebietsmonopole in Form geschlossener Versorgungsgebiete gegeben: Wenige Anbieter hatten die Energieversorgung des Bundesgebiets untereinander aufgeteilt, hatten mit ihren Gas- und Elektrizitätswerken die Energieerzeugung und mit ihren Leitungsnetzen den Energietransport übernommen; der Markteintritt neuer Unternehmen war damit nahezu unmöglich. Somit war der gesamte Bereich der Energieversorgung dem freien Wettbewerb entzogen. Begründet wurde dieser Sachverhalt, der noch auf gesetzlichen Grundlagen des Energiewirtschaftsgesetzes von 1935 beruhte, vor allem damit, dass der Staat die Versorgung mit Energie als existenziell für Bevölkerung und Volkswirtschaft ansah und sie daher besonders sichern wollte. Den Inhabern der Gebietsmonopole traute er einerseits die störungsfreie Erfüllung ihres Versorgungsauftrags zu, andererseits verfügte deren Lobby über großen Einfluss, sodass Alternativen zum Status quo nicht auf die politische

Agenda gesetzt wurden. Als sich der Bundestag schließlich doch zur Novellierung des Energierechts entschloss, hatten sich die Bedingungen und Möglichkeiten, im Energiebereich zu wirtschaften, jedoch grundsätzlich zu wandeln begonnen und verlangten nach neuen Regulierungen.

Insbesondere durch die immer höhere Effizienz von erneuerbaren Energien, wie Sonnen- und Windkraft, gerieten zukunftsfähige Alternativen zum Betrieb von Großkraftwerken ins Blickfeld des gesellschaftlichen Diskurses. Vor allem unter Gesichtspunkten der ökologischen Nachhaltigkeit wurde das begrüßt. Denn anders als die Kohleverstromung kommen erneuerbare Energien ohne die Verbrennung großer Mengen an fossilen Brennstoffen und die damit einhergehenden CO_2-Emissionen und Umweltschäden aus. Gegenüber der Kernenergie haben sie den Vorteil, dass sie nicht ungeklärte Fragen nach dem Umgang mit anfallenden Rückständen oder atomaren Unfällen mit gravierenden Folgeschäden nach sich ziehen. Da sich mithilfe von Solarzellen und Windrädern Energie auch in kleinem Maßstab erzeugen lässt, war es zum ersten Mal sinnvoll geworden, die Stromerzeugung dem Wettbewerb zu öffnen. Dazu musste die Energieerzeugung vom Betrieb der Netze getrennt und Letztere allen Wettbewerbern zugänglich gemacht werden.

Die Europäische Union reagierte auf diesen Wandel bereits vor der Bundesrepublik und erließ zur Verwirklichung des Elektrizitätsbinnenmarktes am 19.12.1996 die Binnenmarkt-Richtlinie Elektrizität,[52] die im Februar 1997 in Kraft trat und innerhalb von zwei Jahren in nationales Recht umgesetzt werden musste. Ihr folgte der Bundestag mit seiner Energierechtnovelle. Kurz vor der Jahrtausendwende wurde so erstmals im deutschen Energierecht ein Anspruch auf Zugang zu den Stromversorgungsnetzen geschaffen. Er stellt die Voraussetzung für neue Wettbewerber dar, die von ihnen erzeugte Energie auch an Kunden verteilen und verkaufen zu können. Durch die sogenannte Gasnovelle im Jahr 2003 wurde der Anspruch auch auf die Gasversorgungsnetze ausgedehnt. Im Juli 2005 ist schließlich ein grundlegend überarbeitetes Energiewirtschaftsgesetz (EnWG) in Kraft getreten, das zuletzt 2008 und 2011 ergänzt wurde. Nach diesem Gesetz haben die Betreiber von Energieversorgungsnetzen gegen Entgelt jedermann diskriminierungsfrei Zugang zu ihren Netzen zu gewähren, der sachlich gerechtfertigte Kriterien erfüllen kann. Das bedeutet zweierlei: dass die wenigen Energieversorger, die einst den Markt unter sich aufgeteilt hatten und auch die Netze besaßen, gezwungen wurden, sich von den Unternehmensanteilen, mit denen sie die Netze betrieben, zu trennen, und dass die neuen, nun eigenständigen Netzbetreiber verpflichtet wurden, jedem Wettbewerber die Nutzung ihrer Netze zu ermöglichen. Der Zugang kann demnach nur verweigert werden, wenn dem Netzbetreiber die Gewährung des Netzzugangs aus betriebsbedingten oder sonstigen Gründen nicht möglich oder nicht zumutbar ist. Diese Spezialregelung des Energiewirtschaftsgesetzes beinhaltet für den Bereich der Strom- und Gasversorgung hinsichtlich des Wettbewerbs das, was in anderen Märkten das allgemeine Missbrauchs- beziehungsweise Diskriminierungsverbot nach dem Kartellrecht ist, das verbietet, eine marktbeherrschende Stellung gegen Mitbewerber auszunutzen.

Durch die Liberalisierung der Energiemärkte ist es möglich geworden, dass beispielsweise eine Waldorfschule Solarzellen auf ihrem Dach installiert oder ein Bauer Windräder auf seinem Land errichtet und den produzierten Strom ins Stromnetz einspeisen und am Markt anbieten kann wie alle anderen Erzeuger auch – von der Gemeinde bis zum ehemaligen Gebietsmonopolisten.

Die Rechtmäßigkeit dieser Regelung wurde, wie man sich leicht denken kann, vielfach unter Berufung auf die Wirtschaftsverfassung des Grundgesetzes infrage gestellt. So ist den Durchleitungsrechten, die für den Strom des Bauern oder der Waldorfschule nun gewährt werden müssen, entgegengehalten worden, dass die Netzbetreiber über das Eigentumsrecht an den Leitungen verfügten und sie mit ihrem Eigentum nach Belieben verfahren könnten, ein oft auch laut vorgebrachtes Gegenargument gegen diese Rechte. Im Fall der Stromleitungen wäre es allerdings weder praktikabel noch zweckmäßig, müsste jeder Besitzer eines Windrads oder einer Solaranlage ein eigenes Netz bauen, um den Strom nutzen und vor allem verkaufen zu können. Insofern ist diesem Einwand mit dem bereits bekannten Hinweis darauf zu begegnen, dass das Grundgesetz neben der Gewährleistung des Privateigentums auch dessen Sozialbindung ausspricht, nach der sein Gebrauch »zugleich dem Wohle der Allgemeinheit dienen« soll. Mit dieser Formulierung ist dem Staat die Regelungsaufgabe vorgegeben, in welchem Rahmen eine Beschränkung des Eigentums nicht nur möglich und statthaft, sondern sogar notwendig ist.

In diesem Zusammenhang sei daran erinnert, dass technische Neuerungen und der mit ihnen einhergehende Wandel immer wieder neuen Regelungsbedarf nach sich ziehen. Dass neue Regeln nicht immer leicht zu finden sind und zuweilen gewaltige Fragenkomplexe mit sich bringen, die häufig auch Eigentumsfragen berühren, macht die Sache nicht einfacher.

Wie sehr der Staat selbst in diesem Zusammenhang mitunter die Richtung vorgibt und von sich aus steuert, lässt sich besonders gut an der Geschichte der Kernenergie in Deutschland zeigen. In den 1950er- und 1960er-Jahren drängte die Politik die Energiewirtschaft aufgrund einer über alle Parteigrenzen hinweg verbreiteten Atom-Euphorie zum Einstieg in die neue Technologie. 1962 entstand im bayerischen Grundmemmingen das erste Atomkraftwerk. Die Kosten für den Bau waren gigantisch, die Gewinnerwartungen daher eher gering, weshalb die Energie-Oligopole zunächst skeptisch waren. Ganz im Gegensatz zur Regierung, die sich eine blühende Zukunft mit dauerhaft sicherem, sauberem Strom und einer weltweiten Vorreiterrolle Deutschlands erträumte, wofür bereits 1955 ein eigenes Atomministerium mit Franz Josef Strauß als erstem Chef gegründet worden war. Insbesondere in den 1970er-Jahren wurde der Ausbau der Kernenergie als Antwort auf die Ölkrise stark vorangetrieben. Gleichzeitig wuchs aber auch in weiten Kreisen der Bevölkerung das Bewusstsein für das Problem der staatlich geförderten Atomenergie. Vor allem die Angst vor Unfällen und die Frage des Umgangs mit Wiederaufbereitung und Endlagerung radioaktiver Rückstände spalteten die Gesellschaft zusehends, was zur Antiatombewegung und zum Aufstieg der Partei der Grünen führte. Die erste rot-grüne Regierung mit Gerhard Schröder als Kanzler machte aufgrund der nun vor allem von Bedenken geprägten gesellschaftlichen Wahrnehmung den Ausstieg aus der Kernenergie zu einem ihrer zentralen Reformprojekte. In zähem Ringen mit den Anlagenbetreibern handelte sie den sogenannten Atomkonsens aus, der im Juni 2000 unterschrieben und 2002 mit einer Novelle des Atomgesetzes in Kraft gesetzt wurde. Nicht zuletzt bedeutete der Ausstieg einen schweren Eingriff in die Eigentumsrechte der Energieversorgungsunternehmen. Gegen das Zugeständnis von Restlaufzeiten stimmten sie jedoch einer geordneten Beendung der Stromerzeugung aus der Kernenergie zu und verpflichteten sich, keine Entschädigungsforderungen zu stellen. Zehn Jahre später allerdings beschloss die zweite Regierung Merkel mit den Stimmen ihrer Koalition aus CDU und FDP im Bundestag eine Verlängerung der Laufzeiten der vor 1980 errichteten Atomkraftwerke um acht und der neueren um vierzehn Jahre, was den Ausstieg aus dem Ausstieg bedeutete. Da ihr im Bundesrat die Mehrheit fehlte, legte sie ihm das Gesetz nicht zur Zustimmung vor. In einem Gutachten habe ich damals betont, dass diese Zustimmung aber in jedem Fall notwendig gewesen wäre, weil die Atomaufsicht von den Ländern im Auftrag des Bundes ausgeübt wird. Mit einer Verlängerung der Laufzeiten kommen also den Ländern zusätzliche Verwaltungsaufgaben zu. Sowohl die Bundestagsfraktionen der SPD, der Grünen und der Linken als auch mehrere SPD-geführte Bundesländer kündigten Verfassungsklage gegen die neuerliche Novellierung des Atomgesetzes an. 2011 ereignete sich dann die Reaktorkatastrophe in Fukushima, woraufhin es zu einem weiteren gravierenden Kurswechsel in der deutschen Energiepolitik kam. Die Regierung Merkel verkündete zunächst ein sogenanntes Atom-Moratorium, bei dem alle Kraftwerke einer Sicherheitsprüfung unterzogen und die älteren Werke mit sofortiger Wirkung für drei Monate stillgelegt wurden. Mitte des Jahres stimmte der Bundestag mit großer Mehrheit für den Ausstieg aus der Kernenergie, und im August trat, dieses Mal mit Zustimmung des Bundesrats, eine weitere Novelle des Atomgesetzes in Kraft. Durch diese Rückgängigmachung des Ausstiegs aus dem Ausstieg setzte sich die Bundesregierung gegenüber den Betreibern der Kernkraftwerke, denen sie vorher Laufzeitverlängerungen zugesichert hatte, ins Unrecht, indem sie erneut massiv in deren Eigentumsrechte eingriff, ohne zuvor einen Konsens herzustellen. Dagegen zogen diese vor das Bundesverfassungsgericht, ein besonders betroffenes Unternehmen auch vor ein internationales Schiedsgericht in Washington. Während die Klage in den USA – es geht hier um mehrere Milliarden Euro – noch nicht abschließend entschieden ist, hat das Bundesverfassungsgericht im November 2020 geurteilt, dass der finanzielle Ausgleich für die Kraftwerksbetreiber unzureichend geregelt worden ist und nachgebessert werden muss. Nun stellt sich nicht so sehr die Frage, wer für die Entschädigungsforderungen aufkommen muss, wenn eine Regierung bei ihrem Eingreifen in wirtschaftliche Abläufe gravierende Fehler macht: Zuletzt werden es die Steuerzahler sein, also wir alle. Im konkreten Fall ist die Frage vor allem, wie viel es uns am Ende kosten wird.

Staatliches Handeln: Zwischen zu viel und zu wenig

Auch in anderen Bereichen der Grundversorgung haben sich Staatsmonopole als äußerst haltbar erwiesen. Bis in die 1980er-Jahre wurden sie vom überwiegenden Teil der Politik als notwendig angesehen, um das Funktionieren der Infrastrukturen, für die die Staatsmonopole allein zuständig waren, zu garantieren. Für Deutschland sind unter anderen die Bundesbahn bis zur Öffnung des Schienennetzes und der Privatisierung des Unternehmens Mitte der 1990er-Jahre zu nennen sowie die Bundespost bis zur Liberalisierung des Telefonmarktes 1998. Gerade am Beispiel Bundespost zeigt sich, wie durch die den Wettbewerb ausschließenden Monopole Innovation verhindert wird. So resümiert die *Frankfurter Allgemeine Zeitung*: »Während zu Zeiten der Bundespost ein farbiges Tastentelefon der Gipfel des Komforts in Deutschland war, ist die heutige Angebotsvielfalt an Endgeräten gar nicht mehr zu überblicken. Gleichzeitig sind auch noch die Preise für das Telefonieren kräftig gefallen und Abertausende neue Arbeitsplätze geschaffen worden. Das hat zwar auch etwas mit der technischen Entwicklung zu tun. Aber auch der technische Fortschritt kommt unter Wettbewerbsbedingungen viel schneller voran als unter einem trägen Monopolisten, der mangels Konkurrenz nur noch sein Geld zählen muss.«[53]

Neben der Vermeidung oder Beseitigung von Monopolen gibt es allerdings ein weiteres entscheidendes Moment, das staatliche Akteure zur Absicherung unserer Grundrechte und Freiheiten im Auge behalten müssen, wenn sie sich wie der Bund im Fall der Post-Liberalisierung aus einem Bereich der Daseinsvorsorge, der Grundversorgung, zurückziehen. Das Fernmeldewesen war nach dem Grundgesetz, bis es geändert wurde, Staatsaufgabe. Gemäß der Änderung musste der Staat nur noch Gewährleistungsverantwortung übernehmen und keine Handlungsverantwortung mehr tragen. Das heißt, er muss nur die Aktivitäten der an seine Stelle getretenen privatrechtlichen Akteure wirkungsvoll kontrollieren und überwachen, um sicherzustellen, dass sowohl eine funktionierende als auch eine sichere Infrastruktur besteht. Wie unzureichend er der Verpflichtung insbesondere im Hinblick auf eine informationstechnische Infrastruktur nachgekommen ist, beweist heute unter anderem der ungenügende bundesweite Ausbau der Glasfaserverkabelung – immerhin noch ein Projekt der Regierung Schmidt von 1981. Bis 2015 sollte die Bundesrepublik – damalige Planungen bezogen sich natürlich nur auf die alten Bundesländer – komplett mit einem Glasfasernetz ausgestattet und damit unter den globalen Spitzenreitern bei schnellen Breitbandanschlüssen sein. Heute liegt der Anteil von Glasfaseranschlüssen bei allen stationären Breitbandanschlüssen in Deutschland gerade einmal bei 4,7 Prozent – das bedeutet im Ranking der OECD-Staaten Platz 34. Nur wenige Staaten, zum Beispiel Österreich und Großbritannien, stehen in dieser Beziehung noch schlechter da.[54] Auf diesem Missstand beruht ein Teil der Schwierigkeiten, die Deutschland mit dem digitalen Homeschooling in Corona-Zeiten hatte.

Wie sich infolge der Affäre um das von der amerikanischen NSA abgehörte Handy der Kanzlerin gezeigt hat, ist die Sicherheit unserer digitalen Infrastruktur nicht hinreichend gewährleistet. Als erster geladener Sachverständiger des NSA-Untersuchungsausschusses habe ich zusammen mit weiteren Verfassungsrechtlern unter anderem bemängelt, dass Deutschland es versäumt hat, Verantwortung für eine informationstechnisch sichere Infrastruktur zu übernehmen. Hier ist also nicht nur der Ausbau eines funktions- und zukunftsfähigen Kommunikationsnetzes vernachlässigt worden, sondern es wurde auch nicht für die Sicherheit der zur Verfügung gestellten Infrastruktur gesorgt. In anderen Worten: Der Staat ist seiner im Grundgesetz verankerten Gewährleistungsverantwortung deutlich sichtbar nicht gerecht geworden. Welche Folgen und Kosten werden dadurch in Zukunft noch entstehen?

Der Datenkapitalismus als Bedrohung von Freiheit und Demokratie

Die wirtschaftliche Macht und der Einfluss der großen Datenkonzerne werden mittlerweile als das erkannt, was sie sind: eine reale Bedrohung unserer Freiheit. Am Beispiel Facebook wird das besonders deutlich. Plattform-Gründer Mark

Zuckerberg hat seine Monopolstellung im Bereich der sozialen Netzwerke systematisch ausgebaut. Facebook hat Trends, die einander in der digitalen Welt mitunter rasend schnell ablösen, früh erkannt und die wachsende Konkurrenz aufgekauft. Der Messengerdienst WhatsApp war fünf Jahre alt, als Facebook ihn sich 2014 einverleibte. Als Snapchat sich gegen die Übernahme wehrte, kaufte Facebook Instagram und zog damit an Snapchat vorbei. Durch diese Politik hat Facebook nicht nur konkurrierende Marktteilnehmer ausgeschaltet, sondern zugleich seinen Zugriff auf die kostbarste Ressource vervielfacht: die individuellen Daten von Nutzern weltweit.

Durch den umfassenden Zugriff auf unsere Daten ist es privaten Unternehmen möglich, Persönlichkeitsprofile von Nutzern zu erstellen, die in ihrer Tiefe weit über diejenigen hinausgehen, die staatliche Stellen hierzulande etwa zur Terrorismusbekämpfung anlegen dürfen. Wir haben kaum wirklich Kontrolle darüber, was mit unseren Daten geschieht. Von Bewegungsprofilen, die Smartphones und Fitness-Apps generieren, bis zur Verweildauer auf aufgerufenen Websites sind unser Tun und unsere Vorlieben längst speicher- und prozessierbar geworden. Wir werden zu gläsernen Menschen – und dabei nicht wie bei Orwell durch den Staat vollkommen überwacht, sondern durch internationale Konzerne, über deren Absichten und Umgang mit unseren Daten wir nur wenig wissen. Ihr Einfluss auf die Gesellschaft ist gewaltig. Google hat nahezu umfassende Kontrolle über die Art und Weise, wie Wissen weltweit produziert, organisiert und zur Verfügung gestellt wird. Amazon hat den gesamten globalen Einzelhandel von Grund auf verändert. Mit Amazon Web Services (AWS) bietet das Unternehmen darüber hinaus eins der größten Cloud-Computing-Systeme der Welt an, auf das viele Dienste wie Netflix zugreifen; sie könnten ohne Amazons Cloud-Service gar nicht genutzt werden. Auch hier sammelt Amazon selbstverständlich wieder Daten. Facebook kontrolliert als Inhaber von WhatsApp und Instagram die wichtigsten Medien der globalen Kommunikation und des Nachrichtenkonsums. Indem einige wenige Konzerne derart Macht und Einfluss auf immer mehr Bereiche des privaten und öffentlichen Lebens ausüben, untergraben sie unsere Demokratie. Denn bei Mark Zuckerberg oder Amazon-Gründer Jeff Bezos handelt es sich ja nicht um durch Wahlen legitimierte Volksvertreter. Anders als gewählte Politiker verfolgen die CEOs großer Tech-Konzerne grundsätzlich keine politische Agenda im Sinne des Gemeinwohls, sondern ausschließlich kommerzielle Interessen. Im Fall der sozialen Netzwerke sind die Folgen inzwischen vielfach untersucht. Für viele Menschen auf der ganzen Welt ist Facebook zu einer bevorzugten – wenn nicht gar zur ausschließlichen – Informationsquelle aufgestiegen. Das öffnet der Verbreitung von Fake News und einseitigen Meinungen in sogenannten Filterblasen, die durch den Mechanismus von Algorithmen entstehen, Tür und Tor. Facebooks Algorithmen, die Vorschläge machen und dadurch die Verbreitung von Inhalten rasant beschleunigen, haben sich als äußerst lukrativ erwiesen. Das ist der Hauptgrund dafür, warum Facebook sich lange geweigert hat, ein Problem darin zu erkennen, dass seine Algorithmen sich nicht für den Wahrheitsgehalt von Informationen interessieren. Inzwischen sind aber auch für Deutschland die verheerenden Folgen dieser Technologie untersucht: Algorithmen, die dazu beigetragen haben, fragwürdige Inhalte zu verbreiten, und entsprechende »Empfehlungen«, die solche Algorithmen maschinell an ihre Nutzer ausgeben, sollen einer 2016 und 2017 präsentierten Studie zufolge für 64 Prozent der Beitritte zu extremistischen Gruppen in Deutschland verantwortlich sein. Darüber hinaus kann es für Facebook, wie die Recherchen zum Skandal um die Firma Cambridge Analytica ergeben haben, auch lukrativ sein, den Datenschatz, der sich auf der Plattform angesammelt hat, zu verkaufen. Cambridge Analytica soll die persönlichen Nutzerdaten verwendet und durch sogenanntes Micro-Targeting 2016 die Präsidentschaftswahl in den USA und 2017 die Entscheidung über den Brexit manipuliert haben. Shoshana Zuboff, Autorin des Buches *Das Zeitalter des Überwachungskapitalismus,* sieht in Facebook einen entscheidenden Treiber für die Spaltung vieler westlicher Demokratien und die ernste Bedrohung, der sie derzeit ausgesetzt sind.[55]

Angesichts zunehmender Kritik und wachsenden politischen und gesellschaftlichen Drucks versuchen die Unternehmen inzwischen selbst, gegen solche Entwicklungen vorzugehen. Zu diesem Zweck hat Facebook 2020 das Oversight Board installiert. Dabei handelt es sich um ein internationales Expertengremium, das quasi rechtliche Standards für die Entscheidungen von weltweit etwa 20000 Content-Moderatoren festlegen soll. Die Fragen, über die es urteilen soll, reichen vom Umgang mit Bildern nackter Brüste bis zu Beiträgen mit volksverhetzenden Inhalten und Morddrohungen. Bezeichnend ist, dass der Konzern hier denkt und handelt wie ein Staat, was seinen Ausdruck unter anderem auch darin findet, dass das Oversight Board unter der Hand als Facebooks »Supreme Court« bezeichnet wird. So stellte die *Süddeutsche Zeitung* bereits 2019 fest: »[D]ass Facebook-Mitarbeiterinnen das Kontrollgremium mit staatsrechtlichen Begriffen beschreiben, ist kein Zufall: Facebook hat längst eine eigene Rechtsprechung etabliert, die entscheidet, was auf der Plattform gesagt werden darf und was nicht. Jeden Tag treffen Löscharbeiter hunderttausendfach Entscheidungen darüber, ob bestimmte Posts, Kommentare, Videos oder Bilder aus dem Netzwerk verschwinden müssen oder online bleiben. Die Grundlage dafür steht in den Hausregeln, den sogenannten Community Standards, die Facebook sich selbst gegeben hat. Sie gelten für die rund drei Milliarden Nutzer von Facebook und der zum Konzern gehörenden App Instagram.«[56] Solche sprachlichen Anleihen und die Tatsache, dass Facebooks Oversight Board aus prominenten Demokratievertreterinnen und -vertretern der ganzen Welt zusammengesetzt ist, darunter die ehemalige dänische Ministerpräsidentin Helle Thorning-Schmidt oder die jemenitische Bürgerrechtlerin und Friedensnobelpreisträgerin Tawakkol Karman, dürfen nicht darüber hinwegtäuschen, dass es sich auch hier nicht um durch allgemeine Wahlen legitimierte Entscheidungsträgerinnen und -träger handelt. Wenn aber privatrechtliche Unternehmen, wie im Januar 2021 durch Facebook und Twitter geschehen, darüber entscheiden, ob ein Politiker wie Donald Trump die weltweit meistgenutzten Kommunikationskanäle nutzen darf, werden damit alle Regeln und Rechtsstandards mit Füßen getreten, die wirksam sein müssen, um das Funktionieren der Demokratie zu gewährleisten.

Ungenutzte Gestaltungsspielräume

In Bezug auf unsere Wirtschaftsordnung sehe ich in der Verfassung durchaus Potenziale, Entwicklungen anzustoßen, die den Einzelnen mehr Entfaltungsmöglichkeiten einräumen und ihre Initiative fördern könnten. Diese werden vom Staat bisher allerdings noch nicht ausreichend genutzt. So stellt das Grundgesetz Möglichkeiten zur Verfügung, um gerade da verstärkt gestaltend einzugreifen, wo sich gesellschaftlich relevante Schieflagen abzeichnen. Insbesondere in zwei Bereichen erkenne ich hier ungenutzte Chancen: Einerseits halte ich es für ein erwägenswertes Mittel gegen die wachsende soziale Ungleichheit, weite Kreise der Bevölkerung stärker in der privaten Vermögensbildung zu unterstützen, andererseits sehe ich Spielräume beim Ausbau der Arbeitnehmerbeteiligung an Unternehmen.

Wie ich gezeigt habe, dienen das private Eigentum und seine verfassungsrechtliche Gewährleistung wesentlich der freien Persönlichkeitsentfaltung des Individuums. Sie erlauben es, dass die einzelne Person sich gestaltend am Wirtschafts- und Gesellschaftsleben beteiligen kann. Bürgerinnen und Bürger sollen sich hier gerade nicht, wie es etwa in der ehemaligen DDR der Fall war, als bloß den Staatsplan Ausführende verstehen. Zwar ergibt sich aus dem im Grundgesetz verbrieften Recht auf Eigentum – das wie alle Grundrechte in erster Linie ein Abwehrrecht ist – für die Einzelnen kein einklagbarer Anspruch darauf, dass der Staat ihnen zu Eigentum verhelfen muss. Dennoch ist das Vermögensgut, über das eine Privatperson verfügt, die Voraussetzung dafür, ihr Grundrecht überhaupt nutzen zu können. Der Grundrechtsschutz würde leerlaufen, wenn ein Großteil der Bürgerinnen und Bürger als Grundrechtsberechtigte gar nicht über Vermögensgüter verfügte.

Bisher hat der Staat, wenn es angesichts sich vergrößernder sozialer Ungleichheit darum ging, für Ausgleich zu sorgen, beinahe reflexhaft darauf gesetzt, die sozialen Sicherungssysteme auszubauen und immer weitere Ansprüche und Anspruchsgruppen zu definieren. Richtig daran ist, dass er verpflichtet ist, für die Grundvoraussetzungen von Freiheit seiner Bürgerinnen und Bürger Sorge zu tragen. Zu diesen Grundvoraussetzungen gehört, wie ich in Kapitel 3 dargelegt habe, wesentlich die Freiheit von Armut. Da aber, wie in Kapitel 9 näher ausgeführt werden wird, der Sozialstaat überlastet ist und an seine Grenzen kommt, während die aktuell zu beobachtende Zunahme der Ungleichheit mehr und mehr zum Problem und zur Gefahr für unsere Verfassungs- und Gesellschaftsordnung wird, könnte und sollte der Staat hier überlegen, auch neue Wege einzuschlagen, statt den Sozialsystemen immer weitere Belastungen zuzumuten. Um den Bürgerinnen und Bürgern mehr finanzielle Unabhängigkeit und damit die ökonomische Grundlage für die Entfaltung ihrer Freiheit zu ermöglichen, ist es eine Frage von zumindest verfassungspolitischer Klugheit, sie staatlicherseits bei der Vermögensbildung zu unterstützen und zu fördern. Hierdurch würde auch ihre Stellung als Souverän im Staat gestärkt. Erste Schritte in diese Richtung hat der Staat mit Gesetzen über die soziale Wohnraumförderung und die Vermögensbildung unternommen.

Das Wohnraumförderungsgesetz soll dazu beitragen, die im internationalen Vergleich niedrige Wohneigentumsquote in Deutschland zu erhöhen. Vorgesehen ist »die Förderung der Bildung selbst genutzten Wohneigentums insbesondere von Familien und anderen Haushalten mit Kindern sowie behinderten Menschen, die unter Berücksichtigung ihres Einkommens und der Eigenheimzulage die Belastungen des Baus oder Erwerbs von Wohnraum ohne soziale Wohnraumförderung nicht tragen können«.[57]

Ziel des Vermögensbildungsgesetzes ist es, die Vermögensbildung der Arbeitnehmerinnen und Arbeitnehmer mittels vereinbarter, von den Arbeitgebern gewährter vermögenswirksamer Leistungen zu fördern. Hierbei handelt es sich um Geldleistungen, die der Arbeitgeber für den Arbeitnehmer anlegt und die durch staatliche vermögenswirksame Leistungen in Form von Arbeitnehmersparzulagen förderfähig sind. So soll Arbeitnehmern langfristig der nachhaltige Aufbau von Vermögen ermöglicht werden. Allerdings scheinen mir über diese ersten Schritte hinaus durchaus weitere Gestaltungsspielräume für den Staat zu bestehen. Zu denken wäre hier unter anderem daran, dass etwa über steuerliche Anreize verstärkt auf Beteiligungen der Mitarbeiterinnen und Mitarbeiter an Unternehmenserfolgen hingewirkt werden könnte.

Auch im Hinblick auf die Verfasstheit von Unternehmen lassen sich in meinen Augen aus den grundrechtlichen Vorgaben erhebliche, bisher unausgeschöpfte Potenziale zur Weiterentwicklung des Status quo ausmachen. Gerade in diesem Bereich darf etwa die Eigentumsgarantie nicht allein auf ihre vermögensrechtlichen Aspekte bezogen werden, wie es häufig geschieht. Das Vermögensrecht ist ausschließlich auf den persönlichen Gebrauch und Bedarf zugeschnitten, gesamtgesellschaftlich und volkswirtschaftlich bleibt es jedoch weitgehend funktionslos. Wer die Eigentumsgarantie also nur dahingehend auslegt, dass sie ausschließlich die Güter und Rechte von Unternehmenseigentümerinnen und -eigentümern, Investoren oder Kapitalanlegerinnen schützt und diesen erlaubt, ihr Eigentum allein im Hinblick auf die eigenen – häufig kurz- oder mittelfristig ausgerichteten – Interessen zu gebrauchen, verkürzt den Gehalt dieses so wichtigen Grundrechts einseitig und missversteht den wesentlichen Zusammenhang von Freiheit und Eigentum. Gerade in Fällen, in denen der Eigentumsgebrauch einen starken Sozialbezug hat – etwa, wenn Investoren über Erhalt und Neuausgestaltung von bestehenden Arbeitsverhältnissen in einem von ihnen erworbenen Unternehmen nachdenken –, ist der Staat gefordert, dem Vorbehalt, dass Eigentum verpflichtet, zur Durchsetzung zu verhelfen und gegebenenfalls ordnend tätig zu werden.

In diesem Sinn lassen sich den grundgesetzlich verbürgten Freiheitsrechten noch weitere Anweisungen für die Gestaltung von Unternehmensverfassungen entnehmen. »Unternehmensverfassung« bezeichnet dabei die Gesamtheit der Regelungen, die ein Unternehmen in seiner Form begründen. Nach innen geht es um die Machtverhältnisse zwischen den beteiligten Interessengruppen – vor allem Eigentümern und Arbeitnehmern –, nach außen um die Beziehungen zu Handelspartnern, Konkurrenten, Kunden oder auch Gewerkschaften und Verbänden.

Unter den heutigen ökonomischen Bedingungen können die Wirtschaftsfreiheiten des Grundgesetzes großenteils nur gemeinsam mit anderen Grundrechtsträgern wahrgenommen werden. Wer im Bereich der Privatwirtschaft unternehmerisch aktiv oder beruflich tätig werden will, benötigt in der Regel entweder Partner, mit denen er sich in gesellschaftsrechtlichen Vereinigungen zusammenschließt, wie da sind: Vereine, Stiftungen, Gesellschaften mit beschränkter Haftung, Aktiengesellschaften oder eingetragene Genossenschaften; oder er lässt sich in einer solchen körperschaftlich oder partnerschaftlich verfassten Gesellschaft anstellen. Die grundgesetzliche Eigentumsgarantie legt nahe, dass diese rechtlichen Gebilde nicht nur durch Gesetz, sondern auch durch Gesellschaftsvertrag, Satzung, Geschäftsordnungen oder Unternehmensverträge verfasst sind. Es sollte dem Staat nicht gestattet sein, so weit in die Binnenstruktur von Unternehmen einzugreifen, dass die verfassungsrechtlich garantierten Freiheiten dadurch ausgesetzt werden. Die Gesellschafter und Eigentümer eines Unternehmens müssen in der Lage sein, in ihrer Gesellschaft und durch sie einen eigenen Willen zu bilden. Davon könnte zum Beispiel dann nicht mehr die Rede sein, wenn ein Gesetz für Unternehmen ab einer bestimmten Größenordnung zwingend eine anstaltliche Organisation vorschriebe, also eine, die das Unternehmen an die Erfüllung besonderer Zwecke im Sinne einer öffentlichen Trägerschaft binden würde. Das wäre etwa beim weiter oben beschriebenen Beispiel der Fall, wenn Berliner Wohnungsunternehmen, die mehr als 3000 Wohnungen besitzen, nach einer Enteignung in eine neu zu gründende Anstalt öffentlichen Rechts überführt würden.

Andererseits gibt die Eigentumsgarantie des Grundgesetzes ausdrücklich nicht vor, dass unternehmerische Binnenstrukturen ausschließlich von Kapitalinvestoren geprägt sein müssen. Vielmehr ließe sich das freiheitssichernde Potenzial der wirtschaftsrelevanten Grundrechte weit vollständiger ausschöpfen, wenn auch die Arbeitnehmer stärker in die Unternehmensträgergesellschaften eingegliedert würden, als Personen, die zwar kein Kapital, wohl aber ihre Arbeitsleistung in ein Unternehmen einbringen. Es wäre verfassungsrechtlich keineswegs bedenklich, ihnen oder ihren Repräsentantinnen und Repräsentanten mehr Mitbestimmung im unternehmerischen Willensbildungsprozess einzuräumen. Vielmehr knüpfte es an die ideengeschichtliche, vom Bundesverfassungsgericht mitunterschriebene Tradition des Zusammenhangs von Arbeit und Privateigentum an. Diese geht davon aus, dass menschliche Arbeit als ein Hauptfaktor bei der Entstehung von Eigentum anzusehen sei, weil erst die Bearbeitung von natürlichen Gütern es ermöglicht habe, aus diesen nachhaltig Nutzen zu ziehen. Was ein Mensch sich erarbeitet hat, kann er in der Regel auch unter aktuellen Bedingungen mit einem gewissen Recht als sein geschütztes Eigentum ansehen. Als Richtlinie für die Binnenstruktur eines

Unternehmens legt der grundgesetzliche Eigentumsartikel vor diesem Hintergrund nahe, dass Mitträgerschaft und Mitbestimmung aus verschiedenartigen subjektiv-privaten Beteiligungsrechten fließen können, die den verfassungsrechtlichen Eigentumsvorstellungen entsprechen. Eigentümer und Investorinnen erhalten ihr Recht an der Gestaltung und Entwicklung eines Unternehmens wesentlich durch das von ihnen eingebrachte Kapital; genauso könnte man den Arbeitnehmern zusprechen, dass sie durch das Einbringen ihrer Arbeitskraft ebenfalls ihr Recht auf Mitbestimmung erhalten. Als Miteigentümer sollten sie daher genauso wie die Kapitalinvestoren steuernd und kontrollierend auf die Möglichkeit von Gewinn auf der einen und Verlust oder Haftungsrisiko auf der anderen Seite einwirken können.

Die Eigentumsgarantie des Grundgesetzes bietet ebenso wie seine anderen Wirtschaftsfreiheiten Raum für Unternehmensverfassungen, die eigentumsrechtlich auf Privatautonomie basieren und es gleichzeitig erlauben, Arbeitnehmer stärker in die Unternehmensträgergesellschaft oder den Eigentümerverband und damit in die Gewinn- und Risikogemeinschaft einzubeziehen. Schließlich tragen die Arbeitnehmerinnen und Arbeitnehmer auch ohne diese explizite Teilhabe im Fall von Misswirtschaft und Pleiten immer schon einen Teil des Risikos – etwa in Form von Lohnverzicht oder Arbeitsplatzverlust. Dass für Unternehmen der Primat der Verpflichtung gegenüber den Aktionären gilt, hat in den vergangenen Jahren nicht unwesentlich dazu geführt, dass schnell wechselnde Manager gerade an der Spitze großer Konzerne in erster Linie daran gemessen werden, ob es ihnen gelingt, kurzfristig möglichst hohe Börsengewinne zu erzielen. Dabei ist immer häufiger zu beobachten, dass für den Erhalt eines Unternehmens entscheidende, nachhaltige

Strategien vernachlässigt oder gar nicht entwickelt werden. Hier könnten am Unternehmen beteiligte Arbeitnehmerinnen und Arbeitnehmer mit ihren Interessen ein gesundes Gegengewicht zu den Aktionären bilden. Ich knüpfe damit an Überlegungen im politischen Raum zur Teilhabe der Arbeitnehmerschaft am Wirtschaftsprozess und zur stärkeren Beteiligung am Ertrag oder am Produktivvermögen der Unternehmen an, wie sie etwa Bundespräsident Horst Köhler während seiner Amtszeit ins Gespräch brachte. Gerade bei der Weiterentwicklung des internationalen Unternehmensverfassungsrechts, aber auch des europäischen Gesellschaftsrechts oder der Verhaltenskodizes von internationalen Unternehmen sollten sie eine bedeutendere Rolle spielen.

Ob eine rein auf die Produktionsmittel abgestellte eigentumsrechtliche Wirtschafts- und Unternehmensordnung auf Dauer oder gar in schweren ökonomischen und politischen Krisen von denen verteidigt und getragen werden würde, die zum großen Kreis der Nichteigentümer gehören, ist fraglich. Hier wie auch in anderen Bereichen geht es darum, einerseits bestehende Freiheiten zu sichern, andererseits aber auch überhaupt erst zu ermöglichen, dass diese Freiheiten von mehr Menschen in Anspruch genommen werden können. Gerade der Wille, es möglichst breiten Teilen der Bevölkerung zu ermöglichen, autonom zu handeln und eigenverantwortlich an der Gestaltung von Wirtschaft und Gesellschaft teilzuhaben, macht unsere Verfassung zu einer so soliden und tragfähigen wie zugleich offenen und flexiblen Grundlage für eine freiheitliche Wirtschaftsordnung. Verfassungsrechtlich sind wir mit diesem Konzept für die Herausforderungen, denen sich die soziale Marktwirtschaft ausgesetzt sieht, gut gerüstet.

Kapitel 6

Freiheit und Verantwortung

Chancen und Risiken der Freiheit

Unsere Freiheit ist, wie es Thomas Mann in seiner bereits zitierten Rede »Von Deutscher Republik« im Jahre 1922 formuliert hat,[58] kein bloßer Spaß und kein Vergnügen; ihre Gewährung fordert vielmehr – sozusagen als Gegenleistung auf freiwilliger Basis – von uns Eigenverantwortung und Initiative. Weder der demokratische Staat noch die soziale Marktwirtschaft sind nur die Sache einiger weniger. Mit der grundrechtlich zugesicherten und staatlich geschützten Entfaltungsfreiheit trägt jede und jeder Einzelne zugleich Verantwortung für Gemeinwesen und gemeines Wohl. Erst wenn sich möglichst viele am sozialen und wirtschaftlichen Leben beteiligen, entsteht aus den Freiheitsrechten der Einzelnen ein Gewinn für die ganze Gesellschaft. Und so gehören Freiheit, demokratische Teilhabe, Verantwortlichkeit und Solidarität zusammen. Es sind die Grundwerte unserer Verfassungsordnung. Sie mit Leben zu füllen erfordert vonseiten der Bürgerinnen und Bürger die Bereitschaft, sich zu engagieren und aktiv zu werden. Beides kann – im zivilgesellschaftlichen Diskurs wie in der Wirtschaft – zu Erfolg und Anerkennung führen, beinhaltet aber stets auch das Risiko, die selbst gesteckten Ziele nicht zu erreichen und unter Umständen zu scheitern. Wie also müssen die Einzelnen veranlagt oder aufgestellt sein, um ihren Teil zur Gestaltung des gesellschaftlichen Miteinanders beizutragen? Und wie ist es in diesem Land um das soziale und kulturelle Klima sowie die rechtlichen Vorgaben bestellt, innerhalb derer private Initiative stattfinden und Früchte tragen kann?

Der Ruf nach einer neuen Kultur des Scheiterns

Unsere Art zu wirtschaften beruht auf Wettbewerb und der Garantie des Privateigentums. Durch den Einsatz von Arbeitskraft oder Kapital eröffnet sie jedem von uns die Chance, Vorteile oder auch die eigene Selbstverwirklichung zu erreichen. Ob angestellt im Traumjob oder durch eigene Produkte und Fähigkeiten: Die Konstruktion unserer Wirtschaft insgesamt führt dazu, dass auf privaten Nutzen zielendes Verhalten nicht nur den Einzelnen, sondern auch dem Allgemeinwohl zuträglich ist. Das zeigt anschaulich das auf Adam Smith zurückgehende Beispiel des Bäckers, der vordergründig nur in die eigene Tasche wirtschaftet, im Ergebnis aber mit seinen – vielleicht sogar besonders exquisiten – Brötchen Menschen verpflegt sowie mit seinen Steuern zur Finanzierung des Staates beiträgt, anderen Marktteilnehmern Arbeitsplätze zur Verfügung stellt und über Sozialabgaben die Sozialversicherungssysteme mitfinanziert. Für all das braucht es keinen ausgeprägten Altruismus, sondern die Bereitschaft, Verantwortung für die Umsetzung eigener Ideen zu übernehmen und für ihre Verwirklichung zu arbeiten. Dieses Prinzip hat bei uns lange Zeit hervorragend funktioniert. Über Jahrzehnte hat es der Bundesrepublik anhaltenden wirtschaftlichen Erfolg auf Basis eines breiten unternehmerischen Mittelstands, starker Innovationskraft und hoher Exportleistung beschert. »Made in Germany« ist zu einem Gütesiegel für unsere Produkte und Technologien geworden, die weltweit bekannt und geschätzt sind. Erreicht worden ist dies in erster Linie durch ein kreatives Unternehmertum, das auf gute Bildung und führende Wissenschaften sowie verlässliche politische Rahmenbedingungen hat aufbauen können. Allerdings haben sich die Bedingungen seit einiger Zeit recht deutlich verändert. Infolge des anhaltenden globalen Wettbewerbs, der ständigen Verkürzung der Innovationszyklen und des sich abzeichnenden demografischen Wandels sieht sich die deutsche Wirtschaft nach einer Studie der HHL Graduate School of Management Leipzig[59] immer stärker mit der Frage konfrontiert, wie dieser Vorsprung in Zukunft gehalten werden kann. Erforderlich sei es, die Innovationskraft vorhandener Unternehmen zu stärken und die Bedingungen für die Gründung neuer innovativer Unternehmen zu verbessern. »Gute Voraussetzungen für Start-ups sind dabei besonders in Zeiten grundlegenden Wandels, wie er aufgrund der informationellen Revolution gegenwärtig stattfindet, von zentraler Bedeutung für die Sicherung von Beschäftigung und Wohlstand von Morgen.«[60]

Hierfür fehlt es nach Angaben der HHL-Studie den potenziellen Gründern, die »[...] den eigenen Qualifikationen gerecht werden sowie einen lang ersehnten Lebenstraum wahrmachen«[61] als Hauptbeweggründe für die angestrebte Aufnahme einer selbstständigen Tätigkeit angeben, nicht an grundsätzlichem Engagement. Vielmehr scheint das gesellschaftliche Klima heute solchen Enthusiasmus nicht mehr zu unterstützen. Seit einigen Jahren hört und liest man stattdessen immer wieder von der in Deutschland besonders ausgeprägten Angst vor dem unternehmerischen Misserfolg. Eine »mangelnde Fehlerkultur« wird dann auch als »größtes Hindernis für Gründungen in Deutschland«[62] bezeichnet. Nach einer repräsentativen Umfrage der Universität Hohenheim[63] steht nur jeder Zweite dem unternehmerischen Scheitern positiv oder überwiegend positiv gegenüber. Geschäftliche Misserfolge, heißt es dort, würden deutlich kritischer bewertet als sonstige Fehlschläge im Leben. Die Studie will auch ermittelt haben, dass in der Bewertung der unternehmerischen Fehlschläge deutliche regionale Unterschiede bestehen. Besonders schlecht sei die Akzeptanz im Nordosten Deutschlands und in Berlin, das sich gern als Start-up-Metropole feiern lässt. Den Deutschen wird in der Gründerszene[64] geradezu eine »Volksallergie« gegen das Scheitern nachgesagt, die potenzielle Gründer in ihrer erwünschten Initiative hemmt. Gern wird zu diesem Themenkomplex die Semantik bemüht und zur Erklärung des Sachverhalts beim Begriff des Scheiterns angesetzt. Der sei in unserer Kultur deutlich negativ belastet, im Gegensatz etwa zur entsprechenden englischen Vokabel »to fail«. Letztere deute mehr auf einen Mangel an Erfolg hin, der überwunden werden kann. Insbesondere in der technischen Gründerszene ist hier ein – wenn auch aus dem ursprünglichen Zusammenhang gerissener – Ausspruch des großen irischen Schriftstellers Samuel Beckett ins kulturelle Allgemeingut übernommen worden, der das Scheitern zum quasi notwendigen Entwicklungsschritt erhebt: »Ever tried. Ever failed. No matter. Try again. Fail again. Fail better.« (Etwa: »Immer versucht. Immer gescheitert. Macht nichts. Versuch's wieder. Scheitere wieder. Scheitere besser.«) Demgegenüber geht »scheitern« im Deutschen auf das Scheit zurück, markiert also letztlich einen Status auf oder nahe dem Scheiterhaufen.

Als positives Gegenbeispiel beruft man sich gerne auf Thomas Edison, dem der Ausspruch »I've failed my way to success« zugeschrieben wird. Gerade in Gründerkreisen wird daher nun auch für Deutschland ein entschiedener Kulturwandel gefordert: hin zu einer positiven Kultur des Scheiterns. Nach der Philosophie des »fail better« lasse sich aus dem Scheitern durchaus Gewinn ziehen, weil es zeige, wie man es nicht machen sollte. Demnach funktioniere Scheitern als nachhaltiger Lernprozess, auf den alle diejenigen verzichten müssten, die – aus welchen Gründen auch immer – alles von Anfang an richtig gemacht haben. Scheitern solle also als Lernkurve aufgefasst werden, nicht als Blamage, nicht als Versagen; Scheitern gehöre als integraler Bestandteil zum persönlichen Bildungsweg eines Unternehmers.

Nun wird man sicherlich, was die Einordnung einer Kultur des Scheiterns anbelangt, Unterscheidungen treffen müssen: Zum einen ist da die spektakuläre Großpleite mit einer oftmals großen Zahl Geschädigter, zum anderen das nicht selten ziemlich unspektakuläre Scheitern von Start-ups, bei dem es häufig nicht einmal zur Insolvenz kommt. Darüber hinaus gibt es zwei Qualitäten des Scheiterns: das zielführende Scheitern mit Lerneffekt und das Scheitern aus purer Unfähigkeit. Man muss gewissermaßen zwischen gutem und schlechtem Scheitern unterscheiden. Mit anderen Worten: Es gibt Fehler, die passieren können, aus denen man aber lernt oder zumindest lernen kann, und es gibt das »kategorische Scheitern«, das auf Lernunfähigkeit basiert, weil immer wieder die gleichen Fehler gemacht werden.

Wenn heute eine neue Kultur des Scheiterns beziehungsweise eine positivere Einschätzung unternehmerischen Scheiterns propagiert werden, hat das im Wesentlichen zwei Gründe: Zum einen könnte eine neue, positive Kultur des

Scheiterns helfen, Insolvenzen rechtzeitig in die richtigen Bahnen zu lenken. So kann im Insolvenzverfahren die mögliche Sanierung des gescheiterten Unternehmens als gleichrangiges Ziel neben die Verwertung der Insolvenzmasse und die Verteilung des hieraus erzielten Erlöses an die Gläubiger treten. Neben der Befriedigung der Gläubigeransprüche soll das Insolvenzverfahren aber auch dem Schuldner die Möglichkeit bieten, wirtschaftlich neu zu beginnen.

Zum anderen könnte eine veränderte Kultur des Scheiterns tendenziell der Schwelle »Unternehmensgründung« und der mit ihr verbundenen notwendigen Risikoübernahme beim Schritt in die Selbstständigkeit ihren Schrecken nehmen oder ihn wenigstens mindern. Schließlich wären Unternehmensgründungen und risikofreudige beziehungsweise risikobereite Unternehmerinnen und Unternehmer heutzutage wichtiger denn je, um das Innovationspotenzial unserer Wirtschaft zu fördern. Die Statistiken zeigen hier für Deutschland allerdings ein wahrhaft ernüchterndes Bild. Lag die Zahl der Existenzgründungen im Jahr 2013 insgesamt bei 422000, ist sie bis 2018 nach einem nahezu kontinuierlichen Rückgang auf nur mehr 367000 Existenzgründungen gesunken.[65] Nach der bereits zitierten Leipziger Studie bilden offenbar nur die Landwirtschaft, die freien Berufe und die Künstlerinnen und Künstler eine Ausnahme. Die Autoren der Studie machen die »mangelnde Fehlerkultur als größtes Hindernis für Gründungen in Deutschland« aus. Entsprechend fordern sie: »Deutschland braucht einen Wandel der Fehlerkultur und der gesellschaftlichen Bewertung des Scheiterns, die Freiraum für neue Ideen und Gründungen zulassen.«[66] Zwar verzeichneten die Industrie- und Handelskammern 2019 einen stärkeren Zulauf zu ihren Gründungsveranstaltungen und -seminaren als noch vor einigen Jahren. Doch trotz steigenden Gründungsinteresses ist nach dem DIHK-Gründerreport[67] mit mehr Unternehmensgründungen weiterhin nicht zu rechnen. Der Funke zündet also nicht. Immerhin gaben 73 Prozent der Teilnehmer an IHK-Gründungsberatungen an, aus unternehmerischer Berufung heraus ein Unternehmen gründen zu wollen, was auf eine eher erfreuliche Entwicklung hinweist. Gleichzeitig ist die Zahl derer, die sich vor allem deshalb entschlossen, Unternehmerinnen und Unternehmer zu werden, weil es ihnen an Erwerbsalternativen mangelte, seit dem Jahr 2004 um deutliche 86 Prozentpunkte gesunken, so ebenfalls der DIHK-Gründerreport 2019.

Allerdings ist es nicht die tradierte negative Kultur des Scheiterns allein, die sich Unternehmensgründungen als Hindernis entgegenstellt. Vielmehr gibt es durchaus auch entscheidende, objektiv belegbare strukturelle und normative Rahmenbedingungen, die es Gründern immer schwerer machen, ihre grundrechtlich verbürgten wirtschaftlichen Freiheiten zu nutzen. Seit Jahren und Jahrzehnten setzt der Staat auf immer mehr Kontrolle, die als Überregulierung und Bürokratisierung daherkommt. So hat die Leipziger Studie den bürokratischen Aufwand für eine Unternehmensgründung in verschiedenen Ländern ermittelt und in Stunden umgerechnet. In Kanada beträgt dieser anderthalb Tage, in Frankreich vier, in Großbritannien viereinhalb, in Deutschland jedoch zehneinhalb Tage – also siebenmal so viel wie in Kanada.[68] Dass bei einem solch extrem hohen regulatorischen Aufwand die Bereitschaft zur Unternehmensgründung nicht gerade gefördert, sondern eher gedrosselt beziehungsweise abgewürgt wird, leuchtet ohne Weiteres ein. Auch nach Auffassung des DIHK erweist sich die Bürokratie als große »Gründungsbremse«: In einer bundesweiten Umfrage der IHK-Organisation äußerten sich 57 Prozent der Existenzgründer in diesem Sinn,[69] und laut DIHK-Gründerreport 2019 waren nahezu in jeder Beratung der IHK komplizierte Formulare, Genehmigungsverfahren und intransparente Antragswege ein wichtiges Thema. Den Gründern und jungen Unternehmern bereitete insbesondere die Umsetzung der EU-Datenschutz-Grundverordnung viel Kummer und Ärger.

Eine weitere Informationsquelle in Bezug auf das Gründungsgeschehen ist der sogenannte National Entrepreneurship Context Index (NECI), der die gründungsbezogenen Rahmenbedingungen in verschiedenen Ländern einschätzt. Deutschland nimmt innerhalb dieses Rankings den 15. Platz ein, und zwar innerhalb der Gruppe der Länder mit hohem Einkommen. Es erreicht einen leicht überdurchschnittlichen Wert und liegt damit ungefähr auf dem gleichen Niveau wie Schweden, Irland und Spanien. Deutlich bessere Werte erreichen beispielsweise die Niederlande und die USA. Beide Länder weisen signifikant höhere Gründungsaktivitäten auf.[70] Im Global Entrepreneurship Monitor 2018/19 wird zudem die Vermutung geäußert, dass Frauen von gründungsfreundlichen Rahmenbedingungen besonders profitieren könnten. Entsprechend ist der weibliche Anteil am Gründungsgeschehen in Deutschland bislang relativ gering. Aktuell sind lediglich an knapp einem Drittel aller Gründungen Frauen beteiligt.[71] Auch das spricht für die Notwendigkeit eines Kulturwandels.

Regulierungsneigung und Überregulierung

Ganz allgemein lässt sich in Deutschland seit Längerem eine Tendenz zur steigenden Verrechtlichung der Arbeits- und Lebensverhältnisse sowie zur Bürokratisierung gesellschaftlicher Abläufe feststellen. Der Staat vertraut immer weniger darauf, dass die Einzelnen eigenverantwortlich handeln und so ihre Freiheit produktiv und in der Konsequenz auch im Sinne des Gemeinwohls nutzen. Wie bei der Regulierung von Start-ups werden in allen gesellschaftlichen Bereichen von der Wirtschaft über die öffentliche Hand bis in die Zivilgesellschaft immer mehr Vorschriften und Kontrollen eingeführt. Das führt aber häufig gerade nicht zu mehr Sicherheit und stabileren Abläufen.

Das Gegenteil davon ist der Fall: Jede neue Regel bindet im Prinzip Ressourcen und behindert Menschen zunehmend bei der Ausübung ihrer eigentlichen Tätigkeiten. Dadurch entstehen Dysfunktionalitäten – insbesondere, wenn die überbordende Bürokratie auf unterbesetzte Behörden stößt. So ist etwa das Beschaffungsamt der Bundeswehr, eine der größten deutschen Behörden, in den vergangenen Jahren immer wieder in die Schlagzeilen geraten, weil es der Bundeswehr an funktionsfähigen Stiefeln, Gewehren oder Hubschraubern fehlte. Ein wesentlicher Grund hierfür ist sicherlich in der chronisch zu nennenden Unterbesetzung der Behörde zu finden: Von rund 11500 Stellen sind im September 2019 etwa 2500 vakant gewesen.[72] Wenn allerdings gut ein Fünftel der benötigten Mitarbeiterinnen und Mitarbeiter fehlt, um immer umfangreicheren Protokollen zu genügen, durch die für Transparenz und Schutz vor Missbrauch gesorgt werden soll, kann es kaum verwundern, wenn Prozesse ins Stocken geraten und Fehler passieren. Hier, wie in anderen Verwaltungen, aber auch bei der Organisation von Abläufen in der Zivilgesellschaft, kann es nicht darum gehen, für jede mögliche auftretende Schwierigkeit eine allgemeine Regel aufzustellen, die dann von allen befolgt und in ihrer Befolgung dokumentiert werden muss – ganz egal, ob die

Schwierigkeit, vor der eine Regel schützen soll, überhaupt auftritt oder nicht. Weitaus erfolgversprechender schiene es mir, wenn man kleineren Einheiten mehr Eigenverantwortung überließe, dabei aber – und das ist in meinen Augen das Entscheidende – Missbrauch dort, wo er entdeckt wird, entschlossen entgegenträte und ihn bestrafte. Das allerdings geschieht gerade da, wo eine Signalwirkung erzielt werden könnte, viel zu selten, was zuletzt der Fall der missglückten Pkw-Maut anschaulich machte. Hier weigert sich der politisch verantwortliche Minister beharrlich, zu seiner Verantwortung zu stehen und die Konsequenzen zu ziehen – und kommt damit bislang durch.

Die Ursachen für diese Entwicklung sind vielfältig. Dass dem Recht im Lauf der Zeit immer mehr Bedeutung zukam, beruht wohl auf der unaufhaltsamen Säkularisierung unserer Gesellschaft. Staatliche Gesetze traten immer häufiger an die Stelle tradierter Ordnungsmodelle und ersetzten religiöse und kulturelle Bindungen. Mit Beginn der Industrialisierung und vor allem mit der Globalisierung, dem fortschreitenden Prozess weltweiter Arbeitsteilung, haben die stetig wachsende Differenzierung und Komplexität der gesellschaftlichen Beziehungen eine hohe Nachfrage nach rechtlichen Regelungen und Regulierungen kreiert.

Daneben haben sich aber auch die Verfahrensweisen der Gesetzgebung selbst im Lauf der Zeit immer weiter ausdifferenziert. Viele Regelungsbereiche, die einstmals bei Kommunen oder Ländern lagen, hat der Bund an sich gezogen. Auf diesen Prozess werde ich im nächsten Kapitel näher eingehen. Hier soll zunächst nur festgehalten werden, dass die Verlagerung von gesetzgeberischen Kompetenzen auf eine höhere Ebene unter anderem auch dazu führt, dass die Rolle der Exekutive gegenüber derjenigen der Parlamente gestärkt wird. Nicht selten speisen selbst Landesregierungen über den Bundesrat ihre Ideen in Gesetzgebungsverfahren für Bundesgesetze ein, zusätzlich zu den zahlreichen Initiativen von Bundesregierung und Ministerien. All diese Exekutivorgane verfügen über ausdifferenzierte Verwaltungsapparate, die dazu tendieren, ihre Expertise in kleinteilige Regelungswerke einfließen zu lassen. Und mit der Europäischen Union ist schließlich eine weitere Ebene hinzugekommen, die einerseits eigene Initiativen ergreift, in die andererseits aber über die EU-Kommission immer wieder auch Gesetzesvorhaben der Regierungen der Mitgliedstaaten und der nachgeordneten Exekutivebenen eingebracht werden.

Verrechtlichung ist nun an sich nichts, das per se schlecht oder zu verurteilen wäre. Sie ist in einem demokratischen Rechtsstaat das vorrangige Medium zur Bestimmung und Durchsetzung des Gemeinwohls und des Ausgleichs divergierender Privatinteressen. Es geht hier aber – wie so oft – um die Frage des rechten Maßes. Mehr Recht ist nicht gleichbedeutend mit besserem Recht und mit mehr Gerechtigkeit. Was heute zu beklagen ist, ist ein Übermaß an gesetzlichen Regelwerken. Wirtschaftliche Unternehmen und diejenigen, die versuchen, solche aufzubauen, sehen sich durch überzogene rechtliche Anforderungen vielfach genauso überfordert wie Menschen, die sich in der Zivilgesellschaft engagieren wollen und zunächst zeitaufwendigen Kontrollverfahren ausgesetzt sind, statt möglichst direkt helfen zu können.

Ein typisches Beispiel für diese Verfahren ist das komplizierte Prozedere, dem sich Paare wie Alleinstehende unterziehen müssen, wenn sie Pflegekinder aufnehmen wollen. Verständlicherweise löst es ein großes Maß an Betroffenheit aus, wenn berichtet wird, dass ein Kind bei einer Familie verhungert ist, weil die für die Pflege zuständigen Personen aufgrund ihrer

Drogensucht oder aus anderen Gründen ihre Aufsichtspflicht vernachlässigt haben. Das ist gewiss nicht zu bagatellisieren. Die Frage ist jedoch, auf welchem Weg man solche Fälle effektiv verhindert. Tragische Fälle von vernachlässigten Kindern sind meist auf das individuelle Versagen einer Reihe von Verantwortlichen zurückzuführen, zu denen manchmal auch das Personal von sozialen Einrichtungen oder Jugendämtern zählt. Absoluten Schutz gegen individuelles Versagen aber gibt es nicht, auch nicht durch noch so scharfe Regulierungen. Wenn hierzu allgemein Kontroll- und Überprüfungsverfahren intensiviert werden, führt das häufig nur dazu, dass künftigen Pflegeeltern, den Jugendämtern und Jugendhilfeträgern zusätzliche personelle und finanzielle Ressourcen abverlangt werden – was heißt, dass diese an Belastungsgrenzen kommen und im schlimmsten Fall, anstatt effektiv helfen zu können, selbst in einen Zustand der Überforderung geraten.

Aufs Ganze gesehen liegt man wohl nicht falsch, wenn man sagt, dass sich über das sinnvolle Maß an Recht heute eine Schicht von Überregulierung gelegt hat. Wir haben uns sichtlich daran gewöhnt, alle Probleme über mehr Gesetze regeln zu wollen. Aber nicht jedes Problem lässt sich durch eine neue Regel oder gar ein eigenes Gesetz lösen.

Auch im Gesundheitsbereich hat es in den vergangenen Jahren und Jahrzehnten immer wieder Ansätze gegeben, das System mit neuen Regularien zu verbessern. Dabei wurden jedoch mit jeder Gesundheitsreform auch neue Vorschriften erlassen, die zusätzliche Energien außerhalb der eigentlichen Aufgabe dieses Systems – der Patientenbetreuung – gebunden haben. So erkennt der Sachverständigenrat zur Begutachtung der Entwicklung im Gesundheitswesen etwa in der Trennung von stationärem und ambulantem Sektor und ihren jeweiligen Abrechnungssystemen ein besonders gravierendes Problem.[73] Und die Bundesärztekammer sieht gar Wesensmerkmale einer freiheitlichen ärztlichen Berufsausübung durch »Kommerzialisierung, Kontrollbürokratie und durch staatliche Interventionen zunehmend infrage gestellt. Die Überregulierung unseres Gesundheitssystems, insbesondere in der gesetzlichen Krankenversicherung, hat dazu geführt, dass Ärztinnen und Ärzte immer weniger Zeit für ihre ureigenste Aufgabe haben, den Dienst am Patienten.«[74]

Nun ist es nicht so, dass das Problem nicht auch in der Politik hinreichend bekannt wäre. So hat die große Koalition aus CDU, CSU und SPD in ihrem Koalitionsvertrag im Jahr 2005 die Einsetzung eines achtköpfigen Nationalen Normenkontrollrats in Sachen Bürokratieabbau vereinbart. Dessen Aufgabe ist es, die Bundesregierung dabei zu unterstützen, die durch Gesetze verursachten Bürokratiekosten zu reduzieren. Umgesetzt wird dieses Vorhaben – nach niederländischem Vorbild – im Wege der Anwendung, Beobachtung und Fortentwicklung einer standardisierten Bürokratiekostenmessung. Ziel der Bundesregierung war es dabei zunächst, die Belastung der Wirtschaft durch staatliche Informationspflichten innerhalb von fünf Jahren um 25 Prozent abzubauen. Durch die ergriffenen Maßnahmen erhoffte man sich Einsparungen in der Größenordnung von immerhin 20 Milliarden Euro. Ungeachtet solcher durchaus beeindruckenden Zahlen muss freilich die Frage erlaubt sein, ob es wirklich nötig ist, zum Abbau von Überregulierung und Bürokratie zunächst einmal ein neues Gesetz zu erlassen und ein neues Gremium samt bürokratischem Apparat zu gründen.

Es scheint mir eine große Gefahr darin zu liegen, dass durch Überregulierung das Recht insgesamt als lähmend und entmutigend empfunden und auf diese Weise diskreditiert wird. So weit sollte es in einem Rechtsstaat nicht kommen. Der Abbau von Überregulierung ist deshalb noch immer ein Gebot der Stunde. Im Einzelnen wird man sorgfältig zu differenzieren und zu prüfen haben, an welchen Stellen das Normendickicht gelichtet werden kann. Diese – gewiss nicht leichte – Aufgabe obliegt den politischen Staatsorganen, nicht der Rechtsprechung und der die Gesetze anwendenden Exekutive. Ein wesentlicher Anhaltspunkt für die Bewertung einer konkreten Regelung sollte jedoch immer sein, ob sie die in sie gesetzten Erwartungen effektiv erfüllen kann. Nur dann kann sie zu einer freiheitssichernden Funktion des Rechts in unserer Verfassungsordnung beitragen. Denn zuletzt sollen Gesetze die Eigenverantwortung und Selbstbestimmung der Menschen stärken und sie nicht an die Leine von immer mehr Verordnungen legen, die sie letztlich zu ersticken drohen.

Als ein Beispiel unter vielen kann hier das im Juli 2017 in Kraft getretene Entgelttransparenzgesetz des Bundes angeführt werden. Sein durchaus berechtigtes Ziel ist es gewesen, dazu beizutragen, die in Deutschland nach wie vor bestehende Lohnlücke zwischen Männern und Frauen auszugleichen. Nach Angaben des Statistischen Bundesamtes von 2018 liegt sie in Deutschland unbereinigt – das heißt ohne Herausrechnung struktureller Faktoren wie der häufigeren familiär bedingten Unterbrechungen in Erwerbslebensläufen von Frauen – bei etwa 21 Prozent. Damit wird sie in Europa allein von Estland übertroffen, was sicherlich einen Handlungsbedarf anzeigt. Für das Gesetz, das durch mehr Transparenz bei betrieblichen Entgeltstrukturen eine Grundlage für mehr Gleichheit zwischen den Geschlechtern herstellen will, hat sich allen voran die damalige Bundesministerin für Familien, Senioren, Frauen und Jugend, Manuela Schwesig, starkgemacht. Das Entgelttransparenzgesetz sollte für mehr gleiche Löhne sorgen, indem es Firmen verpflichtete, Auskunft über die gezahlten Löhne zu erteilen. Allerdings beschränkt sich diese Auskunft lediglich auf einen statistisch gemittelten Lohndurchschnitt im Unternehmen. Für diskriminierende Lohnunterschiede ist dieser Mittelwert jedoch wenig aussagekräftig. Ein Jahr nach Inkrafttreten fielen die Beurteilungen der neuen Regelung entsprechend ernüchternd aus. Von gewerkschaftlicher Seite oder vom Deutschen Juristinnenbund e.V. (djb) wurde zu Recht bemängelt, dass das Gesetz kaum Wirkung entfalte.[75] Für das Handelsblatt resümierte der Arbeitsrechtler Jobst-Hubertus Bauer: »Wir haben zu viele handwerklich schlecht gemachte Gesetze. Das jüngste Beispiel ist das Entgelttransparenzgesetz. Es ist sicherlich ein berechtigtes Anliegen der Politik, für die gleiche Bezahlung von Männern und Frauen zu sorgen. Aber in der Praxis ist das Gesetz eine Katastrophe.«[76] »Das Gegenteil von gut ist gut gemeint« ist auch Titel und Tenor der Einschätzung der Wirtschaftswissenschaftler Ingo Weller und Lena Göbel vom ifo Institut für Wirtschaftsforschung.[77] Dass das Gesetz kaum Wirkung zeigt, ist das eine. Das andere ist, dass die neue Regelung den betroffenen Unternehmen zusätzlichen bürokratischen Aufwand schafft und Ressourcen bindet. Um diesen Aufwand zu rechtfertigen, ist der Output, den manche Verteidiger des Gesetzes darin sehen, dass es wenigstens das gesellschaftliche Bewusstsein für das Problem ungleicher Löhne erhöht, viel zu gering. Wenn der einzige Zweck des Gesetzes darin besteht, eine gesellschaftliche Debatte zu initiieren, hat es seine Aufgabe verfehlt; schließlich ist es die Aufgabe eines Gesetzes, Probleme zu lösen, nicht Debatten anzustoßen.

Natürlich können Gesetze anfangs Fehlstellungen aufweisen, die man dann durch entsprechende Nachbesserungen beheben kann. Im Fall des Entgelttransparenzgesetzes aber, wie in unzähligen anderen Fällen, scheint mir ein neues Gesetz gar nicht der richtige Weg, um das adressierte Problem zu lösen. Und zwar deshalb, weil es die notwendigen Gesetze bereits gibt. Das Entgeltgleichheitsgebot ist seit mehr als 60 Jahren im Europarecht festgeschrieben. Es verpflichtet alle Mitgliedstaaten der Union, für Frauen und Männer bei gleicher und gleichwertiger Arbeit ein gleiches Entgelt sicherzustellen. Im Bundesrecht findet sich das Verbot unterschiedlicher Arbeitsentgelte »aus Gründen der Rasse oder wegen der ethnischen Herkunft, des Geschlechts, der Religion oder Weltanschauung, einer Behinderung, des Alters oder der sexuellen Identität« im Allgemeinen Gleichstellungsgesetz (AGG). Statt aufmerksamkeitsheischend neue Gesetze zu initiieren, müssten wir uns vielmehr die Frage stellen: Wie bringt man die gesellschaftlichen Akteure dazu, sich an die bestehenden Regeln zu halten? Wir haben ein gutes bestehendes Recht. Dennoch kümmern wir uns entschieden zu wenig darum, es durchzusetzen und die Verantwortlichkeit der Stellen und Personen, die dafür zuständig sind, zu erhöhen. Stattdessen schauen wir in schöner Regelmäßigkeit dabei zu, wie Politiker sich durch Symbolpolitik profilieren, indem sie vollmundig neue Gesetze ankündigen und beschließen.

Exemplarisch verdeutlichen lässt sich das auch am Fall der »Kinderrechte«. Union und SPD haben bereits in ihrem Koalitionsvertrag vereinbart, sie im Grundgesetz zu verankern. Seit Dezember 2020 liegt nun der zur Abstimmung stehende Gesetzestext vor. Er lautet: »Die verfassungsmäßigen Rechte der Kinder einschließlich ihres Rechts auf Entwicklung zu eigenverantwortlichen Persönlichkeiten sind zu achten und zu schützen. Das Wohl des Kindes ist angemessen zu berücksichtigen. Der verfassungsrechtliche Anspruch von Kindern auf rechtliches Gehör ist zu wahren. Die Erstverantwortung der Eltern bleibt unberuhrt.« Auch in diesem Fall bin ich ausgesprochen skeptisch, was den Gewinn angeht, der gesellschaftlich in diesem Fall durch eine Änderung des Grundgesetzes entsteht; wiederum sehe ich vor allem einen – wegen des Ablaufs der Legislaturperiode vorerst gescheiterten – Versuch von Politikern, sich in Szene zu setzen. Bereits in den 1990er-Jahren hat die Bundesrepublik die UN-Kinderrechtskonvention ratifiziert, die seitdem in Deutschland bindendes Recht ist. Warum also kommt jetzt die Initiative, die Kinderrechte im Grundgesetz zu verankern? Was konkret wird sich durch diese Verankerung für die Kinder verbessern? Welche Folgen werden sich ergeben? Große Zweifel habe ich insbesondere in Bezug auf die Möglichkeit zur Durchsetzung des Rechts der Kinder auf eine Entwicklung zu eigenverantwortlichen Persönlichkeiten. Wer soll denn im Einzelfall beurteilen, ob dieses Ziel erreicht wird? Welche Prozesse zieht das nach sich? Inwieweit können und werden wir als Gesellschaft eingreifen – wie sieht der Kompass aus? Wie stellt der Staat fest, wann, wo und warum Kinder in einer Weise aufwachsen, die sie in der »Entwicklung zu eigenverantwortlichen Persönlichkeiten« behindert? Soll er wirklich alle Familien kontrollieren? Nach welchen Kriterien?

Sicherlich ist es notwendig, das Bewusstsein für bestehende Probleme zu schaffen oder zu stärken und konkrete Lösungen zu entwickeln. Das Recht ist dafür aber der falsche Hebel. Viele Probleme, die in Familien und bei der Erziehung von Kindern auftreten, ließen sich vermutlich effektiver lösen, wenn man Familien zum Beispiel finanziell besser ausstattete, sodass Eltern ihren Kindern mehr und individuelle Freizeitangebote machen könnten; wenn man Schulen mit mehr Personal versorgte und überfüllte Klassen auf förderliche Größen reduzierte – um nur oberflächliche Beispiele für Lösungen zu nennen. Daneben könnte der Staat konkrete Anreize dafür schaffen, sich für die Durchsetzung von Kinderrechten im Alltag einzusetzen, etwa indem er all denen, die sich praktisch um das Wohlergehen von Kindern kümmern, Steuervorteile gewährt. Diese Vorteile müssen nicht zwangsläufig exklusiv für die Eltern reserviert sein, sondern könnten beispielsweise für Tanten, Onkel oder ehrenamtlich engagierte Menschen gelten, die sich konkret einsetzen und Zeit, Geduld und Arbeit in die Erziehung von Kindern investieren.

Persönliche Verantwortung und zivilgesellschaftliches Engagement

Was das Grundgesetz von Anfang an ausgezeichnet hat, ist, dass seine Bestimmungen präzise, knapp und justiziabel sind. Genau das aber geben wir durch jedes neue gut gemeinte und schlecht gearbeitete Gesetz Schritt für Schritt weiter auf. Spiegelbildlich zur Idee im politischen Raum, jeder Herausforderung ließe sich durch ein Gesetz begegnen, besteht in der Gesellschaft die Vorstellung, der Staat sei für jedes private Unglück oder Scheitern verantwortlich und haftbar zu machen. Es war der frühere Präsident des Bundesverwaltungsgerichts Fritz Werner, der dies schon im Jahre 1960 sehr treffend beschrieben hat: Der Einzelne, so Werner, neige immer mehr dazu, alle persönlichen und gesellschaftlichen Konflikte als Rechtskonflikte zu erleben und das eigene Schicksal als – wie er es formulierte – »einklagbaren Rechtsverlust« anzusehen. Auch wenn seit dieser Feststellung nun mehr als ein halbes Jahrhundert vergangen ist, zeigte sich beispielsweise bei der Pleite des Reiseveranstalters Thomas Cook, wie aktuell sie noch heute ist. 2018 musste der damals weltweit zweitgrößte Reisekonzern Konkurs anmelden. In der Folge saßen Hunderttausende von Urlaubern in ihren Ferienorten fest, Flüge wurden gestrichen, und Hotels drohten, Gäste auf die Straße zu setzen, wenn sie ihre Zimmer nicht erneut bezahlten. Bereits geleistete Zahlungen für noch nicht angetretene Reisen drohten zu verfallen. Insgesamt ergab sich, dass die von Thomas Cook für den Pleitefall abgeschlossene Versicherung nur etwas mehr als ein Viertel aller durch die Insolvenz ausgelösten Ansprüche abdeckte. Daher sprang der deutsche Staat mit freiwilligen Millionenhilfen ein – nicht zuletzt allerdings, weil er zuvor eine EU-Richtlinie nicht korrekt umgesetzt hatte, die besagt, dass der Schutz eines Reiseveranstalters vor Insolvenz so hoch sein sollte, dass er die vorhersehbaren Rückzahlungsbeträge sowie die vorhersehbaren Kosten der Rückbeförderung der Reisenden abdecken kann.[78] Nach deutschem Recht bestand jedoch eine Haftungsbeschränkung, die Schäden nur bis zur Höhe von 110 Millionen Euro deckte, was im Fall von Thomas Cook bei Weitem nicht ausreichte.[79] Künftig sollen nun nach dem Willen des Justizministeriums Reiseunternehmen, die Pauschalreisen anbieten, zusätzlich zur Versicherung in einen Fonds einzahlen, der im Pleitefall für die Ansprüche von Urlaubern aufkommt, die zurückgeholt werden müssen oder erst gar nicht in den Genuss ihrer bereits gezahlten oder angezahlten Reise kommen. Abgesehen von dieser Korrektur für zukünftige Insolvenzen zeigte das Beispiel von 2018 aber auch: Die Bürgerinnen und Bürger halten es nahezu für selbstverständlich, dass für die Übernahme eintretender Risiken praktisch automatisch der Staat einspringt, ob es sich um Tsunamis am anderen Ende der Welt oder eben um Pleiten von Dienstleistern handelt.

Seltener – oder um es deutlicher zu formulieren: zu selten – wird hingegen die Frage gestellt, was zunächst die Einzelnen selbst sowie gesellschaftliche Gruppen oder Organisationen leisten können und wie viel Solidarität sich die Menschen untereinander auch ohne Rechtszwang schulden. Statt jedoch die Verantwortung aufseiten der Individuen zu stärken, wird in Öffentlichkeit und Medien vielfach nach noch mehr Verstaatlichung und gesetzlichen Regelungen gerufen. Der Staat soll auf diese Weise die Rolle eines »Vollversicherers« aller Lebensrisiken übernehmen. Eine solche Auffassung, die leider auch von weiten Kreisen der Politik geteilt wird, findet einen reichhaltigen Nährboden in der noch immer fortschreitenden Verrechtlichung all unserer sozialen Beziehungen. Gerade hier jedoch erweist sich die Tendenz zur Überregulierung als spürbares Hemmnis für die Übernahme persönlicher Verantwortung. Wer aber nicht einmal bereit ist, für sich und seine privaten Entscheidungen und Fehlplanungen einzustehen, wird schwerlich Engagement für andere oder gar das Gemeinwohl aufbringen. Aus dieser verbreiteten Einstellung resultiert ein bedenklicher Schwund an Bereitschaft zu sozialem und gesellschaftlichem Engagement. Genau dieses würde als Basis einer verantwortlichen Zivilgesellschaft jedoch dringend benötigt. Um also das erforderliche Engagement wieder erstarken zu lassen, bedarf es eines Umdenkprozesses, an dessen Ende die Erkenntnis stehen muss, dass der Staat und seine Rechtsordnung eben keinen Lebensplan und keine »Vollversicherung« – weder für die Einzelnen noch für die Gesellschaft insgesamt – bereitstellen sollen. Schon allein deshalb, weil sie es gar nicht können.

»Frage nicht, was dein Land für dich tun kann – frage, was du für dein Land tun kannst!« Dieser berühmte Ausspruch

John F. Kennedys aus seiner Rede zum Amtsantritt im Jahre 1961 war eine Aufforderung zur Übernahme zivilgesellschaftlicher Verantwortung und zu bürgerschaftlichem Engagement. In ihm kommt gleichzeitig ein patriotisches Empfinden gegenüber dem Staat zum Ausdruck, das nachzuvollziehen wir Deutschen uns bisweilen schwertun. Dennoch trifft das Zitat des ehemaligen amerikanischen Präsidenten den Kern dessen, was heute, 60 Jahre später, zu Recht gefordert wird, nämlich eine Stärkung von Bürgerengagement und mehr Bereitschaft zu Eigenverantwortung anstelle einer nahezu alle Lebensbereiche erfassenden staatlichen Verantwortung. Der freiwillige Dienst am Gemeinwesen wird zunehmend zu einer unverzichtbaren Bedingung für den Zusammenhalt in unserer Gesellschaft – und genau genommen war er das schon immer. Es geht also darum, Gemeinsinn zu praktizieren und die demokratischen und sozialen Strukturen, die das Fundament unserer Zivilgesellschaft bilden, mit Leben zu erfüllen.

Was aber macht das Wesen der Zivilgesellschaft aus? Während etwa für John Locke im 17. Jahrhundert die wichtigste Funktion der Zivilgesellschaft der Schutz vor Übergriffen, unberechtigten Eingriffen des Staates in die Privatsphäre und damit die Sicherung der Individualrechte war, wertete der französische Publizist und Politiker Alexis de Tocqueville die zivilgesellschaftlichen Vereinigungen zweihundert Jahre später als Schulen der Demokratie. In ihnen sollten demokratisches Denken und ziviles Verhalten eingeübt werden. Seine Erkenntnisse bezog Tocqueville maßgeblich aus Beobachtungen, die er während eines Aufenthaltes in den Vereinigten Staaten zwischen den Jahren 1835 und 1840 gemacht hatte. Er beschrieb dabei die stete Bereitschaft der Amerikaner, Öffentlichkeit herzustellen und sich bei ehrenamtlichen Gemeinschaftsarbeiten zu engagieren. Heute charakterisiert der deutsche Philosoph Jürgen Habermas die Zivilgesellschaft als die Gesamtheit freiwilliger, nicht staatlicher und nicht ökonomischer Zusammenschlüsse und Assoziationen, die die gesellschaftlichen Problemlagen in den privaten Bereichen vorfinden, aufnehmen und »lautverstärkend« an die politische Öffentlichkeit weiterleiten[80]. Die zivilgesellschaftlichen Vereinigungen haben nach Habermas gegenüber den Zentren der Politik den Vorzug größerer Sensibilität für die Wahrnehmung neuer Problemkomplexe. In ihnen sieht er eine Kommunikationskultur entstehen, die Diskussionen über öffentliche und politisch relevante Themen nicht nur den staatlichen Instanzen, Parteigremien, Interessenverbänden oder Sachverständigenkommissionen überlässt. Stattdessen ermöglichen sie den Bürgerinnen und Bürgern ein eigenverantwortliches Handeln im vorstaatlichen Raum.

Wesentlich erscheinen mir hier vor allem folgende Punkte: Das Handeln zivilgesellschaftlicher Vereinigungen ist von der Erkenntnis geprägt, dass bürgerschaftliches Engagement den bestehenden gesellschaftlichen Problemen Lösungsstrategien entgegensetzen kann, die ebenso unideologisch wie pragmatisch sind – und damit nicht selten effektiver als staatliche Steuerungsmodelle. Die Akteure der Zivilgesellschaft teilen dabei einen demokratischen Grundkonsens, der in der Anerkennung bestimmter Prinzipien – wie etwa denen der Fairness, der Toleranz sowie des freiwilligen Engagements für öffentliche Angelegenheiten – besteht. Diese Vorstellungen setzen einen Kontrapunkt zur weitverbreiteten Haltung, wonach der Staat auch der Hüter allen privaten Wohls sei.

Aufgaben des Staates und der Bürgerinnen und Bürger

Es soll jedoch nicht der Eindruck entstehen, das Recht stelle sich ausschließlich als Hemmnis für die Fortentwicklung einer selbstverantwortlichen Zivilgesellschaft dar. Eine solche Sicht der Dinge wäre – bei allen Gefahren, die Überregulierung und Verrechtlichung allzu vieler Lebensbereiche mit sich bringen – sicherlich unangemessen. Dies schon deshalb, weil sowohl die deutsche als auch die europäische Rechtsordnung das Leitbild eines dem Gemeinwohl verpflichteten, aktiven Bürgers ausdrücklich anerkennt.

Daher möchte ich hier noch auf den Begriff der Verantwortung eingehen. Im Grundgesetz findet er sich an mehreren Stellen. So wird schon in der Präambel der Verfassung von der Verantwortung des deutschen Volkes vor Gott und den Menschen gesprochen. Nach Artikel 20a schützt der Staat in Verantwortung für die »künftigen Generationen« unter anderem auch die natürlichen Lebensgrundlagen. Ferner bestimmt nach Artikel 65 die Bundeskanzlerin oder der Bundeskanzler die Richtlinien der Politik und trägt hierfür die Verantwortung. Die Fälle, in denen der Begriff »Verantwortung« im Grundgesetz auftaucht, betreffen also die Verantwortung des Staates, der Staatsorgane oder auch des ganzen Volkes. Welche Rolle aber übernimmt die einzelne Bürgerin, der einzelne Bürger? Zunächst einmal statuiert die Verfassung neben den Freiheitsrechten staatsbürgerliche Rechte, die demokratische Mitwirkungsmöglichkeiten der Bürger garantieren. Zu diesen staatsbürgerlichen Rechten zählen zum Beispiel das Recht, an Wahlen und Abstimmungen teilzunehmen, nach Maßgabe von Eignung und Befähigung öffentliche Ämter zu bekleiden oder politische Parteien zu gründen beziehungsweise ihnen beizutreten. Formal betrachtet bürdet die Verfassung den Einzelnen keine mit diesen Mitwirkungsrechten korrespondierende Verantwortlichkeit auf. Das Grundgesetz vermeidet es – anders als die Weimarer Verfassung – überdies, neben den Grundrechten ausdrücklich auch Grundpflichten der Bürgerinnen und Bürger zu normieren. Wenn sich jedoch das Staatsverständnis darauf verengt, dass aktives Engagement für das Gemeinwesen die Ausnahme bleibt und so eine Art »Zuschauerdemokratie« entsteht, in der sich die Einzelnen allenfalls an Wahlen beteiligen und sich im Übrigen von der Politik nur unterhalten lassen, wäre es um das Gemeinwesen schlecht bestellt. Aus gutem Grund betont daher das Bundesverfassungsgericht in ständiger Rechtsprechung, dass das Menschenbild des Grundgesetzes nicht das des selbstherrlichen Individuums, sondern das der in der Gemeinschaft stehenden und ihr verpflichteten Persönlichkeit ist. Das entspricht dem am Anfang dieses Kapitels zitierten Ausspruch von Thomas Mann, dass Freiheit nicht nur Spaß und Vergnügen bedeutet: Der Preis dafür, dass der Staat sich aus der Gestaltung unserer wirtschaftlichen Initiative und unseres privaten Lebens weitgehend heraushält, ist, dass wir Verantwortung übernehmen. Damit wir als Gesellschaft funktionieren, muss der Staat auf eine Zivilgesellschaft bauen, in der die Einzelnen bereit sind, sich fürs Gemeinwohl einzusetzen. Das geschieht, indem Bürgerinnen und Bürger sich in Vereinen oder im Ehrenamt engagieren und durch Sport-, Kultur- und Bildungsangebote zur Stärkung und Förderung von Kindern, Jugendlichen oder Benachteiligten beitragen.

Etymologisch betrachtet leitet sich »verantworten« von »Antwort« ab. Wer Verantwortung übernimmt, gibt also eine Antwort auf eine Frage. Der Inhalt von Verantwortung ist demnach beileibe nicht immer derselbe. Denn schließlich hängt jede Antwort von der Frage ab, die zuvor gestellt wurde. Von ganz entscheidender Bedeutung ist es deshalb, die richtigen Fragen zu stellen. Etwa die aus der Antrittsrede John F. Kennedys: »Frage nicht, was dein Land für dich tun kann – frage, was du für dein Land tun kannst!«

Dies sollte nicht als Plädoyer für einen schwachen Staat missverstanden werden. Der freiheitliche Verfassungsstaat sollte nur vor Überforderung und einer Überfrachtung mit Aufgaben geschützt werden. Unsere Staatlichkeit droht an solcher »Überhebung« zu scheitern, wenn sie damit die Fähigkeit verliert, ihre Kernaufgaben effizient zu erfüllen, insbesondere die sozialen, ökonomischen und ökologischen Lebensgrundlagen der Bevölkerung und damit die tatsächlichen Voraussetzungen für eine freiheitliche Lebensgestaltung der Bürgerinnen und Bürger hinreichend zu sichern.

KAPITEL 7

Freiheit, Föderalismus, Selbstbestimmung

Die Bundesländer und ihre Eigenstaatlichkeit

Ein entscheidendes Kriterium dafür, inwieweit Einzelne von ihren Freiheiten Gebrauch machen können, ist ihre reale wie ihre gefühlte Entfernung vom Prozess der politischen Willensbildung. Aus zentralistisch organisierten Staaten wie Frankreich kennt man den nicht nur kilometermäßigen, sondern auch mentalen Abstand zwischen Hauptstadt und Provinz. Aber auch bei uns ist immer häufiger von einer als abgehoben wahrgenommenen politischen Klasse in Berlin die Rede; zum Beispiel im Zusammenhang mit bisweilen wenig nachvollziehbaren Entscheidungen über Corona-Maßnahmen oder auch mit der Agrarpolitik der Bundesregierung, gegen die zunehmend wütende Landwirte von Bayern bis Mecklenburg-Vorpommern auf die Straße gehen, weil sie um ihre Existenz bangen. »Berlin« heißt für die unzufriedenen Bürgerinnen und Bürger dann vor allem: weit weg von ihren Lebenswelten.

Dabei sind die deutschen Bundesländer nach dem Grundgesetz nicht etwa nur (Verwaltungs-)Provinzen, sondern verfügen ganz im Gegenteil über substanzielle Eigenstaatlichkeit. Auch historisch gehen sie dem Bund voraus und knüpfen an eine lange Tradition des deutschen Föderalismus an, die bis weit ins Römische Reich Deutscher Nation zurückreicht. Das föderale Prinzip ist so gewissermaßen in das Erbgut unserer politischen Kultur eingewoben. Die zu Beginn des 19. Jahrhunderts von Napoleon initiierte Neuordnung der deutschen Territorien und die darauffolgende Gründung des Rheinbunds (1806) durch west- und süddeutsche Fürstentümer bedeuteten eine Stärkung der deutschen Einzelstaaten gegenüber der Zentralgewalt und führten zur Auflösung des Heiligen Römischen Reichs Deutscher Nation. Nach der Niederwerfung Napoleons zerfiel der Rheinbund. 1815 trat an die Stelle des Römischen Reichs der auf dem Wiener Kongress gegründete Deutsche Bund (1815–1866). Bei beiden Institutionen handelte es sich um Staatenbünde, deren Mitglieder im Rahmen einer relativ losen Vereinigung ihre innere und äußere Souveränität behielten. Die Paulskirchenverfassung von 1848 dagegen sah erstmals einen tatsächlichen Bundesstaat vor, einen Zusammenschluss mehrerer Staaten zu einem übergeordneten Gesamtstaat. In ihm sollte die Mitwirkung der Einzelstaaten an der Politik des Reiches nicht zuletzt die Vormachtstellung Preußens gegenüber den anderen Fürstentümern begrenzen. Sie scheiterte jedoch unter anderem an der Weigerung des preußischen Königs Friedrich Wilhelm IV., seine Wahl zum Staatsoberhaupt durch das Volk anzunehmen. 1866 entstand mit Gründung des Norddeutschen Bundes ein deutscher Bundesstaat nördlich der Mainlinie, mit Bismarck als Kanzler und Preußen als Hegemonialmacht. Mit der Reichsgründung von 1871 setzte Bismarck die Vormachtstellung Preußens im Reich de facto durch. Zwar war in der Reichsverfassung der Bundesrat als Vertretung der Bundesstaaten, Fürstentümer und Freien Städte auf Reichsebene das höchste Verfassungsorgan, allerdings wurde er faktisch vom Reichskanzler, der in der Regel auch preußischer Ministerpräsident war, dominiert. Zudem fehlte es in der Konstruktion der Reichsverfassung an Prozessen der demokratischen Willensbildung. Diese wurden mit der Weimarer Reichsverfassung eingeführt. Nach den Erfahrungen des Kaiserreichs, in dem Regieren nicht zuletzt ein Taktieren mit den aristokratisch geführten Gliedstaaten bedeutet hatte, wurde nun ein effizienterer, zentralistischer Staat als wünschenswert angesehen, weshalb die Kompetenzen der Länder stark beschnitten wurden. Mit dem Ende der demokratischen Verfassungsordnung nach der Machtübernahme durch die Nationalsozialisten wurden auch die Länder und ihre Vertretung im Reichsrat zugunsten eines totalitären Einheitsstaates aufgelöst. Es folgten die Katastrophen des Naziregimes und des Zweiten Weltkriegs, die ihren Abschluss in der bedingungslosen Kapitulation der Wehrmacht 1945 und der Besetzung und Teilung Deutschlands durch die Alliierten fanden.

Um für die Zukunft ein vergleichbares, zentral gesteuertes Regieren und die damit verbundene Machtfülle der Regierenden auszuschließen, legte der Parlamentarische Rat (1948/49) bei der Ausarbeitung des Grundgesetzes besonderen Wert darauf, die Bedeutung des Föderalismus angemessen zur Geltung zu bringen. Daher machen Regelungen mit unmittelbarem oder mittelbarem Bezug zur Bundesstaatlichkeit gut die Hälfte unseres Verfassungstextes aus. Eine besondere Würdigung erfährt diese Ordnung zudem durch die sogenannte Ewigkeitsklausel. Nicht zuletzt auf Druck der Alliierten formuliert, sollte sie verhindern, dass in der Mitte Europas je wieder ein im Zweifel nicht zu kontrollierender, starker zentraler Staat entsteht. Nach dieser Klausel ist eine Änderung des Grundgesetzes immer dann unzulässig, wenn sie, neben anderen verfassungsrechtlichen Grundsätzen, das Bundesstaatsprinzip beeinträchtigt. Neben der Gliederung des Bundes in Länder wird die grundsätzliche Mitwirkung der Länder bei der Gesetzgebung des Bundes so für alle Ewigkeit einer Grundgesetzänderung entzogen.

Die Eigenständigkeit der Bundesländer mit ihrer je eigenen parlamentarisch-demokratischen Verfassungsordnung ist eine unverzichtbare Voraussetzung für die Existenz des deutschen Föderalismus. Einerseits können landeseigene Regelungen als Ausdruck einer gelebten Eigenstaatlichkeit begriffen werden, die landestypischen Besonderheiten und Bedürfnissen besser gerecht werden als strikt bundeseinheitliche Regelungen. Andererseits entfaltet die Machtbegrenzung der Zentralgewalt durch das föderale Prinzip ihre freiheitssichernde Wirkung, indem sie verhindert, dass Bundesregierung und Bundesparlament (Bundestag) weitreichende Entscheidungen ohne Einbeziehung der Länder treffen können. Zudem hat eine föderale Staatsorganisation den nicht gering zu schätzenden Vorteil, dass durch die Mitbestimmung vieler ein autokratisches Durchregieren starker Führungspersönlichkeiten ausgeschlossen wird. Auch wenn dieser Sicherungseffekt seinen Preis hat, denn Entscheidungen, an denen mehrere Ebenen beteiligt sind, brauchen häufig länger, bis sie gefällt und wirksam werden können. Kritiker des Föderalismus werfen ihm daher immer wieder Ineffizienz vor und sprechen herabwürdigend von Kleinstaaterei. Mir erscheint es kaum ratsam, Grundlagen unseres demokratisch-föderalen Staatsaufbaus und der realen demokratischen Mitbestimmungsmöglichkeiten der Bürgerinnen und Bürger, die sich über lange Zeiträume bewährt haben, für ein behauptetes Mehr an Effizienz zu opfern – zumal gar nicht erwiesen ist, dass politische Prozesse dadurch tatsächlich effizienter gestaltet werden. Gerade Entscheidungen, die schnell getroffen und vollzogen werden, erweisen sich im Nachhinein oft als gar nicht so effizient, wie Befürworter einer noch stärkeren Zentralisierung es gern darstellen. Im Gegenteil trägt gerade ein Prozess, in dem mehr Stimmen gehört und in Betracht gezogen werden, in der Regel zu ausgewogeneren und damit nachhaltigeren Problemlösungen bei. Und auch aus verfassungsrechtlicher Perspektive gilt, dass den Ländern ausreichend Raum bleiben muss, um die Lebensverhältnisse ihrer Bürgerinnen und Bürger eigenständig zu gestalten. Diese grundgesetzlich festgeschriebene Forderung bildet für die Entwicklung der Bundesrepublik hin zu einem unitarisch-kooperativen – also immer weitgehendere Einheitlichkeit anstrebenden – Bundesstaat eine eindeutige Grenze, die nicht überschritten werden darf.

Die Schwächung der Länder

Obwohl das Grundgesetz die Eigenständigkeit der Verfassungsräume von Bund und Ländern betont, sieht die Wirklichkeit unserer staatlichen Verfasstheit gut 70 Jahre nach seinem Inkrafttreten anders aus. »Die Ausübung der staatlichen Befugnisse und die Erfüllung der staatlichen Aufgaben ist Sache der Länder«, heißt es in Artikel 30. Allerdings nur »soweit dieses Grundgesetz keine andere Regelung trifft oder zulässt«. In der Praxis staatlichen Handelns ist vor allem der zweite Halbsatz dieser Verfassungsnorm immer weiter ausgedehnt worden. Insbesondere im Bereich der Gesetzgebung, für die das Grundgesetz die Zuständigkeiten zwischen Bund und Bundesländern in Artikel 70 in ähnlicher Weise aufteilt, hat der Bund im Lauf der Zeit mehr und mehr Kompetenzen an sich gezogen, wobei der Großteil der erfolgten bundesweiten Vereinheitlichungen sich damit rechtfertigen lässt, dass alle Bürgerinnen und Bürger der Bundesrepublik ein Recht auf gleichwertige Lebensverhältnisse haben sollten. Das ist sicher im Grundsatz ein berechtigtes Anliegen. Erfolgt jedoch ein »Hochzonen« von gesetzgeberischer Kompetenz von der Landes- auf die Bundesebene auch da, wo Regelungen durchaus vor Ort getroffen werden könnten, verlieren nicht nur die Bundesländer einen erheblichen Teil ihrer staatlichen Eigenständigkeit. Meist geht die Verlagerung von Verantwortlichkeit auf eine höhere Ebene auch damit einher, dass sich Gestaltungsmöglichkeiten vom Parlament auf die Regierung verschieben. Zwar ist hier der Bundestag, das Parlament, an der Gesetzgebung maßgeblich beteiligt, über den Bundesrat aber reden die jeweiligen Regierungen der Länder entscheidend mit. An die Stelle der Debatte und Entscheidungsfindung durch die Abgeordneten, durch die vom Volk gewählten Repräsentanten in den Parlamenten auf der jeweils niedrigeren Ebene (Landtage), treten somit Beteiligungsrechte der Exekutive der Länder an der Rechtsetzung auf der höheren Ebene. Viele Ministerpräsidenten stören sich wenig an diesem Machtgewinn, sondern nutzen die Möglichkeit, im Bundesrat ihre Stimme geltend zu machen und damit bei der Gesetzgebung des Bundes mitzuwirken, um ihre Autorität als Landesväter oder -mütter zur Schau zu tragen. Dabei nehmen sie jedoch eine Entmachtung der Landesparlamente, die einen zentralen Ort demokratisch legitimierter Willensbildung auf Landesebene darstellen sollen, in Kauf. Insgesamt führt dieser Prozess somit dazu, dass sich die Gesetzgebung, die Legislative, weiter von den Bürgerinnen und Bürgern entfernt. Denn die parlamentarische Vertretung insbesondere auf Landesebene bietet den Einzelnen durchaus

Möglichkeiten für mehr Nähe und kürzere Wege, um ihre Anliegen zu adressieren.

Dagegen entzieht sich die Bundes- oder gar Europaebene zumindest gefühlt Schritt für Schritt dieser konkreten persönlichen Erreichbarkeit. Prinzipiell ist es sicherlich gerade heute, in Zeiten fast durchgängig gegebener digitaler Erreichbarkeit, möglich, sich mit seinen Anliegen auch an Bundestags- oder Europaabgeordnete zu wenden oder per E-Mail oder die sozialen Medien Eingaben an alle zentralisierten Regierungsstellen zu machen. Für das Gefühl von Verbundenheit ist es aber durchaus ein Unterschied, ob man seine Abgeordnete oder seinen Abgeordneten ab und zu abends in der Kneipe sieht oder auf Spaziergängen durchs eigene Viertel trifft, was tatsächlich weniger der Fall ist, wenn Volksvertreter einen Großteil des Jahres weit weg in Berlin oder Brüssel verbringen.

Neben der Frage der tatsächlich zunehmenden Distanz tritt so diejenige nach der emotional erfahrenen Distanz. Sie wird zunehmend von populistischen Akteuren instrumentalisiert, die mit der Stärkung oder Rückeroberung einer angeblich verloren gegangenen politischen Souveränität Politik machen. Beispiele hierfür sind die Brexit-Kampagne oder Donald Trumps Make-America-Great-Again-Wahlkampf. Ob tatsächlich, gefühlt oder manipuliert: Wenn sich die Distanz zwischen den Bürgerinnen und Bürgern und den Orten der Entscheidung über ein bestimmtes Maß hinaus vergrößert, werden dadurch gleich zwei wichtige Prinzipien unserer Verfassung tangiert: das Prinzip der Bundesstaatlichkeit und das der demokratisch-parlamentarischen Repräsentation. Sie sind es, die die Voraussetzungen für die Freiheit der einzelnen Bürgerinnen und Bürger gewährleisten. Denn ein Individuum ist erst wirklich frei, wenn sein Recht auf politische

Teilhabe nicht nur auf dem Papier steht, sondern es auch realistische Chancen hat, sich mit seiner Stimme für seine Anliegen einzusetzen.

Weniger kritisch zu sehen sind dagegen Formen der Kooperation zwischen den Bundesländern, wie sie seit Jahrzehnten etwa mit der Kultusministerkonferenz bestehen. In ihnen wird die Eigenstaatlichkeit der Länder nicht zugunsten der Zentralgewalt geopfert. Allerdings hat sich in Deutschland mit der Zeit ein höchst komplexes und teilweise schwer durchschaubares System föderativer Politikverflechtungen herausgebildet. Nimmt man noch die Europäische Union hinzu, so sind die hoheitlichen Aufgaben und Zuständigkeiten einerseits hierarchisch gegliedert – Länder, Bund und Europa –, andererseits aber zugleich auf vielfältige Weise miteinander verzahnt und verwoben. Dieses Phänomen der Politikverflechtung ist nicht grundlegend neu, es ist in gewisser Weise sogar im Wesen des Bundesstaatsprinzips angelegt. Jedoch hat es im Lauf der Jahre an Umfang und Intensität erheblich zugenommen, sodass man heute von einem regelrechten Dickicht von föderativen Beziehungen mit zahlreichen Fallstricken und Blockademöglichkeiten sprechen muss. Das wiederum wirft nicht nur berechtigte Fragen nach Effizienz und Kosten auf, sondern auch solche nach den Zuständigkeiten in den politischen Verfahren. Für die Bürgerinnen und Bürger ist es immer schwieriger geworden, die Verantwortlichkeit für einzelne Entscheidungen konkreten Personen, Parteien und Institutionen zuzuordnen.

Das geht bis zu Fragen nach der Zuständigkeit beim Grundrechtsschutz. So enthalten die meisten Landesverfassungen festgeschriebene Grundrechte, die Bürgerinnen und Bürger vor unzulässigen Hoheitsakten der Landespolitik schützen. Diesen Grundrechtsschutz gewährleistet allerdings auch der

Grundrechtekatalog des Grundgesetzes. Das bedeutet, der Bürger hat verschiedene Stellen, die er im Fall einer Grundrechtsverletzung anrufen kann. Das ist prinzipiell positiv zu beurteilen; allerdings bedeuten mehrere Ebenen und zuständige Behörden und Gerichte nicht immer auch besseren Rechtsschutz. Grundrechtsschutz in ein und derselben Sache auf mehreren staatlichen Ebenen – hier kann man auch noch die EU-Ebene hinzudenken – kann im Gegenteil zu Verfahrensverzögerungen, zu widersprüchlichen Entscheidungen und damit zu einem Weniger an Rechtseinheit, Rechtssicherheit und Rechtsklarheit führen.

Freiheit und Gleichheit in der Schule

Die Gesetzgebungshoheit liegt heute nur noch in wenigen Bereichen bei den Bundesländern. Zu nennen sind hier neben weiten Teilen der öffentlichen Sicherheit insbesondere Schule, Bildung und Kultur. Allerdings entscheiden sich an Letzteren nach wie vor substanzielle Lebens- und Zukunftsfragen, weshalb insbesondere die Schulpolitik häufig den Ausschlag für den Ausgang einer Landtagswahl gibt. Dass das Schulwesen vom Parlamentarischen Rat im Grundgesetz zur Ländersache gemacht wurde, erklärt sich wiederum aus den Erfahrungen mit der zentralstaatlichen Schul- und Bildungspolitik in der Zeit des Nationalsozialismus. Indem man die Verantwortung auf verschiedene Stellen und Verwaltungen aufteilte und die Hoheitsrechte damit auf die Länder übertrug, wollte man einem erneuten Missbrauch des Bildungssystems für ideologische Zwecke vorbeugen. Dennoch nahm der Bund im Lauf der Zeit insbesondere über finanzielle Zuschüsse immer wieder Einfluss auf die Bildungspolitik der Länder. Um Bundes- und Länderzuständigkeiten zu entflechten und den Einfluss des Bundes auf die Länderebene einzudämmen, wurde daher in der Föderalismusreform von 2006 unter dem Schlagwort des »Kooperationsverbotes« ausgeschlossen, dass der Bund Finanzhilfen für Bereiche bereitstellen darf, die allein Ländersache sind. Ausnahmen waren dabei von Anfang an in Bezug auf die Zusammenarbeit bei internationalen Bildungsvergleichen und ausgewählten Vorhaben in der Wissenschaft vorgesehen, und auch für den Bereich der Hochschulfinanzierung wurden 2014 Lockerungen vereinbart. Insgesamt aber wurde die Landeshoheit über die Schul- und Bildungspolitik gefestigt.

Damit sind nun allerdings nicht alle Unstimmigkeiten für alle Zeit ausgeräumt. Das Gegenteil davon ist der Fall. Im Bereich der Schulpolitik kommt es immer wieder zu Streitfragen, hinter denen eine grundsätzliche Spannung unserer freiheitlichen Grundordnung aufscheint: die Spannung zwischen den Polen von Freiheit und Gleichheit.

Es sollte nicht schwer sein, sich in einen jungen Menschen hineinzuversetzen, der in Hamburg sein Abitur mit einem guten oder sehr guten Notendurchschnitt gemacht hat, wenn er sich darüber ärgert, dass er für eine Studienaufnahme in München oder in Baden-Württemberg eine Abwertung seiner Noten hinnehmen muss. Bei Studienfächern mit zahlenmäßiger Zugangsbeschränkung – sogenannten Numerus-clausus-Fächern –, die zum Auswahlkriterium eine bestimmte Abitur-Durchschnittsnote machen, kann das bedeuten, dass Hamburger Studienbewerberinnen und -bewerber selbst mit Bestnoten in München nicht zum Studium zugelassen werden. Deshalb gibt es, unter anderem auch aus der deutschen Wirtschaft, immer wieder den Ruf nach einem bundeseinheitlichen Zentralabitur, das vergleichbare

Bedingungen für den Zugang zu Studienfächern und in der Nachfolge zum Arbeitsmarkt sicherstellen soll.

Die Befürworter einheitlicher Bildungsstandards betonen, dass unser aktuelles System mit seinen bundeslandspezifischen Prüfungen in Zeiten wachsender Bildungs- und Arbeitsmobilität nicht mehr zeitgemäß sei. Dass Abiturientinnen und Abiturienten zum Studium oder zur Ausbildung in ein anderes Bundesland wechselten, sei nicht mehr die Ausnahme, sondern mehr und mehr der Normalfall. Insofern müsse der steigenden Mobilität über Bundeslandgrenzen hinweg mit einer weiteren Angleichung der schulischen Standards Rechnung getragen werden. Das ist zuletzt unter anderem mit einem Beschluss der Kultusministerkonferenz aus dem Jahr 2012 geschehen. Mit ihm haben sich mittlerweile alle Bundesländer auf einheitliche Bildungsstandards für die allgemeine Hochschulreife geeinigt. Für ihre Umsetzung wurde als zentrales Instrument ein gemeinsamer Aufgabenpool für die Abiturprüfungen beschlossen und bis 2017 eingerichtet. Aus diesem können die Länder in den Fächern Mathematik, Deutsch, Englisch und Französisch Prüfungsfragen entnehmen, die auf gemeinsam vereinbarten Standards basieren.

Nach wie vor nutzen die Länder diesen Pool jedoch höchst unterschiedlich. Während beispielsweise Schleswig-Holstein für die Abiturprüfungen in Mathematik 2020 ausschließlich Aufgaben aus dem Pool entnahm, verwendeten andere Länder ihn nur zögerlich oder gar nicht.[81] Und auch dafür gibt es nachvollziehbare Gründe. Vor allem Bildungspolitiker aus Bayern und Baden-Württemberg wehren sich dagegen, einseitig auf die Vergleichbarkeit von Abiturprüfungen zu setzen, weil sie dabei nachteilige Folgen für die schulische Bildung befürchten. Zum einen rückt dies in den Augen der

Kritiker zu sehr das Auswendiglernen von Faktenwissen – Experten sprechen von »Teaching to the test«-Verhalten – in den Vordergrund. Andere, ebenso wichtige Kompetenzen – wie das Einordnen und kritische Bewerten von Inhalten – würden ins Abseits gedrängt. Zudem verlören künstlerische und gesellschaftswissenschaftliche Fächer, die nicht im Fokus der Prüfungen stehen, an Bedeutung. Die Frage ist also in der Tat, ob nicht ein Beharren auf mehr Gleichheit vor allem zulasten der Qualität der Schulsysteme in den Ländern führen würde, die über Jahrzehnte in gute Bildung investiert haben.

Dass bundeseinheitliche Regelungen automatisch dafür sorgen, das Bildungssystem zu verbessern, halte ich für zumindest unbewiesen. In jedem Fall gehen aber auch hier fortgesetzte Angleichungsbestrebungen zulasten demokratischer Mitbestimmung der Bevölkerungen in den Bundesländern. Durch jede zusätzliche Zentralisierung wird ihnen eine weitere Möglichkeit genommen, über wesentliche Bereiche ihrer Lebensverhältnisse mitzuentscheiden. Mehr Unitarisierung im Bildungssektor könnte außerdem dazu führen, dass unter Fehlern, die gegebenenfalls gemacht würden, in der Folge alle zu leiden hätten, weil sie sich überall gleichermaßen auswirkten. Wenn dagegen ein Land für sich Regelungen beschließt, die sich im Nachhinein als wenig geeignet für die Verbesserung des Bildungssystems erweisen, bleiben die Konsequenzen auf das betreffende Land beschränkt; diesem würde es zudem vermutlich leichterfallen, sich am erfolgreicheren Beispiel anderer Länder zu orientieren und entsprechend umzusteuern. Wahrscheinliches Resultat einer umfassenden Vereinheitlichung wäre demnach im schlimmsten Fall eine Form von Gerechtigkeit, bei der es zuletzt allen schlechter ginge.

Genau in diese Richtung tendiert allerdings eine Geisteshaltung, die ich immer wieder in ganz anderen Zusammenhängen mit Bestürzung beobachte und die in Deutschland bis hinein in hohe politische Kreise und bedeutende Beratungsgremien, etwa den Deutschen Ethikrat, mehr und mehr an Zustimmung gewonnen hat: Zulasten der Freiheit wird Gleichheit als höchste Form der Gerechtigkeit angesehen. Die Folge aus dieser Gewichtung darf aber keine »Gleichheit im Elend« werden. Ich denke hier vor allem an die Diskussion um die sogenannten Privilegien für Geimpfte in der Corona-Pandemie. Statt eine Neiddebatte zu führen und Geimpfte zuerst als ungerechterweise privilegierte Gruppe anzusehen, könnte man sich auch mit und für jeden freuen, der durch eine Impfung nicht mehr dem Risiko einer möglicherweise tödlich verlaufenden Krankheit ausgesetzt ist – zumal jede weitere Impfung einen Schritt bei der Einhegung und Überwindung der Pandemie darstellt.

Demgegenüber sorgt der Bildungsföderalismus für einen Wettbewerb zwischen den Ländern, der in seiner anspornenden Wirkung eine dringend notwendige Voraussetzung für ein leistungsfähiges Bildungssystem ist. Statt über eine immer stärkere Vereinheitlichung des Abiturs zu diskutieren, wäre es durchaus überlegenswert, ob nicht beispielsweise der Zugang zu Studienplätzen auch anders geregelt werden könnte als über die Abiturnote. In Österreich geht man bereits einen alternativen Weg. Ein offener Hochschulzugang ermöglicht hier allen Abiturientinnen und Abiturienten die Studienaufnahme, bewähren müssen sie sich in Prüfungen in den ersten Semestern.

Der DigitalPakt Schule und die Politik der offenen Hand

Nicht erst in der Corona-Krise, seit Längerem ist schon zu beobachten, wie die föderale Ordnung zunehmend weiter ausgehöhlt wird, und immer wieder geschieht das über die Stellschraube der Aufgabenfinanzierung. Im Normalfall haben Bund und Länder die Ausgaben, die sich aus der Wahrnehmung ihrer jeweiligen Aufgaben ergeben, selbst zu tragen. Das soll die Eigenverantwortlichkeit der Länder bei der Erfüllung ihrer verfassungsrechtlich zugewiesenen Verpflichtungen gewährleisten. Wenn die Länder heute jedoch immer häufiger finanzielle Hilfen beim Bund nachfragen oder nachfragen müssen – und zwar in Bereichen, in denen der Bund nicht über Gesetzgebungs- und Verwaltungszuständigkeiten verfügt, wie beispielsweise im Schulbereich –, dann erlaubt das weitere erhebliche Eingriffe des Bundes in die Zuständigkeitsbereiche der Länder, wodurch deren Eigenverantwortlichkeit zunehmend beschnitten wird.

Ein aktuelles Beispiel von besonderer Bedeutung stellt die 2019 beschlossene »Verwaltungsvereinbarung DigitalPakt Schule 2019–2024« dar. Mit ihr erkauft sich der Bund durch eine Politik der offenen Hand Mitspracherechte bei Entscheidungen, die nach der Verfassung bei den Kultusministerien der Länder oder sogar bei den Kommunen liegen. Ziel der Vereinbarung ist es, den Schulen Mittel für die Ausstattung mit WLAN, Computern, Tablets und digitalen Lerninhalten zur Verfügung zu stellen, ein Anliegen, das sicherlich unumstritten wichtig ist. In Kraft treten konnte der Digitalpakt, nachdem die verfassungsrechtlichen Voraussetzungen durch eine Änderung des Grundgesetzes erfolgt waren.

In Artikel 104c heißt es nun: »Der Bund kann den Ländern Finanzhilfen für gesamtstaatlich bedeutsame Investitionen sowie besondere, mit diesen unmittelbar verbundene, befristete Ausgaben der Länder und Gemeinden (Gemeindeverbände) zur Steigerung der Leistungsfähigkeit der kommunalen Bildungsinfrastruktur gewähren. [...] Zur Gewährleistung der zweckentsprechenden Mittelverwendung kann die Bundesregierung Berichte und anlassbezogen die Vorlage von Akten verlangen.« Damit dringt der Bund weit in Kompetenzbereiche vor, die eigentlich den Bundesländern vorbehalten sind. Diese haben offenbar aus fiskalischen Gründen jedoch nichts dagegen. Aber um es salopp zu sagen: Wer die Kapelle bezahlt, bestimmt auch, welche Musik gespielt wird. Anstelle einer Mittelbindung hätte der Bund entscheiden können, Gelder für die Digitalisierung von Schulen über den Finanzausgleich zur Verfügung zu stellen und den Ländern so die Freiheit zu lassen, selbst darüber zu entscheiden, wie sie die Mittel im Einzelnen einsetzen wollen. Das hätte dem Grundgedanken des Föderalismus eher entsprochen, der auf Freiheit und Verantwortung der Entscheidungsträgerinnen und -träger vor Ort setzt.

In diesem wie in vielen ähnlichen Fällen wäre politisch meines Erachtens deutlich mehr Vertrauen in die Ausführenden auf der niedrigeren, das heißt bürgernäheren Ebene geboten. Vor allem aber bedürfte es eines größeren Vertrauens in die Entscheidungen der Landesparlamente, die über die Verwendung von Mitteln in ihren Landeshaushaltsgesetzen eigenständig beschließen müssten. Über die jeweilige Sache hinaus geht es hier um nichts weniger als um die Stärkung oder Sicherung des Vertrauens der Bürger in die politische Führung ihres Landes. Wenn am Ende sowieso für alles der Bund zuständig ist, fragen sie sich nicht zu Unrecht, wo dann noch die Gestaltungsmöglichkeiten der Länder liegen. Und wenn das nicht klar ist, stellt sich schnell die nächste Frage: Wofür sollen die Bürgerinnen und Bürger dann überhaupt noch Landesparlamente wählen?

Neue Länder braucht das Land

Die Bundesländer müssen ihre Staatsqualität nicht nur erhalten, um einer abstrakten Aufforderung unserer Verfassung zu genügen. Nur wenn sie zu substanzieller Gestaltung in der Lage sind, können sie ihren Bürgerinnen und Bürgern, also ihrem Landesvolk, die Teilnahme am politischen Prozess ermöglichen. Gerade unter dem Gesichtspunkt, dem Landesvolk einen entscheidenden Anteil an der politischen und gesellschaftlichen Gestaltung zu garantieren, scheint es angezeigt, Strukturen mit Bezug zur tatsächlich erfahrbaren regionalen Lebenswelt zu stärken und nicht abzubauen. Auch wenn der Wunsch nach einer vollständigen Angleichung aller Lebensverhältnisse auf den ersten Blick verständlich scheint, sollten nicht in seinem Namen immer mehr Entscheidungen auf höhere und damit gleichsam abstraktere politische Ebenen verlagert werden.

Betrachtet man allerdings die derzeitige Situation der Bundesländer, wird schnell ersichtlich, dass diese nicht in gleichem Maße in der Lage sind, die an sie gestellten Aufgaben in substanzieller Eigenständigkeit zu erfüllen. Sowohl in Hinsicht auf ihre Bevölkerungszahl als auch auf ihre Finanzkraft und ihre administrativen Kapazitäten unterscheiden sie sich grundlegend. Es scheint also dringend geboten, zumindest die Finanzverfassung der bundesstaatlichen Ordnung neu zu regeln.

Im Rahmen der Föderalismusreform II im Jahr 2009 sind die Bund-Länder-Finanzbeziehungen tatsächlich neu geordnet worden. Mit der sogenannten Schuldenbremse ist dabei den Ländern ein sehr striktes Verschuldungsverbot auferlegt worden. Eine wirkliche Finanzreform, die gerade den finanzschwächeren Ländern zu größerer Eigenständigkeit hätte verhelfen können, erfolgte damit jedoch nicht. Der zuvor bestehende horizontale Finanzausgleich mit der an ihn geknüpften Solidarität der Länder untereinander wurde im Gegenteil sogar abgeschafft. Das heißt, die Länder erhalten Finanzhilfen nur noch vom Bund, sind also noch abhängiger von Bundeszuweisungen als zuvor. Stattdessen sollte nach meinem Dafürhalten verstärkt nach Mechanismen gesucht werden, die es insbesondere wenig leistungsfähigen Ländern erlauben, sich aus der Abhängigkeit von vertikalen Finanzhilfen durch den Bund zu befreien. So müsste etwa darüber nachgedacht werden, wie die Länder wieder mehr Möglichkeiten bekommen könnten, auf der Einnahmenseite eine größere Gestaltungsmacht zu gewinnen. Denkbar wäre das zum einen in Form eines Zuschlags auf die Einkommensteuer zugunsten der Länder, zum anderen über eine Neuordnung der Verteilung des allgemeinen Steueraufkommens zwischen Bund und Ländern.

Einige Bundesländer – allen voran die ostdeutschen Flächenstaaten, die meisten Stadtstaaten und das Saarland – sind jedoch offensichtlich in keiner Weise in der Lage, finanziell für sich selbst zu sorgen. Diese Länder werden besondere Schwierigkeiten haben, die ihnen auferlegte Schuldenbremse einzuhalten. Daher sollte die dritte Stufe der Föderalismusreform mit Überlegungen zu einer partiellen Neustrukturierung des Bundesgebiets verknüpft werden. Mit dem Bestreben, die Bundesländer Berlin und Brandenburg zusammenzulegen, hat es bereits Mitte der 1990er-Jahre einen ersten Ansatz nach der Wiedervereinigung gegeben, eine Neugliederung des Bundesgebiets einzuleiten. Gescheitert ist der Anlauf allerdings daran, dass sich die Bevölkerung des Landes Brandenburg in der Abstimmung 1996 gegen die Fusion entschieden hat. Hier wäre zu fragen, woran das gelegen hat. Vielleicht war das Vorhaben zu schlecht vorbereitet oder wurde von der Politik nicht ausreichend kommuniziert? Immerhin arbeiten die beiden Bundesländer in vielen Bereichen – wie beim öffentlich-rechtlichen Rundfunk Berlin Brandenburg, beim Flughafen Berlin Brandenburg oder auch beim Landesarbeits- und Landessozialgericht Berlin Brandenburg – eng zusammen und haben die Fusion zumindest als politisches Fernziel noch nicht ganz aufgegeben.

Bei den öffentlich-rechtlichen Rundfunkanstalten beschreitet man schon länger einen Weg, der im Hinblick auf die Organisation der Bundesländer zumindest zum Teil Vorbildcharakter haben kann. Sinnvolle Fusionen haben hier dazu geführt, dass mit dem Norddeutschen Rundfunk (NDR), dem Südwestrundfunk (SWR) und dem Mitteldeutschen Rundfunk (MDR) länderübergreifende, funktionsfähige und starke Rundfunkanstalten entstanden sind. Auf der anderen Seite gibt es nach wie vor mit dem Saarländischen Rundfunk (SR) und Radio Bremen Landesrundfunkanstalten, deren Status als eigenständige Anstalten nur durch die Auslagerung von Aufgaben an externe Dienstleister oder benachbarte Sendeanstalten gesichert werden kann.

Bis zu seiner Novellierung im Jahr 1976 forderte der Grundgesetzartikel 29 übrigens verpflichtend die Neugliederung des Bundesgebiets. Bereits die Alliierten hatten sich nach Kriegsende eine ausgewogene Gliederung des Bundesgebiets gewünscht, die sich an traditionellen Grenzen orientieren sollte. Abgesehen von der Neugründung Baden-Württembergs durch Zusammenlegung der in der französischen und amerikanischen Besatzungszone entstandenen kurzlebigen Nachkriegsländer Württemberg-Baden, (Süd-)Baden und Württemberg-Hohenzollern im Jahr 1952 und der Eingliederung des Saarlands ins Bundesgebiet 1957 kam es aber zu keinen wesentlichen Umgestaltungen. Unter der sozialliberalen Koalition von Willy Brandt (1969–1974) und von Helmut Schmidt (1974–1982) wurde Artikel 29 schließlich zur Kann-Regelung abgeschwächt.

In Festreden wird der Föderalismus immer wieder als »Deutschlands Geschenk an die Welt« bezeichnet. Im Hinblick auf seine tatsächliche Stärkung wäre es nicht nur deshalb seit Längerem an der Zeit, den hierzu regelmäßig wiederkehrenden Gedankenspielen Taten folgen zu lassen. Wichtig wäre es, jetzt dafür zu sorgen, die Zukunftsfähigkeit von Bundesländern auch durch eine partielle Neugliederung zu sichern, damit sie ihre eigenen Aufgaben auch in materieller und substanzieller Eigenständigkeit erfüllen können.

KAPITEL 8

Der Wert der Freiheit in der Europäischen Union

Integration als Staatsziel

Mit Artikel 23 des Grundgesetzes verschreibt sich die Bundesrepublik Deutschland dem Ziel, bei der Entwicklung der Europäischen Union, die demokratischen, rechtsstaatlichen, sozialen und föderativen Grundsätzen verpflichtet ist und einen dem Grundgesetz vergleichbaren Grundrechtsschutz gewährleistet, mitzuwirken und sich in sie zu integrieren. Die Verwobenheit der Europäischen Union mit ihren Mitgliedstaaten macht es unmöglich, vom Wert der Freiheit unter dem Grundgesetz zu sprechen, ohne dabei die Bedeutung von Freiheitsschutz in der Europäischen Union zu behandeln. Bereits der Wortlaut von Artikel 23 des Grundgesetzes macht deutlich, dass die Europäische Union auf ganz ähnlichen Grundwerten aufgebaut ist, vergleichbar mit den in unserem Grundgesetz niedergelegten. Vor allem aber drückt dieser Artikel auch aus, dass die Europäische Union in Bezug auf das rechtliche, politische und soziale Geschehen in Deutschland faktisch erheblichen Einfluss nimmt, woraus folgt, dass sowohl hinsichtlich der Gewährung des Schutzes, aber auch hinsichtlich der Bedrohungen jener Freiheitsrechte, die wir als Bürgerinnen und Bürger der Bundesrepublik genießen, die Europäische Union eine äußerst wichtige Rolle spielt.

Das Prinzip der Subsidiarität

Sowohl die deutsche als auch die europäische Rechtsordnung folgt dem Leitbild eines dem Gemeinwohl verpflichteten, aktiven Bürgers. Daher nimmt im deutschen Recht wie auch im Recht der Europäischen Union das Prinzip der Subsidiarität eine zentrale Stellung ein. Dieses Prinzip stammt aus der katholischen Soziallehre. Es wurde 1931 von Papst Pius XI. in seiner Sozialenzyklika »Quadragesimo anno« mit dem Inhalt formuliert, dass die größere Einheit erst dann tätig werden soll, wenn die kleinere mit einer zu lösenden Aufgabe überfordert ist. Der hinter dieser Definition stehende Gedanke einer gestuften Aufgabenwahrnehmung war dabei freilich keineswegs neu: Das Modell einer Ordnung, die Zuständigkeiten jeweils von unten her begreift und den Zugriff von oben lediglich als Unterstützungsmaßnahme zulässt, findet sich bereits in den Schriften von Aristoteles und Thomas von Aquin, letztlich liegt es auch der gesamten Idee des Liberalismus zugrunde.

Heute steht das Subsidiaritätsprinzip, das im Grundgesetz nicht ausdrücklich erwähnt ist, für eine Staats- und Gesellschaftsordnung der Freiheit und Vielfalt, die sich von unten her aufbaut und ein Tätigwerden der jeweils höheren Ebene als ein grundsätzlich rechtfertigungsbedürftiges Eingreifen sieht. Der Gedanke der Subsidiarität als politische Maxime, als Richtschnur politischen Handelns, beschreibt zunächst allgemein das Verhältnis zwischen einer größeren und einer kleineren Einheit, aber auch das Verhältnis zwischen dem Staat und den einzelnen Bürgern und der Gesellschaft, der Gesamtheit. Dabei fordert das Subsidiaritätsprinzip den grundsätzlichen Vorrang gesellschaftlicher Freiheit und Autonomie vor staatlichem Handeln. Der Staat soll mithin dann – und eben erst dann – tätig werden, wenn die privaten Kräfte nicht ausreichen, eine Aufgabe zu bewältigen. Analog ist das Prinzip auf das Zusammenspiel aller Stufen politischer Entscheidungsfindung anzuwenden – von kommunalen Belangen über die Sphären der Länder bis hin zum Bund und darüber hinaus bis auf die Ebene der Europäischen Union. Es ist ausdrücklich an verschiedenen Stellen im europäischen Recht verankert und besagt, dass »Europa« nur tätig wird, sofern und soweit die in Betracht gezogenen Maßnahmen auf der Ebene der Mitgliedstaaten nicht ausreichend verwirklicht werden können und die Gemeinschaft das angestrebte Ziel besser erreichen kann.

Am Beispiel der Maßnahmen zur Bekämpfung der Corona-Pandemie lässt sich aufzeigen, dass es stets vom Einzelfall abhängt, welche Ebene am sinnvollsten die Durchführung einer Aufgabe übernimmt. So leuchtet es ein, dass für Fragen der Nachverfolgung von Infektionswegen die regionalen Gesundheitsämter die Verantwortung übernehmen sollten, während es im Hinblick auf Einschränkungen, die etwa wirtschaftliche Grundrechte betreffen, wünschenswert wäre, überregional gleiche Standards zu schaffen. Andere Fragestellungen lassen sich am ehesten mit internationalem Fokus lösen, beispielsweise, wenn Krankenhäuser darauf angewiesen sind, für Mitarbeitende aus angrenzenden Staaten erreichbar zu bleiben. Das war im Winter 2020/21 unter anderem in Ostsachsen der Fall, wo Ärztinnen und Ärzte aus Tschechien und Polen, die täglich über die Grenze zu ihrer sächsischen Arbeitsstätte pendeln, im Krankenhausbetrieb unverzichtbar waren.[82]

Eine generelle Hochzonung von Zuständigkeiten ist also angesichts von sehr unterschiedlichen Herausforderungen ebenso falsch wie das Gegenteil, ein generelles »im Zweifel für die untere Ebene«. Vielmehr sind nach dem Subsidiaritätsprinzip je nach Einzelfall immer beide Richtungen zu bedenken: Was spricht für die lokale beziehungsweise regionale, was für die nationalstaatliche oder gar europäische Ebene? Nicht jede Fragestellung lässt sich direkt bei den Bürgerinnen und Bürgern vor Ort am besten entscheiden oder lösen; allerdings liefert auch nicht jede Unitarisierung mit der Angleichung von Regelungen und der Schaffung von Standards zwangsläufig die erhofften größeren Freiheitsmöglichkeiten für alle.

Mehr Freiheiten und ihr Preis

Unsere Grundrechte sind nicht nur einklagbare Abwehrrechte gegen den Staat, sondern ganz wesentlich auch Werteentscheidungen der Verfassung darüber, wie wir leben wollen. Sie verpflichten den Staat, gute und sichere Lebensverhältnisse für alle herzustellen. Dazu gehört, dass er sowohl die Voraussetzungen für die Freiheit von Armut schafft als auch für die Erhaltung unserer sozialen, ökologischen, aber auch ökonomischen und kulturellen Lebensgrundlagen sorgt. Die Rahmen, innerhalb derer das geschehen muss, sind durch immer komplexere globale Zusammenhänge vorgegeben. So ist beispielsweise der Klimawandel – und das liegt in der Sache – kein Problem, das ein Staat allein für sich lösen könnte, woraus die Notwendigkeit resultiert, Entscheidungen auf eine höhere Ebene als die nationalstaatliche zu verlagern.

Darüber hinaus sind Multilateralismus und internationale Standardisierungen häufig mit größeren Freiheiten für die

Einzelnen verbunden. Asiatische Suppen und sizilianische Zitronen stünden heute kaum so selbstverständlich auf unserem Speiseplan, wenn nicht nach der Weltwirtschaftskrise der 1920er-Jahre und dem Zweiten Weltkrieg die Weltwirtschaft durch ein System von multilateralen Abkommen und Organisationen neu geordnet worden wäre. Insbesondere das 1948 in Kraft getretene Allgemeine Zoll- und Handelsabkommen (General Agreement on Tariffs and Trade, GATT), dem die Bundesrepublik 1951 beitrat, leistete fast 50 Jahre lang einen wesentlichen Beitrag zum Abbau von Handelshemmnissen und zur Schlichtung von Handelskonflikten. Seine Prinzipien zur Förderung des Welthandels wurden ab 1995 in die Arbeit der Welthandelsorganisation (World Trade Organization, WTO) übernommen und von ihr fortgeführt. Ihrer Tätigkeit liegt der Gedanke zugrunde, dass eine möglichst starke wirtschaftliche Verflechtung und ein intensiver Handel dazu beitragen, dass Staaten ihre Konflikte friedlich lösen und politische Gegensätze nicht in militärischen Auseinandersetzungen eskalieren lassen.

Aber auch das Internet als globales Kommunikationsinstrument funktioniert nur aufgrund internationaler Standards. Würde im digitalen Raum jedes Land seine eigenen Vorstellungen und Normen durchsetzen, blieben den Nutzern die virtuellen Räume der jeweils anderen Länder weitgehend versperrt; das Internet könnte nur einen Bruchteil der heute bestehenden Möglichkeiten entfalten.

Auch in der EU dient politisches Handeln auf allen Ebenen in erster Linie der Gewährleistung größtmöglicher Freiheiten. Zu diesen Freiheiten gehören neben der freien Wahl von Arbeits- und Lebensort auch die Freiheit der Ausbildung und die Möglichkeit, überall in Europa studieren zu können. Um diese von einer schönen Idee zu einer Möglichkeit für alle zu entwickeln, arbeitet die Europäische Kommission aktuell die Vision eines europäischen Bildungsraums für 2025 aus. In ihm soll die Freizügigkeit der Lernenden gewährleistet sein. Das Herzstück der ergriffenen Maßnahmen bildet der sogenannte Bologna-Prozess zur Förderung der Internationalisierung der Hochschulbildung in Europa durch mehr Mobilität, leichtere Anerkennung von Qualifikationen und gestraffte Qualitätssicherungsmechanismen. Durch ihn sollen Abschlüsse besser vergleichbar gemacht und mehr Austausch ermöglicht werden. Diese Regelungen auf europäischer Ebene bedeuten für die Einzelnen unbestreitbar einen Gewinn an Möglichkeiten zur Ausübung ihrer Freiheitsrechte. Wer in Spanien studiert, soll nicht mehr befürchten müssen, dass sein Abschluss bei einer Bewerbung in Stuttgart nicht anerkannt wird.

Solche Vereinheitlichungen und Standardisierungen werden nicht zwangsläufig, aber häufig mit einer geringeren Entscheidungsfreiheit auf den unteren Ebenen bezahlt. Um zu verhindern, dass dies auch in Fällen geschieht, in denen es gar nicht nötig wäre, gilt es im Sinne des Subsidiaritätsprinzips immer wieder zu überprüfen, welche konkreten Regelungen von welcher Instanz getroffen werden sollten. So wäre beispielsweise die Frage zu stellen, ob nicht die Einmischung der Europäischen Union auch auf Gebieten, die – im Gegensatz etwa zum Bologna-Prozess – keinen grenzüberschreitenden Bezug haben, eingedämmt werden sollte. Stattdessen ist seit einiger Zeit eher zu beobachten, dass Regelungen und Zuständigkeitserklärungen der Union zum Selbstläufer werden. Das betrifft etwa das sogenannte Einheimischen-Modell, das insbesondere in Gebieten zum Einsatz kommt, in denen seit Jahrzehnten ein anhaltender Zuzug Auswärtiger stattfindet, der massiv steigende Immobilienpreise verursachte und immer noch verursacht. Um die Verdrängung der angestammten Bevölkerung aus solchen begehrten Wohngebieten zu begrenzen, haben die betroffenen Kommunen bei der Ausweisung von Bauland Einheimischen einen Teil der Grundstücke zu einem günstigeren als dem ortsüblichen Preis zur Verfügung stellen müssen. Diese Regelung, die beispielsweise im Münchener Speckgürtel seit den 1980er-Jahren angewandt wurde, hat die EU-Kommission 2006 beanstandet. Sie leitete ein Vertragsverletzungsverfahren gegen die Bundesrepublik ein, das sie damit begründete, das Modell verstieße gegen den Gleichbehandlungsgrundsatz. Gegen das Selbstverwaltungsrecht der Kommunen führte sie den Gedanken des freien europäischen Binnenmarktes ins Feld. Es dauerte bis 2017, bis sich die EU, das Bundesbauministerium und der Freistaat Bayern auf eine neue Regelung einigen konnten, in der die sozialen und ökonomischen Kriterien für das Anrecht auf günstigere Grundstückspreise gestärkt wurden, während die Bedeutung der Ortsansässigkeit für die Vergabe eingeschränkt wurde. Bereits »nach fünf Jahren Arbeit, ehrenamtlicher Tätigkeit oder Wohnen am Ort gilt man als einheimisch«, fasst die *Süddeutsche Zeitung* zusammen.[83]

Ähnliche Konflikte entstehen immer wieder im Bauplanungsrecht, das zunächst in die Zuständigkeit der Kommunen fällt. Seit Inkrafttreten des Gesetzes zur Anpassung des Baugesetzbuchs an EU-Richtlinien im Jahr 2004 greifen hier immer mehr detaillierte EU-Regelungen zum Umweltschutz und zur Beteiligung der Öffentlichkeit bei Umweltprüfungen sowie zur Erhaltung der natürlichen Lebensräume von wild lebenden Tieren und Pflanzen in die Planungshoheit der Gemeinden ein. Ein grenzüberschreitender Bezug, der die Regelungen legitimiert, ist meines Erachtens nicht ohne Weiteres auszumachen. Um dem Gedanken des Subsidiaritätsprinzips wieder stärker Rechnung zu tragen, scheint es mir erforderlich, das entstandene Übermaß an Vorgaben durch die Union auch da, wo keine Belange mit Bezug zu Europa und seinem Binnenmarkt gegeben sind, zurückzubauen. Nur so wird es gelingen, der unteren, bürgernahen Ebene und letztlich den einzelnen Bürgerinnen und Bürgern zukünftig wieder mehr Spielraum bei der Wahrnehmung ihrer freiheitlichen und demokratischen Grundrechte zu verschaffen.

Vervielfachter Grundrechtsschutz und Schutzlücken zwischen den Instanzen

Geht man davon aus, dass die fortgesetzte und intensivierte Globalisierung praktisch alle Lebensbereiche betrifft, liegt es auf der Hand, dass Freiheiten nicht mehr allein im direkten Umfeld der Einzelnen gewährt und durchgesetzt werden können. Die zunehmende Verflochtenheit der Welt hat uns auf der einen Seite immer mehr Wohlstand und Entfaltungsmöglichkeiten beschert; auf der anderen Seite hat der fortschreitende Multilateralismus aber auch auf dem Gebiet des Rechts Wirkungen gezeitigt. In Weiterentwicklung des Völkerrechts und der mit ihm entstandenen Institutionen – wie der Vereinten Nationen – hat sich die internationale Gemeinschaft insbesondere nach 1945 darum bemüht, dem Recht jeder und jedes Einzelnen auf Grundfreiheiten beziehungsweise Freiheitsrechte auch auf der zwischenstaatlichen Ebene mehr Geltung zu verschaffen. Für demokratische, freiheitliche Staaten beziehungsweise die in der UNO versammelte Staatengemeinschaft entstand damit – vor dem Hintergrund der Menschenrechte – die »Responsibility to protect«: die Pflicht, sich in die Geschehnisse anderer Staaten einzumischen und Menschen zu schützen, die von den

Machthabern im eigenen Land unterdrückt und ihrer Rechte beraubt werden. Dass die »Responsibility to protect« mitunter als Vorwand für die Durchsetzung geostrategischer Interessen missbraucht wurde – etwa im Zuge des Vietnam- oder Irakkriegs –, dass die Durchsetzung dieses Rechts zudem häufig an den politischen Machtverhältnissen scheitert, wie zuletzt in Hongkong oder Belarus, und dass schließlich die internationalen Gerichte nur bedingt sowie abhängig vom guten Willen ihrer Mitglieder funktionieren, sollte über eines nicht hinwegtäuschen: Trotz dieser Rückschläge haben die Rechte der Einzelnen durch die Multilateralisierung der Menschenrechte weltweit eine zusätzliche Stärkung erfahren.

So ist es möglich geworden, dass Anfang Februar 2021 Dominic Ongwen, ein früherer Kommandeur der berüchtigten Lord's Resistance Army (LRA) aus Uganda, in Den Haag vom Internationalen Strafgerichtshof (IStGH) für Kriegsverbrechen und Verbrechen gegen die Menschlichkeit schuldig gesprochen werden konnte und nun ins Gefängnis muss. Als Stellvertreter des noch immer flüchtigen LRA-Chefs Joseph Kony hatte er beim bis ins Jahr 2005 andauernden Versuch, in Uganda einen fundamentalistischen Gottesstaat zu errichten, Morde, Verstümmelungen, Sexualgewalt und den Einsatz von Kindersoldaten zu verantworten. Der Terror der LRA richtete sich in erster Linie gegen die Zivilbevölkerung und wird als einer der brutalsten Konflikte in Afrika eingeschätzt. Als Meilenstein kann das Urteil vor allem deshalb gesehen werden, weil es zeigt, dass Verbrecher wie Ongwen, der seit 2005 mit internationalem Haftbefehl gesucht wurde, durchaus auch Jahre nach Verübung ihrer Taten noch belangt werden können und tatsächlich belangt werden. Damit sendet Den Haag an Tausende von Opfern in Uganda das Zeichen, »dass einige ihrer ehemaligen Peiniger nicht straflos davonkommen«, wie Andreas Schwarzkopf in der *Frankfurter Rundschau* kommentiert.[84] »Das Urteil sollte aber auch die politisch Verantwortlichen in Uganda, der Demokratischen Republik Kongo und im Südsudan zusammen mit der internationalen Gemeinschaft dazu anspornen, auch gegen die restlichen LRA-Kämpfer vorzugehen. Schließlich morden und plündern sie weiter.«

Der Internationale Strafgerichtshof der UN ist selbstverständlich nicht die einzige multilaterale Einrichtung zur Stärkung und Durchsetzung individueller Freiheitsrechte. Mit dem Europäischen Gerichtshof für Menschenrechte (EGMR) in Straßburg haben die Mitgliedstaaten des Europarats 1959 eine eigene Institution errichtet, um über die Einhaltung der Europäischen Menschenrechtskonvention zu wachen. Der EGMR urteilt über Beschwerden von einzelnen Personen, Personengruppen und Staaten; Bürgerinnen und Bürger können sich, wenn die Rechtsmittel in ihren Heimatländern ausgeschöpft sind, mit Beschwerden direkt an ihn wenden. Alle 47 Mitgliedstaaten des seinerseits 1949 zur Sicherung des Friedens in Europa gegründeten Europarats – also neben den EU-Mitgliedstaaten auch Staaten wie Russland, die Türkei, Zypern, Armenien, Aserbaidschan und Georgien – sind dem EGMR beigetreten und haben sich damit verpflichtet, seine Urteile umzusetzen.

Ins Zentrum der Aufmerksamkeit ist der Gerichtshof beispielsweise im Februar 2021 gerückt, als er gegenüber der russischen Führung die sofortige Freilassung des Kreml-Kritikers Alexei Nawalny gefordert hat. Nach einem Giftanschlag im August 2020, für den die internationale Gemeinschaft die russische Regierung verantwortlich macht, war Nawalny an der Berliner Charité behandelt worden. Bei seiner Rückkehr nach Moskau im Januar 2021 wurde er direkt am Flughafen verhaftet und im Anschluss zu einer knapp dreijährigen Freiheitsstrafe beziehungsweise Haftstrafe in einer Strafkolonie verurteilt. Gegen dieses Urteil stellte Nawalny am EGMR einen Eilantrag auf einstweilige Maßnahmen, dem der Gerichtshof mit »sofortiger Wirkung« stattgab – aus Sorge um Nawalnys Leben und Gesundheit in der Haft. Der EGMR hat Russlands Führung bereits mehrfach für den Umgang mit dem Oppositionellen verurteilt. Zuletzt im Februar 2020 dafür, dass er bei seiner Verhaftung im Jahr 2012 entwürdigend behandelt und in seinen Rechten auf Versammlungsfreiheit, Freiheit und Sicherheit sowie ein faires Verfahren verletzt worden sei. Und schon im Jahr 2017 hat der EGMR die Verurteilung des Kreml-Gegners aufgrund von Vorwürfen wegen Betrugs und Geldwäsche als willkürlich eingestuft und in ihr einen Verstoß gegen die Europäische Menschenrechtskonvention festgestellt.

Wenn ein Staat seinen Verpflichtungen durch ein Urteil des Gerichtshofs nicht nachkommt, ist es Sache des Ministerkomitees des Europarats, ein Verfahren nach Artikel 46 der Menschenrechtskonvention zu eröffnen. Das Ministerkomitee ist das Entscheidungsorgan des Europarats und setzt sich aus den Außenministern der Mitgliedstaaten oder ihren ständigen diplomatischen Vertretern zusammen. Weigert sich Russland also, Nawalny aus der neuerlichen Haft zu entlassen, könnte dem Staat, der das Urteil aus Straßburg als »grobe Einmischung« in seine inneren Angelegenheiten wertet, eine Suspendierung oder gar der Ausschluss aus dem Europarat drohen.

In den genannten und vielen weiteren Fällen zeigt sich, dass die internationale Gemeinschaft die Rechte der Einzelnen und damit ihre Freiheit auch staatsübergreifend zu stärken sucht. Allen Rückschlägen, Umsetzungsschwierigkeiten von Urteilen und der immer wieder von unterschiedlichen Seiten geäußerten Kritik zum Trotz muss diese Verbürgung allgemeiner Grundrechte in anrufbaren Institutionen als bedeutender Schritt zur weltweiten Durchsetzung von Rechtsstaatlichkeit und Menschenrechten verstanden werden.

Ihre Wirksamkeit wurde auch jüngst in einem Urteil deutlich, das im Februar 2021 vom Oberlandesgericht (OLG) Koblenz gefällt wurde. Es war der weltweit erste Strafprozess, der wegen »Staatsfolter« gegen einen Angeklagten aus Syrien geführt wurde. Der 44-Jährige hatte sich dem Urteil zufolge als Agent des staatlichen Allgemeinen Geheimdiensts in Syrien mehrerer Verbrechen schuldig gemacht. Der Beschuldigte und ein weiterer Angeklagter waren nach ihrer Flucht nach Deutschland von Opfern erkannt und angezeigt worden. Der Prozess und das Urteil sind insofern bemerkenswert, als das Oberlandesgericht Koblenz hier nach dem sogenannten Weltrechtsprinzip tätig wurde: Obwohl die in Syrien begangenen Taten keinen Bezug zu Deutschland haben, können sie nach einer Regelung im Völkerstrafgesetzbuch von 2002 verfolgt und verurteilt werden. Da einer der Angeklagten in Rheinland-Pfalz festgenommen wurde, erklärte das OLG Koblenz sich für zuständig. Das Weltrechtsprinzip stellt damit einen weiteren Schritt zur Stärkung der Grundrechte der Einzelnen und ihrem Schutz gegenüber Regierungen dar, die ihre Staatsmacht missbrauchen. Denn für die Straftäter wird es schwieriger, sich in den Schutz unbeteiligter Drittstaaten zu flüchten, wenn dort, so wie in Deutschland, nach dem Weltrechtsprinzip Recht gesprochen werden kann.

In Europa existieren auf verschiedenen Ebenen Grundrechtsverbürgungen und -gewährleistungen mit jeweils eigener Gerichtsbarkeit. Über die Einhaltung der Garantien der Europäischen Menschenrechtskonvention wacht, wie schon ausgeführt, der EGMR in Straßburg. Über die Auslegung und

Anwendung der EU-Grundrechte entscheidet letztverbindlich der Gerichtshof der Europäischen Union (EuGH) in Luxemburg. Und für die Kontrolle der Einhaltung der mitgliedstaatlichen Grundrechte existiert in vielen Mitgliedstaaten der Europäischen Union ein nationales Verfassungsgericht. In Deutschland kommt noch die Besonderheit hinzu, dass wir einen verfassungsrechtlichen Grundrechtsschutz nicht nur auf der Bundesebene, sondern auch auf der Länderebene haben, der in den letzten Jahren an Gewicht gewonnen hat. In Schleswig-Holstein etwa wurde ein eigenes Landesverfassungsgericht erst 2008 installiert. Diese Vielzahl an Grundrechtsverbürgungen und Grundrechtsgerichten ist zunächst etwas Positives für die Bürgerinnen und Bürger Deutschlands und Europas, denn ein Mehr an Grundrechtsschutz ist grundsätzlich von Vorteil. Wie schon in Kapitel 7 angedeutet, besteht aufgrund der Vielfalt gleichwohl die Gefahr, dass der Rechtsschutz für den Bürger unübersichtlicher wird. Er weiß oft nicht, an welches Gericht er sich wenden muss oder sollte oder welche Maßstäbe jeweils gelten. Auch kann die Verdopplung oder gar Verdreifachung der Rechtsschutzebenen in einer nicht unerheblichen Zahl von Fällen zu einer unangemessen langen Verfahrensdauer beziehungsweise zu widersprüchlichen Entscheidungen führen.

Diesen Gefahren begegnen das Bundesverfassungsgericht wie der Europäische Gerichtshof dadurch, dass sie bei ihren Entscheidungen die Rechtsprechung des Europäischen Gerichtshofs für Menschenrechte berücksichtigen. Darüber hinaus beachtet der EuGH in seiner Grundrechtsrechtsprechung auch die Verfassungstradition der Mitgliedstaaten. Umgekehrt können die mitgliedstaatlichen Gerichte bei der Auslegung der nationalen Grundrechte einzelne, bislang nur im Unionsrecht anerkannte Aspekte des Grundrechtsschutzes übernehmen. So ergänzen die seit 2009 in der Grundrechtecharta der Union rechtsverbindlichen EU-Grundrechte die des Grundgesetzes, machen diese damit aber nicht unwirksam. Der Dialog der Verfassungsgerichte in der Union eröffnet gewissermaßen einen Wettbewerb um die besten Lösungen, ohne dass die Vielfalt des Grundrechtsschutzes, die wegen nationaler Besonderheiten erforderlich ist, verloren geht. Durch sich gegenseitig ergänzende Aufgabenverteilungen und die verfahrensmäßige Kooperation der Gerichte wird versucht, den oben genannten Gefahren von Unübersichtlichkeit und Schwerfälligkeit sowie Widersprüchlichkeit beim Grundrechtsschutz zu begegnen. In diesem Prozess hat das Bundesverfassungsgericht den Vorrang des Europarechts gegenüber dem nationalen Verfassungsrecht in einer Reihe von richtungweisenden Entscheidungen für den Fall anerkannt, dass es um Rechtsanwendungen gemäß dem Geltungsbereich der EU-Grundrechtecharta geht. In deren Artikel 51 ist geregelt, für wen und wann die europäischen Grundrechte bindend sind, nämlich »für die Organe, Einrichtungen und sonstigen Stellen der Union unter Wahrung des Subsidiaritätsprinzips und für die Mitgliedstaaten *ausschließlich bei der Durchführung des Rechts der Union*« (Hervorhebung des Autors). Weiter heißt es: »Diese Charta dehnt den Geltungsbereich des Unionsrechts nicht über die Zuständigkeiten der Union hinaus aus und begründet weder neue Zuständigkeiten noch neue Aufgaben für die Union.«

Eine politische Dimension mit Konfliktpotenzial erhält der auf mehreren Ebenen garantierte Grundrechtsschutz allerdings dadurch, dass der EuGH dazu neigt, den Bereich seiner grundrechtlichen Zuständigkeiten auch auf Fragen nationaler Rechtssetzung auszuweiten, unabhängig davon, ob eine Durchführung von EU-Recht gegeben ist oder nicht. So erklärte er sich im Februar 2013 für zuständig, über die Einhaltung der EU-Grundrechte in einem schwedischen Steuerhinterziehungsverfahren zu urteilen, weil es sich bei einem Teil der hinterzogenen Steuern um Mehrwertsteuern handelte und eine EU-Richtlinie die Mitgliedstaaten der EU verpflichtet, Betrug bei der Erhebung von Mehrwertsteuern zu bekämpfen. Seine als »Åkerberg Fransson-Urteil« in die Gerichtsgeschichte eingegangene Entscheidung besagte in Bezug auf die Zuständigkeiten der Grundrechtsprechung, dass alle Fälle, die das Unionsrecht auch nur am Rande berühren, am Maßstab der europäischen Grundrechtecharta zu messen und daher im Zweifel dem EuGH vorzulegen sind.

Aufgrund der europarechtlichen Durchdringung der meisten Rechtsbereiche ist das heute fast immer der Fall. Damit wären Grundrechtsfragen in der Regel letztverbindlich vom EuGH und nicht mehr von nationalen Verfassungsgerichten zu entscheiden. In seiner Entscheidung zum Antiterrordateigesetz, ebenfalls aus dem Jahr 2013, hat das Bundesverfassungsgericht (BVerfG) jedoch erkennen lassen, dass es dieser allzu großzügigen Definition der Zuständigkeit des EuGHs nicht in jeder Sache zuzustimmen bereit ist. Bei der zugrunde liegenden Verfassungsbeschwerde ging es um die Beurteilung der Frage, ob das Antiterrordateigesetz des Bundes vom Dezember 2006 mit grundrechtlichen Vorgaben des Grundgesetzes vereinbar sei, wogegen der Beschwerdeführer geklagt hatte. Inhaltlich sah das Gesetz die Errichtung einer Antiterrordatei als Verbunddatei verschiedener Sicherheitsbehörden zur Bekämpfung des internationalen Terrorismus beim Bundeskriminalamt (BKA) vor. Mit seiner Entscheidung, das in der Sache Nachbesserungen am Gesetz verlangte, erklärte das Bundesverfassungsgericht sehr deutlich – und zwar präventiv, ohne dass der EuGH hierfür einen konkreten Anlass geliefert hätte –, es sei »unzweifelhaft und [...] keiner weiteren Klärung bedürftig, dass das Antiterrordateigesetz und die auf seiner Grundlage erfolgende Tätigkeit der Sicherheitsbehörden und Nachrichtendienste keine Durchführung des Rechts der Union im Sinne des Art. 51 Abs. 1 Satz 1 EuGRCh darstellen [...] Eine Anwendbarkeit der Unionsgrundrechte scheidet damit von vornherein aus [...] Der Europäische Gerichtshof ist danach für die aufgeworfenen – ausschließlich die deutschen Grundrechte betreffenden – Fragen nicht gesetzlicher Richter.«[85]

Mit dieser eindeutigen Abgrenzung zeigte das Bundesverfassungsgericht der Praxis des EuGHs klare Grenzen auf, wenn er gemäß seiner Rechtsprechung durch sogenannte Ultra-vires-Akte, also evidente Kompetenzüberschreitungen, die Identität der durch das Grundgesetz errichteten Verfassungsordnung infrage zu stellen droht. Damit forderte es den Europäischen Gerichtshof auf, sich auf eine engere Auslegung seiner Zuständigkeit in Grundrechtssachen zurückzuziehen.

Auf der anderen Seite findet eine stetige Europäisierung unseres Rechts statt, die das Bundesverfassungsgericht in seinen Kompetenzen beschneidet. Wir haben es sowohl im öffentlichen Recht als auch im Zivilrecht zunehmend mit sogenanntem sekundärem Recht zu tun, das sich, wie im bekannten Fall der Datenschutz-Grundverordnung, aus dem europäischen Recht ergibt. Es gelten also Verordnungen, die die Union erlässt, unmittelbar in den Mitgliedstaaten, oder es werden EU-Richtlinien durch nationale Rechtsetzung umgesetzt.

Wenn sich Bürger in ihren Freiheiten verletzt sehen, kann es daher nicht um deutsche Grundrechte gehen, sondern immer um europäische, etwa im Fall von Fragen der von der EU verabschiedeten Datenschutz-Grundverordnung. Für auftretende Grundrechtsfragen ist das Bundesverfassungsgericht hier aber zunächst nicht zuständig. Dadurch ergibt sich jedoch eine Schutzlücke für den Grundrechtsschutz der Bürgerinnen und Bürger. Diese Lücke entsteht durch die Tatsache, dass das europäische Verfahrensrecht – anders als das deutsche Grundgesetz – dem Bürger nicht die Möglichkeit der Verfassungsbeschwerde einräumt. Der EuGH ist kein Bürgergericht und hätte auch nicht die Kapazitäten, eins zu werden. Um diese Lücke zu schließen, hat das Bundesverfassungsgericht im November 2019 mit der Entscheidung »Recht auf Vergessen II« eine ungewöhnliche und durchaus spektakuläre Fortbildung des Rechts vorgenommen.

Im zugrunde liegenden Fall ging es um die Verfassungsbeschwerde einer Privatperson, die sich aufgrund eines Google-Suchergebnisses zu ihrer Person in ihren allgemeinen Persönlichkeitsrechten und ihrem Recht auf informationelle Selbstbestimmung verletzt sah. Als eins der ersten Ergebnisse bei der Suche nach ihrem Namen wurde die Verlinkung zu einem Beitrag des Politmagazins *Panorama* des Norddeutschen Rundfunks angezeigt. Die verschriftlichte Form dieses Beitrags hatte der NDR unter dem Titel »Die fiesen Tricks der Arbeitgeber« auf seiner Website eingestellt. Der Aufforderung auf Löschung dieser Verbindung aus der Suche kam Google nicht nach, weshalb die Beschwerdeführerin eine Klage anstrengte, die vom Oberlandesgericht abgewiesen wurde. In ihrer Verfassungsbeschwerde argumentierte dann die Beschwerdeführerin, bereits die Überschrift des Suchergebnisses sei diskriminierend, sie habe niemals »fiese Tricks« angewandt. So rufe das Suchergebnis eine negative Vorstellung über sie als Person hervor und würdige sie herab. Da der Bericht überdies zeitlich weit zurückliege, bestehe kein berechtigtes öffentliches Interesse mehr an ihm.

In der Sache ging es in der Lesart des Bundesverfassungsgerichts damit nicht um Schutz im Staat-Bürger-Verhältnis, sondern in einer privatrechtlichen Streitigkeit. Hierbei mussten die Grundrechtspositionen der Parteien – von Google und der Beschwerdeführerin – sowie die zu berücksichtigenden Grundrechte Dritter, insbesondere die hierbei beachtliche Meinungsfreiheit des für den Beitrag verantwortlichen Norddeutschen Rundfunks, sachgerecht ausgeglichen werden. Im Ergebnis führte das zur Zurückweisung der Verfassungsbeschwerde. Interessant an dem Urteil ist aber, dass es eine Zäsur in der Rechtsprechungspraxis des Bundesverfassungsgerichts darstellt. Denn Grundlage der Rechtsprechung waren hier, wie gesagt, nicht deutsche, sondern Grundrechte des europäischen Rechts. Mit seiner Zulassung des Verfahrens zum »Recht auf Vergessen II« hat sich das Bundesverfassungsgericht über seinen eigentlichen Kompetenzbereich hinaus für zuständig erklärt, den Grundrechtsschutz unter bestimmten Bedingungen auch nach Maßgaben der Unionsgrundrechte zu prüfen und durchzusetzen.

Bis zu diesem Urteil hat es eine eigene Prüfung am Maßstab der Unionsgrundrechte nie ausdrücklich in Erwägung gezogen. Waren zuvor in Anerkennung eines Vorrangs des Unionsrechts die grundgesetzlichen Grundrechte nicht anwendbar, hat das Bundesverfassungsgericht ganz auf eine Grundrechtsprüfung verzichtet und die Grundrechtskontrolle den Fachgerichten in Kooperation mit dem Europäischen Gerichtshof überlassen. Mit dem ergangenen »Recht auf Vergessen II«-Urteil hat es aber zum ersten Mal die Grundrechte der EU-Charta selbst angewandt und im Rahmen einer Verfassungsbeschwerde unmittelbar als Prüfungsmaßstab herangezogen. Diesen in Anbetracht seiner bisherigen Rechtsprechung außergewöhnlichen Schritt begründet es insbesondere damit, dass dem Bundesverfassungsgericht die Aufgabe der Gewährleistung eines wirksamen Grundrechtsschutzes zukomme. Zwar träfe dies ursprünglich nur auf die Grundrechte des Grundgesetzes zu, jedoch seien hier die Charta-Grundrechte als deren Funktionsäquivalent zu sehen. Da auf Unionsebene zudem bisher kein effektiver Grundrechtsschutz für individuelle Beschwerden zur Verfügung stehe, falle die Gewährleistung dieses Schutzes letztlich dem Bundesverfassungsgericht im Rahmen der Urteilsverfassungsbeschwerde zu. Es gehöre mithin zu seinen Aufgaben, Grundrechtsschutz auch am Maßstab der Unionsgrundrechte zu gewährleisten.

Dieses nicht wenig forsche Vorgehen kann durchaus als Akt der Rechtsfortbildung im Sinne des Bürgerschutzes angesehen werden – auch wenn sich für Rechtsdogmatiker die Frage stellen mag, ob er nicht zu weit geht. Mit seiner Entscheidung ist das Bundesverfassungsgericht in eine Lücke des individuellen Grundrechtsschutzes eingetreten und hat diese geschlossen. Damit erfolgt eine Stärkung der Durchsetzbarkeit der Grundrechte für die Bürgerinnen und Bürger, die ein Mehr an Freiheit bedeutet und als solche im Ergebnis zu begrüßen ist. Darüber hinaus kann diese Rechtsprechungspraxis dazu beitragen, der Geltung und Anwendung des Unionsrechts verstärkt Akzeptanz zu sichern. Und mehr effektiver verfassungsgerichtlicher Grundrechtsschutz bedeutet zuletzt auch mehr Legitimität für unionsrechtlich geregeltes hoheitliches Handeln. So gesehen kommt das Gericht mit seiner Entscheidung nicht zuletzt der ihm mit Artikel 23 des Grundgesetzes obliegenden Verantwortung für die europäische Integration nach.

In der EU wird es kompliziert

Neben den beschriebenen Kompetenzstreitigkeiten und Fragen nach Effizienz und Klarheit bei der Durchsetzung von Freiheitsrechten ist auf der Ebene der Union aber eine ganz reale Bedrohung unserer bürgerlichen und demokratischen Freiheiten zu konstatieren. Seit Jahren scheren mit Ungarn und Polen zwei EU-Mitglieder immer weiter aus dem Kreis der rechtsstaatlichen Demokratien aus – und die Gefahr besteht, dass weitere folgen. Während die Regierung von Viktor Orbán auf ihrem Weg zur selbst erklärten »illiberalen Demokratie« die Freiheit von Medien und Wissenschaften massiv einschränkt, hat in Polen die Politik der von der Partei »Recht und Gerechtigkeit« (PiS) geführten Regierung die Unabhängigkeit der Justiz ganz gezielt immer weiter beschnitten. Sowohl Polen als auch Ungarn hat damit die Wertegrundlage der EU in entscheidenden Teilen verlassen und wichtige Funktionen des freiheitlichen Rechtsstaats ausgehebelt.

Als quasi-autokratische Staatschefs wirken die »starken Männer« beider Staaten über den Rat der Europäischen Union jedoch an der europäischen Gesetzgebung mit. Die von quasi-autokratischen Regierungen mitgeprägten EU-Gesetze und EU-Normen betreffen ganz direkt auch uns. Als Bürgerinnen und Bürgern demokratisch-rechtsstaatlicher Staaten sollte uns das nicht nur Besorgnis bereiten, es kann im Grunde gar nicht hingenommen werden. Denn die Mitwirkung quasi-autokratischer Staaten in der europäischen Legislative gefährdet die verfassungspolitische und verfassungsrechtliche Grundlage der Union selbst. Diese besteht ausdrücklich darin, dass es sich bei der EU um einen Verbund demokratischer Rechtsstaaten handelt. Nur aufgrund dieser verbindlichen Legitimation können Rechtsakte der EU in Deutschland und in anderen demokratisch-rechtsstaatlich verfassten Mitgliedstaaten überhaupt geltendes Recht sein.

Bereits im Vertrag von Lissabon ist mit dem »Verfahren nach Artikel 7« ein Sanktionsmechanismus enthalten, der bei »schwerwiegender und anhaltender Verletzung« der im EU-Vertrag verankerten Werte – Achtung der Menschenwürde, Freiheit, Demokratie, Gleichheit, Rechtsstaatlichkeit und Wahrung der Menschen- und Minderheitenrechte – durch einen Mitgliedstaat als schwerste Sanktion eine Aussetzung seiner Stimmrechte vorsieht. 2014 wurde er um »neue Rahmenvorschriften zum Schutz der Rechtsstaatlichkeit in der Europäischen Union« ergänzt. Angesichts der Entwicklungen in Polen und Ungarn drängt das Europäische Parlament seit Jahren vehement darauf, diese zur Verfügung stehenden Hebel einzusetzen, um bestehende und bekannte Verletzungen tatsächlich zu sanktionieren. Dass trotz all dieser Initiativen keiner der vorhandenen Mechanismen bislang Wirkung entfaltet, liegt in der Konstruktion der EU selbst begründet: Zu viel Macht liegt beim Europäischen Rat, bei den Regierungen der Mitgliedstaaten, zu wenig beim Europäischen Parlament, das die europäischen Bürgerinnen und Bürger direkt wählen, oder bei der Kommission, der politisch unabhängigen Exekutive der EU. So scheitert die Inkraftsetzung von Sanktionsmechanismen regelmäßig daran, dass sie im Rat einstimmig beschlossen werden muss. Solange sich nur zwei Staaten, wie im aktuellen Fall Ungarn und Polen, ihrer Solidarität versichern und keiner der Verurteilung des anderen zustimmt, haben sie auf diesem Weg keine Sanktionen zu befürchten.

Um dennoch den Schutz der Grundwerte im Staatenverbund zu stärken, versuchten die EU-Kommission und das Parlament seit 2018, unabhängig vom Artikel-7-Verfahren einen weiteren Sanktionsmechanismus zu etablieren, und zwar über die Bindung der Auszahlung von EU-Geldern an rechtsstaatliche Standards. Im Juli 2020 spitzte sich der Konflikt im Rahmen der Verhandlungen über den mehrjährigen EU-Haushalt 2021–2027 und den Wiederaufbaufonds NextGenerationEU zu, vor allem, weil das EU-Parlament nicht mehr gewillt war, weitere Konzessionen zu machen. Nachdem im September 2020 auch im Europäischen Rat eine grundsätzliche Einigung der Staats- und Regierungschefs – gegen die Stimmen aus Polen und Ungarn – erreicht werden konnte, einigten sich Parlament und Rat im November auf den Kompromiss für einen Mechanismus, der den offiziellen Namen »Allgemeine Konditionalitätsregelung zum Schutz des Haushalts der Union« trägt.

Die Idee der Mehrheit der Parlamentarier hatte ursprünglich darin bestanden, einen breit gefassten Mechanismus zu etablieren, der zur Sanktionierung einer Vielzahl von Verletzungen der Rechtsstaatlichkeit in der EU hätte dienen können. Doch während der Aushandlungen des Kompromisses wurde seine Reichweite auf Verstöße eingegrenzt, bei denen Mängel im Rechtssystem eines Mitgliedstaats die finanziellen Interessen der EU zu beeinträchtigen drohen. Damit ist er nicht dazu geschaffen, die Demokratie und Rechtsstaatlichkeit in den Mitgliedstaaten zu retten. In den Augen seiner Kritiker ist er vom Rechtsstaatsmechanismus zum Anti-Korruptionswerkzeug degradiert worden. Erst durch Druck des Parlaments wurde schließlich zumindest die Unabhängigkeit der Gerichte zur Bedingung für die Auszahlung von Mitteln gemacht sowie ein Verweis auf die Werte der Union eingefügt. Gegen beides hatten sich die Mechanismusgegner bis zuletzt gewehrt. Als zusätzliches Instrument kann der Mechanismus nun durchaus helfen, gegen Korruption bei der Vergabe von EU-Geldern und den Abbau der unabhängigen Justiz vorzugehen.

Obwohl die Regelung ihr Hauptaugenmerk auf den Schutz des EU-Haushalts legt, kann sie aber auch darüber hinaus Wirkung entfalten. In der Praxis sind nämlich sehr viele mitgliedstaatliche Behörden in verschiedener Weise mit der Umsetzung des Haushalts und ihrer Kontrolle betraut. Im Rahmen all ihrer Tätigkeiten mit Bezug zum Haushalt unterliegen sie daher den neuen Vorgaben. Dennoch ist die Enttäuschung in Teilen des EU-Parlaments und bei denjenigen Mitgliedstaaten, die sich schärfere Sanktionsmöglichkeiten gewünscht hätten, nachvollziehbar. Am Widerstand aus Ungarn und Polen gegen den Kompromiss lässt sich jedoch ablesen, dass man dort wohl davon ausgeht, dass er nicht ganz ohne Wirkung bleiben wird. Sonst wären die Versuche der beiden Staaten wohl kaum bis zu der Drohung gegangen, Haushalt und Wiederaufbaufonds durch das Einlegen ihrer Vetos zu blockieren, wodurch sie nicht zuletzt ihren eigenen finanziellen Notlagen zuwidergehandelt hätten.

Trotzdem ist es ihnen gelungen, den Kompromiss an entscheidenden Stellen zu schwächen. So war ursprünglich vorgesehen, dass Sanktionsvorhaben, die von der Kommission ausgelöst werden, nur durch eine qualifizierte Mehrheit der Mitgliedstaaten aufgehalten werden können – was bei Defizitverfahren gängige Praxis ist. Stattdessen braucht es jetzt zuerst eine qualifizierte Mehrheit der Mitglieder, um Sanktionen überhaupt einzusetzen. In welchem Maß die gefundene Einigung den Erhalt oder gar die uneingeschränkte Wiedereinsetzung der Rechtsstaatlichkeit in Europa erreichen kann, liegt nun vor allem in den Händen der EU-Kommission. Sie ist damit betraut, den Mechanismus auszulösen und anzuwenden. Ausgerechnet sie hat sich aber in der Vergangenheit in ihrer Haltung zu Polen und Ungarn wenig fordernd gezeigt. Sie hat im Gegenteil auch im Dezember 2020 einer Erklärung der EU-Staats- und Regierungschefs nicht widersprochen, nach der vor der Anwendung des Mechanismus auf Antrag von Mitgliedstaaten zunächst der Europäische Gerichtshof prüfen soll, ob er überhaupt verfassungskonform ist.

So scheinen die bislang gefundenen Verfahren zur Durchsetzung rechtlicher Standards, wie gut sie auch gemeint sein mögen, kaum mehr als Notlösungen zu sein. Zur Bewältigung des erheblichen und sich voraussichtlich in Zukunft noch ausweitenden Legitimationsproblems, das ein Abweichen einzelner Mitglieder für den Staatenverbund der EU bedeutet, halte ich sie nicht für tauglich. Auch hier müsste vielmehr endlich ein grundlegendes Umdenken bei unseren Politikern und Parteien einsetzen. Rechtsstaatlichkeit, Demokratie und Freiheitsrechte von Bürgerinnen und Bürgern sind keine Attribute, mit denen Staaten und Staatengemeinschaften sich schmücken, während sie ihr gesamtes Augenmerk auf die Harmonisierung von Handelsräumen und Ähnliches legen. Es sind die Grundwerte, auf denen unsere politischen Gemeinwesen und Organisationen beruhen. Daher muss sich nicht zuletzt in den Staaten der EU, die noch über eine intakte Rechtsstaatlichkeit, funktionierende Medien und eine aktive Zivilgesellschaft verfügen, die Erkenntnis durchsetzen, dass die immer weiter voranschreitende Beschneidung der unabhängigen Gerichtsbarkeit in Polen genauso wenig allein das Problem der polnischen Bürgerinnen und Bürger ist wie die autoritäre Regierung der Fidesz-Partei allein das der ungarischen. Jeder weitere Abbau von Freiheiten und jede Aufgabe von Grundrechten innerhalb der Europäischen Union betrifft uns alle und gefährdet in der Perspektive unausweichlich auch unsere Freiheiten.

Kapitel 9

Freiheit und Daseinsvorsorge

Soziale Sicherheit als Staatsaufgabe

Die Bundesrepublik Deutschland ist nach dem Grundgesetz nicht nur ein demokratisch und föderalistisch verfasster Rechts-, sondern wesentlich auch ein Sozialstaat. Ohne Übertreibung lässt sich feststellen, dass die Sozialstaatlichkeit einen bedeutenden Teil der nationalen Identität unseres Landes ausmacht und für den sozialen Zusammenhalt und die innere Einheit Deutschlands von überragender Bedeutung ist. Durch das Sozialstaatsgebot besteht der Auftrag an die Politik, den Bürgerinnen und Bürgern ihre Entfaltungschancen zu sichern und ihnen diejenigen elementaren Risiken abzunehmen, die sie selbst nicht tragen können. Neben dem Katastrophenschutz und dem Schutz vor Kriegen gehören hierzu die Existenzsicherung im Fall von beruflichem Scheitern, Arbeitslosigkeit, Krankheit oder Alter. Der Sozialstaat dient nicht nur als Auffangbecken für diejenigen, die unter die Räder gekommen sind. Zu seinen Aufgaben gehört es auch, die Grundbedingungen zu sichern, auf denen Chancengleichheit und Freiheit überhaupt erst entstehen können. Hier sind vor allem das Bildungs- und Gesundheitswesen, aber auch diejenigen Infrastrukturen zu nennen, die notwendig sind, um individuelle Grundrechte wahrnehmen zu können, von Verkehrswegen bis zu digitalen Kommunikationsnetzen.

Während der Vertrag von Lissabon für die Europäische Union unter anderem die Ziele eines »angemessenen sozialen Schutzes« und eines »hohen Bildungsniveaus« in allen Politiken und Maßnahmen der Union sowie das ausdrückliche Ziel einer »sozialen Marktwirtschaft« formuliert, zeichnet sich das Sozialstaatsprinzip des Grundgesetzes durch eine relative inhaltliche Unbestimmtheit und Offenheit aus. Nach unserer Verfassung ist der Staat zu »sozialer Aktivität« verpflichtet, deren Ziel es sein soll, soziale Gegensätze auszugleichen und soziale Gerechtigkeit herzustellen. Das sind Zielsetzungen und Handlungsaufträge, die unter sich wandelnden Bedingungen immer wieder neu konkretisiert werden müssen.

Was im Einzelnen unter sozialer Gerechtigkeit zu verstehen ist, ist immer wieder Gegenstand ernster und zum Teil heftiger Auseinandersetzungen. In der öffentlichen Diskussion wird beispielsweise die tiefer werdende Kluft zwischen Arm und Reich als soziale Ungerechtigkeit beanstandet. Veranschaulicht wird sie unter anderem durch den Vergleich zwischen den Regelleistungen zur Sicherung des Lebensunterhalts von Hartz-IV-Empfängern und den jährlichen Millionenbezügen der Vorstandsvorsitzenden von DAX-Konzernen. Ein vielfach geteiltes Postulat, das auf soziale Gerechtigkeit abzielt, besagt, dass jeder, der anständig arbeitet, auch einen anständigen Lohn beziehen müsse. Hieraus leitet sich die Forderung nach staatlich garantierten Mindestlöhnen ab. Es gibt aber auch gesellschaftliche Kräfte, die dieser Forderung widersprechen und sagen, dass sozial gerecht alles das sei, was Arbeitsplätze schaffe. Wie schon diese wenigen Beispiele zeigen, wird das Stichwort der sozialen Gerechtigkeit im politischen

Raum vielfach als Kampfbegriff verwendet, der nicht selten dazu dient, politische Interessen zugunsten der jeweils eigenen Klientel durchzusetzen.

Politisch ist es in erster Linie Sache des Gesetzgebers, also des Bundestags und des Bundesrats, hier Einigungen zu erzielen, die tragfähig sind, und zielführende Maßnahmen zu ergreifen. Wie das Bundesverfassungsgericht stets betont hat, besteht dabei ein großer Spielraum für Gestaltung und Abwägung. Bei aller Gestaltungsfreiheit unterliegt der Gesetzgeber jedoch objektiven Einschränkungen. Diese ergeben sich nicht zuletzt aus den Grenzen der finanziellen Leistungsfähigkeit des Staates. Generell scheint es mir immer wieder wichtig zu betonen, dass der Sozialstaat bei allem, was er unternimmt, vor allem eins nicht darf: sich überfordern und über seine Verhältnisse leben. Hierzu sehe ich jedoch seit Längerem eine Tendenz, der es entschieden entgegenzusteuern gilt. Denn um den Zusammenhalt unserer Gesellschaft zu sichern, auch angesichts von Phänomenen wie dem demografischen Wandel oder den Auswirkungen von Globalisierung und Klimawandel sowie von Katastrophen wie einer Pandemie, brauchen wir auf Dauer einen Sozialstaat, der funktionsfähig und zukunftssicher ist. Darüber hinaus sollte er durch seine Fürsorge die Bürgerinnen und Bürger nicht in ihrer Eigenverantwortung beschneiden, sondern sie eher dabei unterstützen, selbst Initiative zu ergreifen. Daher müssen Maßnahmen, die der Erreichung sozialstaatlicher Ziele dienen sollen, immer wieder auf ihre Wirksamkeit, ihre Finanzierbarkeit und ihre Folgen hin überprüft und, falls nötig, überdacht und verändert werden. Keinesfalls darf sich die Gesetzgebung (der Staat) durch Entscheidungen, die sie für gegenwärtige Problemstellungen trifft, der Möglichkeit berauben, auch in der Zukunft handlungsfähig zu bleiben.

Altersarmut bekämpfen – aber bitte systemkonform und gleichheitsgerecht

Das bedeutet, dass auch bei der Verfolgung an sich plausibler und sachgerechter sozialpolitischer Ziele auf finanzielle Machbarkeit und Systemgerechtigkeit bei der Verteilung der Lasten geachtet werden muss. Ein Beispiel dafür, wie man es besser nicht machen sollte, stellt hier in meinen Augen die im Jahr 2020 von der Großen Koalition unter Federführung von Arbeitsminister Hubertus Heil (SPD) beschlossene Grundrente dar. Mit ihr soll, wie es heißt, die Lebensleistung der Rentenbezieherinnen und -bezieher in Form von Erwerbsarbeit, Kindererziehung oder Pflege Anerkennung finden. Da sich diese bisher häufig nicht in ausreichend hohen Altersbezügen niederschlägt, sollen niedrige Renten auf einen Grundrentenbetrag aufgestockt werden. Hierdurch soll nicht zuletzt Altersarmut bekämpft werden.

Den Aufschlag auf ihre Rente erhalten nach dem Gesetz seit Januar 2021 rund 1,3 Millionen Bezieher kleiner Renten. Weil die Deutsche Rentenversicherung hierfür zunächst nach eigenen Angaben etwa 26 Millionen Konten von Versicherten prüfen muss, wird jedoch allein das Berechnen der neuen Rentenhöhen und das Verschicken der Bescheide voraussichtlich bis in die zweite Jahreshälfte 2021 dauern, wahrscheinlich sogar deutlich länger. Bewilligte Zuschläge werden dann rückwirkend nachgezahlt.

Allerdings sind mindestens 33 Jahre Beitragszahlungen erforderlich, um einen Zuschlag zu erhalten. Damit wird ein großer Teil der von Altersarmut Betroffenen oder Bedrohten von vornherein nicht in den Genuss des neuen Instruments kommen: nämlich alle, die erhebliche Lücken in ihrer Erwerbsbiografie haben. Das sind unter anderem Frauen, die nur teilweise beschäftigt waren, etwa weil sie mehrere Kinder großgezogen haben, oder Soloselbstständige, die ein Leben lang unregelmäßig verdient haben. Teilzeitbeschäftigte profitieren dagegen gegenüber Vollzeitbeschäftigten vorhersehbar überproportional. Die Rentenversicherung kann nämlich nicht feststellen, warum jemand nur niedrige Beiträge eingezahlt hat. Ob jemand voll- oder teilzeitbeschäftigt war, ist nirgends dokumentiert. Somit hätte jemand, der nur wenig gearbeitet hat, weil er sein Leben lieber anderen Dingen gewidmet hat als einer Erwerbsarbeit, den gleichen Anspruch auf die Grundrente wie diejenigen, die trotz aller Bemühungen keinen besser bezahlten Job finden konnten. Vor allem aber bekämen die freiwillig Teilzeitbeschäftigten bei viel geringerer Vorleistung eine »Lebensleistungsrente«, die derjenigen entspräche, die andere Rentenversicherte ausschließlich durch stetig gezahlte eigene Beiträge knapp oberhalb der Grundsicherung erworben hätten. Statt ein tatsächlich bestehendes sozialpolitisches Problem effektiv zu bekämpfen, schafft die Aufstockung also vor allem eine Reihe neuer Ungerechtigkeiten.

Die Vermeidung und Verringerung von Altersarmut in der Bevölkerung sind zweifellos wichtige öffentliche Aufgaben. Erachtet daher der Gesetzgeber das geltende Recht der Grundsicherung für nicht mehr hinreichend, muss er tätig werden und dort ansetzen. Empfehlungen zur Verbesserung der Lage der von Altersarmut bedrohten Menschen sind mannigfach auf den Tisch gelegt worden. So wurden zum Beispiel Freibeträge auf Einkünfte aus Alterssicherungssystemen bei der Ermittlung der Grundsicherungsleistung vorgeschlagen. Bekannt ist, dass sich Altersarmut effektiv nur durch bedarfs- und bedürfnisorientierte Leistungen bekämpfen lässt. Dem Recht der sozialen Rentenversicherung sind bedarfsorientierte Leistungen allerdings grundsätzlich fremd. Es orientiert sich nicht am individuellen Bedarf, auch nicht am individuellen Einkommen und Vermögen der Leistungsbezieher. Es gewährt stattdessen versicherungsorientierte Leistungen, die grundsätzlich ein Gegenwert für die eigens für einen bestimmten Zweck eingebrachten Leistungen (Beiträge) des Versicherten sind. Dies ist übrigens auch der Grund, weshalb das Bundesverfassungsgericht die Rentenanwartschaften und die Renten der gesetzlichen Rentenversicherung zu Eigentum im Sinne des Verfassungsrechts erklärt und sie unter den Schutz des Grundrechts des grundgesetzlichen Eigentumsartikels gestellt hat. Einen Rentenanspruch beziehungsweise die aus ihm folgende Rente hat man durch eigene Geld- und Arbeitsleistung individuell erworben, daher darf er einem nicht wieder entzogen werden. Wird jedoch durch die Gesetzgebung das Versicherungs- und Äquivalenzprinzip des sozialen Rentenrechts allmählich und immer mehr zugunsten des Prinzips der staatlichen Fürsorge und der sozialen Grundsicherung ausgehöhlt, verlieren diese individuell erworbenen Ansprüche zunehmend ihre Eigentumsqualität und werden zu bloßen staatlichen Gewährungen. Dadurch verlieren sie absehbar ihren verfassungsrechtlichen Schutz und werden letztlich abhängig von der öffentlichen Kassenlage und von politischen Zweckmäßigkeitserwägungen, auf gut Deutsch: vom Goodwill der Regierenden.

Ähnliches geschieht bei dem neuen Vorhaben. Die geschätzten Kosten für die Grundrente belaufen sich nach Aussage des Sozialministeriums auf zunächst ungefähr 1,3 Milliarden Euro im Einstiegsjahr, in den Folgejahren sollen sie auf gut 1,6 Milliarden Euro im Jahr steigen.[86] Da sie aus Steuermitteln finanziert werden, bezahlt der Staat mit dem Geld der Steuerzahler die Abmilderung sozialer Härten, die sich im Rentensystem ergeben haben. Er versucht also, Armutsverhinderung zu betreiben, indem er Elemente staatlicher Fürsorge in das zum Sozialversicherungssystem gehörige Rentensystem überträgt. Das Sozialversicherungssystem ist aber aus gutem Grund ein selbstverwaltetes System mit eigenem Träger. Die Leistungen, die eine Sozialversicherung erbringt, werden im Regelfall aus den Beiträgen ihrer Versicherten bestritten, die eine eigene Solidargemeinschaft bilden. Das System Sozialversicherung basiert auf dem Gedanken, dass Leistungen, die Leistungsempfänger erhalten, auf von ihnen zuvor geleisteten Beitragszahlungen sowie der Dauer dieser Beitragszahlungen beruhen müssen. Das heißt, dass Sozialversicherungsträger wie die gesetzliche Krankenversicherung oder die gesetzliche Rentenversicherung damit weitgehend unabhängig von der aktuellen Haushaltslage des Bundes und der Länder sind. Insofern hatte Norbert Blüm nicht unrecht, als er dafür einstand, dass eins sicher sei: die Rente.

Dagegen werden die Sozialleistungssysteme vom Fürsorgegedanken beherrscht: Der Staat gewährt Bürgerinnen und Bürgern, die seiner Unterstützung bedürfen, Hilfen – und zwar aus den Mitteln der jährlich beschlossenen Haushalte. Die Einführung der Grundrente bedeutet somit durch ihre Übertragung von Mitteln aus dem einen System ins andere einen Systembruch, der auf Dauer zur weiteren Auflösung der Unterscheidung zwischen Sozialversicherung und staatlicher Fürsorge führen wird. Nun ist es nicht so, dass der Gesetzgeber verfassungsrechtlich verpflichtet ist, zwingend prinzipientreu zu handeln. Auch vor Einführung der Grundrente hat es durchaus Finanzspritzen aus dem Steueraufkommen in die Rentenkasse gegeben, wenn es dort zu finanziellen Engpässen oder Schieflagen kam. Politische Klugheit würde allerdings gebieten, so weit wie möglich auf Systembrüche zu verzichten, schon weil es deren Wesen ist, dass sie sich immer weiter fortsetzen, wenn sie erst einmal begangen worden sind.

Um es noch einmal zu betonen: Einer der Hauptvorteile unseres Sozialversicherungssystems ist der, dass es unabhängig von anderen Unwägbarkeiten als selbstverwaltetes System prinzipiell tagespolitischer Willkür entzogen ist. Jeder Zuschuss aus Steuermitteln hingegen unterliegt in jedem neuen Haushaltsjahr wieder einer politischen Entscheidung und ist somit alles andere als sicher. Selbst wenn die Fürsorgeansprüche gesetzlich geregelt und begründet sind, sind sie der politischen Disposition durch Gesetzesänderungen nicht entzogen. Generell bedeutet ein Mehr an Staatsfinanzierung aus Haushaltsmitteln eine größere Abhängigkeit von der je aktuellen politischen Lage und damit leicht nachvollziehbar ein Weniger an Freiheit. Der Ausbau und die Fortentwicklung der gesetzlichen Rentenversicherung sollten schon deshalb über Ansätze erfolgen, die das bestehende System unterstützen und stärken, statt es zu sprengen, indem sie ganz eindeutig dem versicherungsfremden Fürsorgeprinzip zuzuordnen sind.

Ein solcher systemkonformer Ansatz zielt seit Jahren auf eine wohl nötige, aber politisch schwer durchsetzbare Erhöhung des Renteneintrittsalters ab. 2007 konnte das Kabinett Merkel I in der 16. Legislaturperiode mit der ersten großen Koalition aus CDU und SPD eine schrittweise Erhöhung des Renteneintrittsalters durchsetzen. Nach dieser Regelung ist es von 2012 an bis 2023 jeweils ein Monat, der pro Jahrgang länger gearbeitet werden muss, von 2023 bis 2029 sind es jeweils zwei Monate, die pro Jahrgang länger gearbeitet werden müssen. Für die Geburtsjahrgänge ab 1964 und später gilt dann die Rente ab 67. Diese Regelungen sind gegen den Widerstand von Gewerkschaften und Sozialverbänden durchgesetzt worden. Ausnahmen von der neuen Regelung gibt es für Arbeitnehmerinnen und Arbeitnehmer, die bei ihrem 65. Geburtstag bereits 45 Jahre in die Rentenkasse eingezahlt haben. Außerdem besteht weiterhin die Möglichkeit, bereits mit 63 Jahren in Rente zu gehen, wobei die Arbeitnehmer aber für jeden Monat, den sie vor der Regelzeit aufhören zu arbeiten, einen Abschlag von 0,3 Prozent des Gesamtrentenanspruchs in Kauf nehmen müssen. Dass diese damals als Paradigmenwechsel in der Rentenpolitik bezeichnete Gesetzesänderung kaum ausreichen wird, um für eine Generationengerechtigkeit zu sorgen, liegt auf der Hand. Weil aber weitere notwendige Vorstöße in diese Richtung nach wie vor höchst unpopulär sind, tritt keine Partei und kein Politiker entschieden für ihre Umsetzung ein. Ähnliches lässt sich für den Vorschlag sagen, auch die Gruppe der bisher nicht pflichtversicherten Selbstständigen in die gesetzliche Rentenversicherung einzubeziehen. Hierdurch würde die Teilnahme an der Solidargemeinschaft der Sozialversicherten für alle obligatorisch gemacht, auch für die häufig recht gut verdienenden Selbstständigen, die sich ihr bislang entziehen. Schon im Hinblick auf die Versicherung von Künstlerinnen und Künstlern hat das Bundesverfassungsgericht bereits klargestellt, dass die Sozialversicherung keine Begrenzung auf Arbeitnehmerinnen und Arbeitnehmer verlangt. Auch dieser Weg wäre also gangbar, und vielleicht wäre es sogar notwendig, ihn zu beschreiten. Dafür müssten allerdings politische Akteure bereit sein, die Karten auf den Tisch zu legen und nicht zuletzt Lösungen in Betracht zu ziehen, die ihrer Wählerschaft nicht nur gefallen. Allein durch solche Ehrlichkeit ließe sich nach meinem Dafürhalten Bürgervertrauen in die Sicherheit der Rente und damit in den demokratischen und sozialen Rechtsstaat zurückgewinnen. Zu fordern sind in diesem Sinne mehr Nachhaltigkeit, Folgerichtigkeit und Rationalität in der Sozialpolitik.

Aber es gäbe noch weitere Punkte, an denen der Staat zur Vermeidung von Altersarmut ansetzen könnte. So hat Deutschland seit längerer Zeit den europaweit größten Niedriglohnsektor. Um höhere Renten und damit eine geringere Altersarmut zu erreichen, könnte man daran arbeiten, Mindestlöhne nicht nur zu fordern, sondern sie auch wirksam durchzusetzen. Denn die richtigen Weichenstellungen zur Vermeidung von Altersarmut und Armut überhaupt müssen dort erfolgen, wo sie am meisten Wirkung zeigen: auf dem Arbeitsmarkt. Ziel einer vernünftigen Sozialpolitik sollte es in erster Linie sein, bessere Voraussetzungen dafür zu schaffen, dass Menschen in die Lage versetzt werden, sich im Rahmen von Beschäftigungsverhältnissen selbst zu versorgen. Nur unter Bedingungen, die es den Einzelnen ermöglichen, selbst die Initiative für ihr Fortkommen und ihre Absicherung zu übernehmen, kann es gelingen, das Verhältnis von Solidarität und Eigenverantwortung zukunftssicher neu zu justieren und damit Akzeptanz und Leistungsfähigkeit des Sozialstaats zu erhalten.

Menschen, die aus ihrer Arbeit kein ausreichendes Einkommen für ihr aktuelles Leben beziehen und so erst recht nicht für ihre Zukunft und ihr Alter vorsorgen können, sind nicht frei im Sinne der Freiheit von Armut. Freiheit von Armut ist aber eine der Grundvoraussetzungen von Freiheit überhaupt. Wer, obwohl er arbeitet, in Abhängigkeit von staatlichen Almosen gerät, die mit entsprechenden Restriktionen und Sanktionen verbunden sind, empfindet das häufig als Beeinträchtigung seiner Menschenwürde. Mit der Reform des Arbeitsmarktes im Rahmen der sogenannten Agenda-2010-Politik des zweiten Kabinetts Schröder hat Deutschland den Niedriglohnsektor so umfassend ausgebaut wie kein anderes Land in der EU. Wenn nun aber ein wohlhabender Staat wie die Bundesrepublik auf einen derart großen Niedriglohnsektor setzt, um seine Wettbewerbsfähigkeit abzusichern, nimmt er dabei nicht nur in Kauf, dass die Sozialsysteme überlastet werden. Vor allem akzeptiert er auch, dass die Zahl der freien Bürgerinnen und Bürger, die Träger und Motoren der Wohlstandsentwicklung sein müssten, so stark abnimmt, dass die Grundvoraussetzungen unserer freiheitlichen Gesellschaftsordnung insgesamt eines Tages infrage gestellt werden.

Funktionieren sollte es schon …

Während sich der Staat auf der einen Seite gerade bei sozialen Anliegen immer wieder übernimmt, ist auf der anderen Seite seit Jahrzehnten zu beobachten, dass er sich gleichzeitig aus immer mehr Bereichen der Daseinsvorsorge zurückzieht. Ein Beispiel liefert die Gesundheitspolitik mit dem Umbau des Gesundheitssystems, der Umstellung von einer weitgehend öffentlichen, staatlich organisierten Gesundheitsversorgung auf eine zunehmend privatwirtschaftliche. Seit Mitte der 1970er-Jahre beherrschte der von Heiner Geißler (CDU), damals Gesundheitsminister in Rheinland-Pfalz, eingeführte Begriff einer drohenden »Kostenexplosion« die politischen Debatten über die medizinische Versorgung in Deutschland. Die Angst vor dem finanziellen Kollaps des gesamten Systems, obwohl eher befürchtet als tatsächlich erwiesen, sorgte für den Einzug von immer mehr Wettbewerb. Insbesondere in den 1990er-Jahren, aber auch mit der Agenda 2010 der Regierung Schröder, wurde das Gesundheitswesen grundsätzlich umgebaut. Krankenhäuser werden seitdem nicht mehr als soziale Einrichtungen der Grundversorgung verstanden, sondern müssen nun als Wirtschaftsbetriebe und somit in erster Linie nach ökonomischen Gesichtspunkten geführt werden. Was für die Versorgung des Kreises oder Bezirks, in dem sie liegen, notwendig ist, spielt dabei nur mehr eine nachgeordnete Rolle. Stattdessen wird mit einzelnen Fällen Geld verdient. Das Abrechnungssystem bestimmt nach kalkulatorischen Vorgaben Preise für bestimmte Leistungskomplexe und deckelt die für sie zur Verfügung stehenden Budgets. So treten betriebswirtschaftliche Instrumente wie Leistungs- und Kostenpläne und ein verstärktes finanzielles Controlling neben die fachlichen Maßstäbe des ärztlichen Handelns, sodass vor allem ein effizientes Management für den Erfolg eines Krankenhauses ausschlaggebend geworden ist. Über Existenz und Leistungsspektrum einer Klinik entscheiden nun weniger das öffentliche Interesse oder die Politik, sondern die Bilanz und die Krankenkassen, die als Einkäufer von Krankenhausleistungen auftreten und ihrerseits untereinander im Wettbewerb stehen.

In diesem Prozess sind private Investoren zunächst als Partner und Retter begrüßt worden, die versprachen, bis dahin defizitär wirtschaftende Häuser mit neuen Investitionen und größerem betriebswirtschaftlichen Know-how weiterzuentwickeln. Es hat sich allerdings gezeigt, dass ihr Engagement sich nach dem gelungenen Einstieg ins System rasch auf die Übernahme rentabler Häuser beschränkte. Während bei der Privatisierung prestigeträchtiger Einrichtungen teilweise regelrechte Übernahmeschlachten stattfanden, finden sich bei Weitem nicht für jede Not leidende Klinik Investoren für den Weiterbetrieb.

Hatte die Politik ursprünglich erwartet, dass Privatisierungen im Gesundheitsbereich zu mehr Effizienz und einer kostengünstigeren Versorgung führen würden, hat sich im Gegenteil gezeigt, dass sie das Gesundheitssystem nachweislich sowohl teurer als auch schlechter gemacht haben. Auch immer neue Reformansätze haben daran bis heute nichts geändert, sondern die Kosten nur weiter erhöht. Und wenn gespart worden ist, dann in der nun vom Wettbewerb beherrschten Gesundheitspflege, und das vor allem am Personal, sodass viele Krankenhäuser und Altenpflegeheime chronisch unterbesetzt sind. Sowohl Patienten wie auch Beschäftigte im Gesundheitswesen haben unter den gegenwärtigen Bedingungen zu leiden.

Insbesondere unter zusätzlichem Stress, wie die Corona-Pandemie ihn darstellt, werden die Schwächen des privatisierten Gesundheitswesens augenfällig. Zu Beginn der Krise erwies sich vor allem die öffentliche Steuerung der Krankenhauskapazitäten mit Blick auf die Intensivmedizin als schwierig. So gab es vor Ausbruch der Pandemie praktisch keine einheitliche Übersicht über die Auslastung der Intensivbetten, erst ab Mitte April 2020 wurde der Belegungsstand täglich aktualisiert und veröffentlicht. Im europäischen Vergleich hat sich zwar gezeigt, dass unser Krankenhaussystem durchaus über Reserven verfügt, und hinsichtlich der Krankenhaus- und Intensivbettenzahl hat es auch zu keinem Zeitpunkt Kapazitätsengpässe gegeben.

Allerdings ist spätestens in der zweiten Pandemie-Welle deutlich geworden, dass nicht die Bettenkapazität, sondern die Personalstärke der entscheidende limitierende Faktor für die intensivmedizinische Versorgung ist. Hier liegt Deutschland in Europa weit zurück, nicht zuletzt, weil es seit Langem versäumt wurde, Berufe in der Pflege durch bessere

Arbeitsbedingungen und Bezahlung attraktiver zu machen. Um dem Mangel an Pflegekräften und Therapeuten auf den Intensivstationen entgegenzuwirken, mussten Termine für geplante Operationen und Behandlungen, die nicht mit COVID-19-Erkrankungen in Zusammenhang standen, abgesagt oder verschoben und reguläres Pflegepersonal angeheuert und auch geschult werden. Zum Teil wurden sogar Pflegekräfte aus dem Ruhestand zurückgeholt, oder es wurde auf die Mitarbeit von Medizinstudentinnen und -studenten zurückgegriffen.

Von der Politik wurde dennoch einseitig auf die Erhöhung der Bettenzahl gesetzt. Gesteuert wurde sie über finanzielle Anreize aus dem COVID-19-Krankenhausentlastungsgesetz. Eine Studie der Bertelsmann-Stiftung beurteilt das folgendermaßen: »Die Finanzierung von Freihaltekapazitäten und die finanziellen Anreize zur Schaffung weiterer Intensivkapazitäten gehorchte damit in gewisser Weise der wettbewerbsorientierten Struktur des deutschen Krankenhaussystems. So kamen die zusätzlichen Ressourcen für die Krankenhäuser in Deutschland nicht primär den Patientinnen und Patienten, sondern vor allem den Krankenhäusern zugute, die zwar Kapazitäten freihielten, aber keine oder kaum COVID-19-Fälle behandelten.«[87] Pauschale Prämien von 50000 Euro pro zusätzlich eingerichtetem Intensivbett sorgten angesichts der schon zu Beginn der Pandemie guten Versorgungssituation auf diesem Gebiet ebenfalls für wenig Verbesserungen, bewirkten aber, dass viel Geld unnötig ausgegeben wurde.

Wie der Krankenhausbereich ist auch die Altenpflege stark von Wettbewerb und Verdrängung geprägt, ohne dass daraus für die Betreuten besonders viele Innovationen entstünden. Die Besitzer der Heime wechseln häufig, auch sie stehen unter enormem wirtschaftlichem Druck, den einerseits die schlecht bezahlten Pflegekräfte, andererseits die immer schlechter versorgten Heimbewohnerinnen und -bewohner zu spüren bekommen – alle verlieren dabei.

Ebenfalls als Trauerspiel lässt sich die ursprüngliche Versorgungslage mit Impfstoffen gegen das Coronavirus beschreiben. Gerade die Tatsache, dass mit BioNTech ein Mainzer Unternehmen auf Basis der hier gegebenen innovationsfreundlichen Bedingungen das erste verlässliche Vakzin auf den Markt bringen konnte, wirft ein umso grelleres Licht auf einen Umstand, der uns nun teuer zu stehen kommt. Über Jahrzehnte hat es der deutsche Staat geschehen lassen, dass Produktionsstandorte für Medikamente in Deutschland geschlossen und ins Ausland verlegt wurden. Die Produktion von Arzneimitteln in Billiglohnländern wie China und Indien hat dazu geführt, dass es für viele wichtige Medikamente in Europa – und übrigens auch in den USA – keine Produktionsstätten mehr gibt. Selbst wenn wir hier auf eine radikal nationale, protektionistische Strategie setzen wollten, um unsere Versorgung zu sichern, wären wir dazu momentan kaum in der Lage. Denn ohne Vorprodukte etwa aus China können wir viele Medikamente sowie die zu ihrer Herstellung notwendige Ausrüstung nicht mehr produzieren, wie sich in der Pandemie gezeigt hat. Es sollte daher verstärkt darüber nachgedacht werden, wie insbesondere deutsche Pharmakonzerne wieder dazu gebracht werden können, Teile ihrer Produktion zurück an bundesrepublikanische Standorte zu verlagern.

Recht pauschal lässt sich feststellen, dass es in Anbetracht all dieser Missstände nicht viele Gründe für allzu großes Staatsvertrauen gibt. Staatsaktivitäten werden auf alles Mögliche ausgedehnt, Gesetzgebung und Exekutive verlieren sich immer wieder gleichermaßen in wenig durchdachten Großvorhaben wie in als eher nebensächlich zu beurteilenden Details.

Geht es aber um zentrale Aufgaben, die sie konkret bewältigen müssten, wirken sie schnell überfordert. So waren die Gesundheitsämter im Verlauf der Pandemie sehr bald nicht mehr in der Lage, Infektionsketten zu verfolgen und häusliche Quarantänen und Isolationen wirksam zu überwachen.

Um das Contact-Tracing der Gesundheitsämter mittels Telefon und Listenführung durch ein effizientes digitales Verfahren abzulösen, avancierte die hierfür höchstens bedingt taugliche Corona-Tracing-App zum wichtigsten Digitalisierungsprojekt der Bundesregierung. Trotz immenser Kosten erfolgte ihre Einführung Mitte Juni 2020 dann doch zu spät, um für die erste Welle des Pandemiegeschehens noch große Relevanz zu entfalten. Zudem schnitt sie in Evaluationen kaum überzeugend ab, da ihre erfolgreiche Nutzung an viele technische Voraussetzungen sowie – datenschutzrechtlich gerechtfertigte – freiwillige Einwilligungen durch die Nutzer geknüpft ist. Zudem hätte sie, um befriedigende Ergebnisse zu generieren, viel höherer Nutzerzahlen bedurft, als es tatsächlich je gegeben hat.

Kritik am unbefriedigenden Stand der Digitalisierung im deutschen Gesundheitssystem und insbesondere in den Gesundheitsämtern gab es auch schon vor der Pandemie. Den Verantwortlichen in der Politik ist es, warum auch immer, nicht gelungen, als Antwort auf die offensichtlichen Missstände eine Digitalisierungsstrategie zu entwickeln. So ist beispielsweise eine seit vielen Jahren diskutierte elektronische Gesundheitsakte, die Abläufe im gesamten Gesundheitssystem effizienter und kostengünstiger machen und Patienten mehr Kontrolle über ihre Gesundheitsdaten ermöglichen könnte, bisher nicht über ihre Einführungs- und Testphase hinausgekommen. Weitere Ansätze, wie etwa Video-Sprechstunden, die sich im Rahmen der Corona-Pandemie ergeben haben, sind bisher vor allem aus privater Initiative entstanden und nicht flächendeckend aufgegriffen und weiterentwickelt worden.

Aber nicht nur im Gesundheitssystem, sondern ganz allgemein gehören die Bereitstellung einer funktionierenden informationstechnischen Infrastruktur und die Gewährleistung ihrer Effizienz und Sicherheit zu den Aufgaben des Staates im Rahmen seiner Verantwortung für die Daseinsvorsorge. Wann immer er diese vernachlässigt, führt das mit hoher Wahrscheinlichkeit früher oder später wenn nicht zu ernsthaften Bedrohungslagen, so doch zu immensen Einschränkungen und Kosten.

Nicht zuletzt auf Druck der europäischen Institutionen ist es in den 1990er-Jahren zu weitgehenden Liberalisierungen im Energiesektor sowie bei Post und Bahn gekommen. Sie haben einerseits, wie gewünscht, Wettbewerb ermöglicht, neue Gestaltungsmöglichkeiten für private Akteure geschaffen und Innovationen begünstigt, und der Staat hat sich von der Gestaltungs- auf die Gewährleistungsverantwortung zurückgezogen. Dafür hat er unter anderem 1998 die Regulierungsbehörde für Telekommunikation und Post ins Leben gerufen, die seit 2005 unter dem Namen Bundesnetzagentur (BNetzA) als obere deutsche Bundesbehörde auch für die Regulierung der Energieversorgung und seit 2006 ebenfalls für die Eisenbahninfrastruktur zuständig ist. Ihre rund 3000 Bediensteten setzen die Rahmenbedingungen für einen fairen Wettbewerb in den genannten Zuständigkeitsbereichen, sorgen für die technische Aufsicht über die Netze durch Normsetzung und begleiten die Einführung neuer Techniken und Produkte. Nicht zuletzt trägt die Behörde so Verantwortung für den Stand der Digitalisierung in Deutschland – und der ist noch immer in keiner Weise zufriedenstellend.

Paradigmatisch ist das etwa am flächendeckenden Ausbau eines schnellen Glasfasernetzes abzulesen, den seit den 1980er-Jahren fast alle Regierungen für die nahe Zukunft versprochen haben. Wie bereits in Kapitel 5 erwähnt, liegt die Bundesrepublik – Stand zweite Jahreshälfte 2020 – hier mit einem Glasfaseranteil von unter fünf Prozent an allen stationären Breitbandanschlüssen in der Rangfolge der OECD-Länder jedoch noch immer weit abgeschlagen auf den hinteren Rängen. Dass das beileibe kein theoretisches Problem ist, zeigt sich nicht nur für Firmen in Branchen, in denen es auf Echtzeitübermittlung komplexer Daten ankommt. Wer beispielsweise als Maschinenbauer keinen Zugang zum Glasfasernetz hat, ist heute in vielen Geschäftsbereichen schlicht nicht mehr wettbewerbsfähig. Vor allem außerhalb der Großstädte ist das aber keine Seltenheit, sondern im Gegenteil eher die Regel. Auch im Homeoffice, beim Homeschooling und in der digitalen Lehre während des Lockdowns haben Berufstätige, Schüler und Studierende erfahren müssen, in welchem Umfang langsame Internetverbindungen den Arbeits- und Lernerfolg beziehungsweise schon die Teilnahme am ins Digitale verlegten notwendigen Austausch behindern. Auch hier ist derjenige, der nicht den erforderlichen Zugang zu ausreichend schnellen Verbindungen hat, abgehängt und seiner Chancen auf Teilhabe an Bildung und Arbeit beraubt.

Große Hoffnungen auf Besserung brauche man sich in Bezug auf die digitale Ausstattung Deutschlands derzeit jedoch nicht zu machen, meint Sascha Lobo, der für den *Spiegel* regelmäßig über den Stand der Digitalisierung in Deutschland berichtet. Dem ARD-Magazin *Kontraste* sagte er Anfang 2021, es gebe seit spätestens 2008 Versprechungen der verschiedenen Bundesregierungen Merkel, dass jetzt aber »ganz bald wirklich superschnelles Internet wirklich überall und für alle Haushalte« verfügbar sein werde. Jedes einzelne Versprechen sei in den vergangenen Jahren aber wieder einkassiert und nach hinten verschoben worden. Der Kanzlerkandidat der SPD, der aktuelle Finanzminister Olaf Scholz, verspreche nun, dass 2030 die »Gigabit-fähige Gesellschaft« endlich Realität werde. Das bedeute allerdings vor allem, dass die momentan geltende Marke von 2025 wieder nicht eingehalten werde.[88]

Ebenso gravierend ist, dass auch die Sicherheit unserer Telekommunikationsnetze nach wie vor nicht gegeben ist. Das hat der Abhörskandal um den amerikanischen Geheimdienst NSA im Jahr 2013 mehr als deutlich aufgezeigt, aber auch der Cyberangriff auf das Auswärtige Amt 2018 oder die Veröffentlichung privater Daten einer Vielzahl deutscher Prominenter und Politiker im Jahr darauf, um nur einige Beispiele zu nennen. Im Untersuchungsausschuss zum NSA-Skandal 2014 habe ich mit anderen Staatsrechtlern darauf gedrungen, dass der Staat die Sicherheit der informationellen Netze und damit das Grundrecht seiner Bürgerinnen und Bürger auf einen wirkungsvollen Schutz des Telekommunikationsgeheimnisses gewährleisten muss. Über dieses sicherlich berechtigte Anliegen des Grundrechtsschutzes hinaus drohen durch Angriffe auf IT-Systeme allerdings viele weitere Gefahren: Cyberangriffe auf Energieversorgungsnetzwerke können weite Teile des öffentlichen Lebens beeinträchtigen oder zum Erliegen bringen, Börsenkursmanipulationen und Angriffe auf Bankinfrastrukturen, die Finanzmärkte bedrohen und schwerwiegende wirtschaftliche Folgeschäden nach sich ziehen. Manipulationen von IT-Anwendungen in der Verkehrsinfrastruktur und im Gesundheitswesen stellen reale Bedrohungen für Leib und Leben von Bürgerinnen und Bürgern dar. Zudem ergeben sich durch das Kapern von Informationskanälen weitreichende Möglichkeiten zur Verbreitung von Falschmeldungen und Manipulation der öffentlichen Meinung, die unsere Demokratie und damit unsere freiheitliche Lebensweise gefährden können.

Seit dem NSA-Skandal hat es hier viele Ankündigungen und Aktivitäten der Bundesregierung in verschiedene Richtungen gegeben. So wurde 2015 das Gesetz zur Erhöhung der Sicherheit informationstechnischer Systeme verabschiedet. Nicht zu Unrecht gilt es als wichtiger Meilenstein der deutschen Cybersicherheitspolitik. Unter anderem verpflichtet es die Betreiber kritischer Infrastrukturen wie Stromnetze und Wasserwerke dazu, IT-Sicherheitsstandards einzuhalten und Hackerangriffe an die dafür zuständigen Stellen zu melden.

Eine Fortschreibung des Gesetzes als IT-Sicherheitsgesetz 2.0 wird bereits seit 2018 angekündigt, findet allerdings unter Sachverständigen nur wenig Zustimmung. Die vorliegende Fassung ist Anfang März 2021 in einer Anhörung des Bundestagsausschusses für Inneres und Heimat als völlig ungenügend eingestuft worden. So sei die Vorlage einerseits bereits im Entstehen überholt, andererseits fehle es immer noch an der im ursprünglichen IT-Sicherheitsgesetz angekündigten Evaluierung von dessen Wirksamkeit. Kritisiert wird neben dem konkreten Gesetzentwurf auch die allgemeine Dysfunktionalität der deutschen Cybersicherheitsarchitektur.

Viele Akteure agieren hier, wie bemängelt wird, nebeneinander, ohne dass ihre jeweilige Zuständigkeit entsprechend transparent dargestellt oder der Austausch im Sinne von Effizienz und Vermeidung unnötiger und teurer Parallelstrukturen sichergestellt sei. Insbesondere das Bundesamt für Sicherheit in der Informationstechnik (BSI) als eine der zentralen Stellen im Kampf für mehr Informationssicherheit wird darüber hinaus für seine – wie mir scheint, in der Tat problematische – Anbindung an das Innenministerium mit einigem Argwohn betrachtet. So schreibt Sven Herpig, Experte des Thinktanks Stiftung Neue Verantwortung, in einer Stellungnahme[89] wohl nicht zu Unrecht: »Während das BSI für die Cybersicherheit zuständig ist, führen andere Behörden im gleichen Ressort – wie das Bundeskriminalamt oder zukünftig das Bundesamt für Verfassungsschutz – Cyberoperationen gegen Bürger*innen und Organisationen durch. Dadurch entstehen entgegengesetzte Interessen, zum Beispiel beim Umgang mit Schwachstellen in Hardware und Software. Das BSI möchte diese Schwachstellen zum Schutz deutscher Behörden, Firmen und Bürger*innen so schnell wie möglich schließen. Die anderen Behörden wollen nicht-geschlossene Schwachstellen für ihre offensiven Operationen ausnutzen.«

Und eine weitere Diskussion nährt Zweifel daran, ob und in welchem Maße innerhalb der deutschen Staatsorgane an einem Strang gezogen wird, wenn es um das Thema Sicherheit von Informationsinfrastrukturen geht. Beim Ausbau des schnellen neuen Mobilfunkstandards 5G ist immer noch nicht endgültig entschieden, auf welche Hersteller beim Aufbau der Netze gesetzt werden soll. Immer wieder wird vor allen Dingen der chinesische Technikkonzern Huawei für seine Nähe zu Staat und Partei seines Herkunftslandes kritisiert. Nicht nur die USA, die beim Ausbau ihrer Netze keine Komponenten des chinesischen Marktführers verwenden, haben Deutschland davor gewarnt, dessen Technik zu verbauen. Auch das Auswärtige Amt möchte verhindern, dass Huawei-Bauteile in für die Sicherheitsinteressen unseres Landes sensiblen Infrastrukturen zum Einsatz kommen. Das Kanzleramt und Teile der deutschen Industrie setzen jedoch wohl zumindest teilweise auf das chinesische Know-how. Damit folgen sie in erster Linie wirtschaftlichen Erwägungen. Es wäre allerdings gerade in diesem Fall geboten, das ungefährdete Funktionieren unserer digitalen Kommunikation höher zu bewerten als kurz- und mittelfristige Kosten- oder Effizienzargumente. Der Schutz der deutschen Kommunikationsinfrastruktur gehört zu den zentralen Aufgaben, die der Staat und seine Organe zu gewährleisten haben. Das heißt, der Staat hat zuallererst dafür Sorge zu tragen, dass die Funktionsfähigkeit und Sicherheit unserer Netze nicht in Abhängigkeit von ausländischen Mächten geraten, die aggressiv um ihre Vormachtstellung in der Welt kämpfen. Um unsere Freiheiten im digitalen Wandel auf Dauer abzusichern und ihre informationstechnischen Voraussetzungen zukunftsfähig zu machen, muss der Staat daher seinen Gewährleistungspflichten endlich verantwortungsvoll und glaubhaft nachkommen.

Nehmen wir Nachhaltigkeit in die Verfassung auf!

Das Sozialstaatsgebot des Grundgesetzes verpflichtet den Staat, die Daseinsvorsorge seiner Bürgerinnen und Bürger im Sinne der Herstellung von sozialer Gerechtigkeit zu gewährleisten. Wie er das im Einzelnen tut, bleibt weitgehend ihm überlassen. Zum einen aber darf er dabei die ihm zur Verfügung stehenden, vor allem finanziellen Ressourcen nicht übermäßig belasten und mehr ausgeben, als er hat. Zum anderen ist er verpflichtet, in Bereichen, in denen er sich zugunsten von Privatisierungen aus der aktiven Gestaltung zurückzieht, seiner Verantwortungsfunktion durch die Etablierung effizienter Kontrollmechanismen nachzukommen. Bei allem, was er unternimmt, ist der Staat aber dazu angehalten, die Folgen seiner Handlungen auch über kurz- und mittelfristige Zeitspannen hinaus im Blick zu behalten.

Nun entspricht der Demokratie in erster Linie der Gedanke der Herrschaft auf Zeit. Daraus ergibt sich auf der einen Seite die Aufforderung, die Entscheidungsfreiheit auch künftiger Generationen zu achten. Lasten, die wir heute verursachen, werden jedoch in der Tendenz immer weiter den jüngeren Menschen aufgebürdet oder gar auf nachkommende Generationen verschoben. Dabei spielt es keine Rolle, ob die entsprechenden Kosten sich aus Investitionen in den Sozialstaat und notwendige Infrastrukturen ergeben oder als Folgekosten entstehen, wenn nicht investiert wird, Infrastrukturen verfallen und später neu aufgebaut werden müssen. Entscheidungen, die der Staat heute trifft, haben in zunehmendem Maße Wirkungen, die über die aktuelle Generation hinausgreifen. Ressourcen, die heute verschwendet werden, stehen der nächsten Generation nicht mehr zur Verfügung. Rechtliche Bindungen, die heute eingegangen werden, binden in der Regel auch über die Gegenwart hinaus. So belasten etwa die einmal verbürgten Ansprüche aus dem Pensionssystem die Staatskassen als implizite Staatsschulden über den Tag hinaus eklatant.

Auf der anderen Seite ergibt sich in einer parlamentarisch verfassten Gesellschaft mit überschaubaren Dauern der Legislaturperioden jedoch fast zwangsläufig eine einseitige Ausrichtung der Politik auf die Interessen und Bedürfnisse der Gesellschaft und Wählerschaft der Gegenwart. Die Gesetzgebung ist, schon weil Politiker wiedergewählt werden wollen, weitestgehend auf Gegenwart und nähere, überschaubare Zukunft ausgerichtet. Die Vorsorge für die dauerhafte und nachhaltige Befriedigung von Gemeinschaftsinteressen kommt dagegen systembedingt zu kurz.

Auch die soziale Gerechtigkeit wird bislang vor allem als Frage des sozialen Ausgleichs innerhalb der Gesellschaft der Gegenwart betrachtet. Bemühungen um intergenerationelle soziale Nachhaltigkeit hat es in der Politik zwar immer wieder gegeben, ihnen fehlt bisher aber die ausdrückliche verfassungsrechtliche Grundlage und damit die notwendige Durchsetzungskraft. Daher scheint es mir dringend geboten, den Gedanken der sozialen Gerechtigkeit um das Prinzip der Nachhaltigkeit zu ergänzen. Nachhaltigkeit kann in dieser Sicht nur bedeuten, dass der Gesetzgeber explizit darauf verpflichtet werden muss, über die eigene Amtsperiode hinauszusehen und Vorsorge für eine dauerhafte Befriedigung von Gemeinschaftsinteressen zu treffen.

Bereits heute finden sich im Grundgesetz partielle oder sektorale Verankerungen des Nachhaltigkeitsprinzips. Insbesondere gilt das für den Umweltschutz. Artikel 20a verpflichtet seit 1994 den Staat darauf, die natürlichen Lebensgrundlagen im Rahmen der verfassungsmäßigen Ordnung »auch in Verantwortung für die künftigen Generationen« zu schützen. Eine ähnliche Bestimmung gibt es im EU-Recht. Im Vertrag über die Arbeitsweise der Europäischen Union (AEUV) heißt es in Artikel 11: »Die Erfordernisse des Umweltschutzes müssen bei der Festlegung und Durchführung der Unionspolitiken und -maßnahmen insbesondere zur Förderung einer nachhaltigen Entwicklung einbezogen werden.«

In Richtung Nachhaltigkeit zielt auch die sogenannte Schuldenbremse des Grundgesetzes. Nach ihr müssen die Haushalte von Bund und Ländern ohne Einnahmen aus Krediten ausgeglichen werden. Diese Regel soll verhindern, dass der Staat sich in einem Ausmaß verschuldet, das zukünftige Handlungsspielräume stärker als unbedingt nötig einengt. Wenn man wissen möchte, wie viel Steuergeld die Aufnahme von Krediten verschlingt, braucht man sich nur vor Augen zu führen, dass der Bund allein im Jahr 2020 die Summe von 9,7 Milliarden Euro für Kreditzinsen aufbringen musste. Von den aufgenommenen Schulden ist mit diesem Betrag noch kein Euro getilgt. Auf der anderen Seite kann der Versuch, die sogenannte Schwarze Null zu erreichen, indem die Kreditaufnahme pauschal verboten wird, im Hinblick auf die Nachhaltigkeitsforderung auch dysfunktional wirken. Das ist insbesondere dann der Fall, wenn der Ausschluss struktureller Verschuldung sinnvolle Investitionen des Staates in erforderliche Infrastrukturen verhindert, wenn also etwa Straßen- und Schienennetze, Schulen oder andere öffentliche Gebäude nicht saniert und instand gehalten werden. Ebenso bürden wir künftigen Generationen zusätzliche Lasten auf, wenn die strikte Einhaltung der Schuldenbremse zur Entäußerung staatlichen Vermögens führt. Ist staatlicher Grund und Boden einmal an private Investoren verkauft, wird es schwer bis kaum möglich sein, ihn im Bedarfsfall zurückzuerwerben, ohne dabei im Endeffekt Verluste zu machen.

Um der Verpflichtung der Gesetzgebung auf mehr Nachhaltigkeit zur notwendigen verfassungsrechtlichen Durchsetzungskraft zu verhelfen, setze ich mich seit einiger Zeit dafür ein, das Nachhaltigkeitsprinzip im Grundgesetz zu verankern. Erfolgen sollte diese Verankerung als Ergänzung des Artikels 20, der die identitätsstiftenden Verfassungsprinzipien unserer rechtsstaatlichen Demokratie festschreibt. So würde hervorgehoben, dass es beim Ziel einer dauerhaften Befriedigung des Gemeinwohls und der Belange auch künftiger Generationen tatsächlich um eine sektorenübergreifende Bestimmung *des Wesens unserer repräsentativen Demokratie* geht. Sie würde zum Bestandteil des allgemeinen verfassungsrechtlichen Auftrags der vom Volk durch Wahlen legitimierten Verfassungsorgane. Zusätzlich festzuschreiben wäre die Verpflichtung auf Maßstäbe, nach denen bereits im Prozess der Gesetzgebung Entscheidungsgrundlagen und Wirksamkeitsprognosen jeder neuen Regelung umfassend offengelegt werden müssen. Diese Bindung der Nachhaltigkeitsklausel an ein in einem Bundes-Grundsätzegesetz festgelegtes Prozedere würde ihre Durchsetzbarkeit fördern. Es bliebe nicht bei einem bloßen, gut gemeinten Versprechen.

Als Verfassungsprinzip würde die Verpflichtung auf eine dauerhafte, generationenübergreifende Befriedigung von Gemeinschaftsinteressen auch keinesfalls bedeuten, dass Politik zur bloßen Erfüllung juristischer Vorschriften degradiert und so das Demokratieprinzip beschädigt würde. Im Gegenteil blieben die Spielräume der Gesetzgebung bei der Beurteilung, Gewichtung und Abwägung widerstreitender Gemeinwohlbelange gewahrt. Sie würden allerdings transparent gemacht und damit für die Öffentlichkeit wie auch die gerichtliche Kontrolle leichter zugänglich und beurteilbar.

Das Grundgesetz hat sich nicht zuletzt deshalb in hohem Maße bewährt, weil es sich von Anfang an auf die Normierung präziser und vollziehbarer Gewährleistungen, Rechte und Pflichten beschränkte. So vermied es, durch wohlklingende, rechtlich aber völlig unverbindliche Versprechungen und Verheißungen seiner Entwertung und Nichtjustiziabilität Vorschub zu leisten. Eine dysfunktionale Aufblähung unserer Verfassung durch allerlei Wünschbares – wie beispielsweise die Förderung des Sports als weiterer Staatszielbestimmung neben dem Umweltschutz oder die Einfügung allgemeiner »Kinderrechte« – ist grundsätzlich durchaus kritisch zu sehen. Bei der hier in Rede stehenden Gestaltungsvorgabe geht es aber um eine überfällige, verfassungsunmittelbare und ausdrückliche Klarstellung unseres demokratischen Prinzips: Die demokratisch legitimierten Staatsorgane, insbesondere der Gesetzgeber, haben den Auftrag und die Aufgabe, hinreichend Sorge für die nachhaltige und dauerhafte Befriedigung von Gemeinschaftsinteressen zu tragen.

Daneben erscheint es mir sowohl unter politisch-ethischen Gesichtspunkten als auch für das politische Bewusstsein in diesem Land wichtig, das Verfassungsprinzip der Nachhaltigkeit ausdrücklich im Grundgesetz zu verankern. Dieses entscheidende Prinzip gewinnt damit nicht nur juristische Verbindlichkeit, sondern auch erhöhte politische Durchschlagskraft.

Besonders halte ich das in Zeiten für unerlässlich, die von Forderungen nach immer weitergehenden Expansionen des Sozialstaats geprägt sind. Für jeden einzelnen Ausbauschritt müssten dann nicht nur die finanziellen Folgen und die Gruppen derer, die sie zu tragen haben, benannt, sondern auch die gesellschaftspolitischen und ökonomischen Folgen in der Zukunft aufgezeigt und gegen die sozialen Gewährungen im Einzelnen gerecht abgewogen werden. All dies müsste nachvollziehbar den jeweiligen Gesetzesbegründungen zu entnehmen sein. Einerseits wäre damit durch die Verfassung expansiven sozialpolitischen »Sprüngen ins Ungewisse« in gewisser Weise der Riegel vorgeschoben, andererseits könnte daraus ein Gewinn an Rationalität, Kontinuität und Systemgerechtigkeit der Gesetzgebung resultieren. Das wiederum könnte dazu beitragen, das Bürgervertrauen in die Funktionsfähigkeit der rechtsstaatlichen Demokratie und ihrer Organe zu stärken beziehungsweise zurückzugewinnen. Der immer wieder zu hörende Einwand, die Befürworter einer Grundgesetzergänzung huldigten allein dem Zeitgeist und trügen durch symbolische oder »kosmetische« Verfassungsänderungen letztlich zur Verwässerung verfassungsrechtlicher Verbürgungen insgesamt bei, läuft im Hinblick auf den hier unterbreiteten Vorschlag der expliziten Ergänzung des demokratischen Prinzips bei gleichzeitiger prozeduraler Absicherung ins Leere. Im Übrigen verfängt das »Zeitgeist«-Argument schon deswegen nicht, weil bereits in der Präambel des Grundgesetzes, die selbst durchaus Rechtssatzqualität hat, die intergenerative Gesamtverantwortung für die gegenwärtige und die kommende Menschheit deutlich zum Ausdruck gebracht wird. Denn dort ist hervorgehoben, dass sich das deutsche Volk dieses Grundgesetz »im Bewusstsein seiner Verantwortung vor Gott und den Menschen« gegeben hat. Die Umsetzung durch ein explizit verankertes rechtsverbindliches Verfassungsprinzip ist mehr als folgerichtig. Sie dient der Sicherung von Freiheit und Eigenverantwortung auch kommender Generationen.

Auf den ersten Blick scheint diese Forderung nach einer ausdrücklichen Ergänzung unseres Grundgesetzes durch den jüngsten Beschluss des Bundesverfassungsgerichts vom 29. April 2021 obsolet geworden zu sein. Das Bundesverfassungsgericht leitet hier aus den Grundrechten (Freiheitsrechten) des Grundgesetzes eine »intertemporale« Freiheitssicherung ab, sodass die Grundrechte die Beschwerdeführenden vor einer umfassenden Freiheitsgefährdung durch einseitige Verlagerung der durch Art. 20a GG aufgegebenen Treibhausgasminderungslast in die Zukunft schützten. Konkret sind die Regelungen des Klimaschutzgesetzes vom 12. Dezember 2019 über die nationalen Klimaschutzziele und die bis zum Jahr 2030 zulässigen Jahresemissionsgrenzen insofern für unvereinbar mit den Grundrechten erklärt worden, als hinreichende Maßgaben für die weitere Emissionsreduktion ab dem Jahr 2031 fehlten. Die zum Teil noch sehr jungen Beschwerdeführenden seien durch die erlassenen Bestimmungen in ihren Freiheitsrechten verletzt, weil die Vorschriften des Klimaschutzgesetzes hohe Emissionsminderungslasten unumkehrbar auf Zeiträume nach 2030 verschöben. Von diesen künftigen Emissionsminderungspflichten sei praktisch jegliche Freiheit potenziell betroffen. Nahezu alle Bereiche menschlichen Lebens seien mit der Emission von Treibhausgasen verbunden und damit nach 2030 von drastischen Einschränkungen bedroht.

Bekanntlich ist diese Entscheidung des Bundesverfassungsgerichts in der Politik und in den Medien nahezu ausnahmslos mit großer Begeisterung aufgenommen worden. Dies sei eine echte juristische Innovation; so mancher hat aus dieser Entscheidung die Anerkennung eines grundrechtlichen Freiheitsschutzes auf nachhaltiges, generationenübergreifendes Handeln, jedenfalls im Hinblick auf die in Art. 20a GG genannten Schutzgüter, abgeleitet. Mir geht es hier nicht um eine juristische Bewertung des Ergebnisses und der Begründungen dieser Entscheidung. Dazu ließe sich sicherlich einiges sagen. Wichtig ist mir nur die Feststellung, dass das Bundesverfassungsgericht mit diesem Beschluss keineswegs aus den Grundrechten des Grundgesetzes einen allgemeinen Freiheitsschutz auf nachhaltiges, generationenübergreifendes Handeln ableitet. Es geht vielmehr um eine »intertemporale Freiheitssicherung« zugunsten der beschwerdeführenden Grundrechtsträger. Die jungen Beschwerdeführenden seien durch die Verlagerung drastischer Eingriffe in die Zeit nach 2030 schon jetzt durch die erlassenen Klimaschutzvorschriften nachteilig betroffen. Es handelt sich also bei dieser Entscheidung nicht um den Schutz der Grundrechte künftiger Generationen. Für sie kann es auch »denknotwendig« gar keinen individuellen, subjektiven Grundrechtsschutz geben: Es fehlen die Grundrechtsträger. Nachhaltigkeit im Sinne einer generationenübergreifenden Politik und Gesetzgebung kann verfassungsrechtlich nur als objektiv-rechtliches Prinzip verankert werden. Dies ist auch speziell für die Umwelt in Art. 20a des Grundgesetzes mit den dort genannten Einschränkungen geschehen. In der Entscheidung des Bundesverfassungsgerichts geht es, wie gesagt, um konkrete Grundrechtsträger, denen aufgrund der getroffenen gesetzlichen Regelungen ab dem Jahr 2030 drastische Freiheitsbeschränkungen zum Zwecke des Klimaschutzes drohen. Nachhaltigkeit in dem von mir geforderten Sinne als Verfassungsprinzip verlangt indes generationenübergreifendes Handeln des Staates auf *allen* Politikfeldern, insbesondere auch in der Finanz- und Sozialpolitik, die bekanntlich besonders anfällig für eine Verlagerung der Lasten auf künftige Generationen sind.

Kapitel 10

Die Zukunft unserer Freiheit

Wie gefährdet ist unsere Freiheit?

Durch das Auftauchen eines neuartigen Virus haben wir erkennen müssen, dass unsere Freiheiten keine Selbstverständlichkeit sind, und wir haben am eigenen Leib erfahren, was es bedeutet, Dinge plötzlich nicht mehr selbst entscheiden zu können, sondern im Alltag von der Berufsausübung bis zur allgemeinen Bewegungsfreiheit durch Verbote und Einschränkungen ummauert zu sein. Trotz aller aufeinanderfolgender Phasen von Lockdowns und Lockerungen sind wir aber noch relativ frei, können wir uns doch weiterhin auf unsere Grund- und Freiheitsrechte berufen. Werden sie verletzt, können wir ihre Einhaltung gegenüber dem Staat und mit Einschränkung auch gegenüber anderen gerichtlich einfordern. Neben dem Grundgesetz, das auch im achten Jahrzehnt seines Bestehens noch immer den verlässlichen Rahmen für unsere freiheitliche Verfasstheit abgibt, können wir uns auf die Landesverfassung und gegebenenfalls auf die EU-Grundrechtecharta, ja auf viele internationale Konventionen berufen, denen sich die Bundesrepublik im Lauf der Zeit angeschlossen hat. Zu nennen sind hier etwa das Völkerrecht, die UN-Kinderrechtskonvention oder der UN-Sozialpakt. Doch wir müssen nicht weit über den sprichwörtlichen Tellerrand unseres Heimatlandes hinausschauen, um zu erkennen, dass viele Freiheiten deutlich gefährdeter sind, als wir gemeinhin annehmen.

Allein innerhalb der EU haben wir in Polen und Ungarn Beispiele dafür, wie akut und wie weitgehend die Rechtsstaatlichkeit und speziell die Meinungs- und Wissenschaftsfreiheit durch autoritäre Parteien und Strömungen in Gefahr sind, wenn diese die Macht im Staat übernehmen. Auch in den USA, älteste Demokratie der Welt und einer der Ursprungsorte der Idee von Freiheit, haben die Trump-Jahre gezeigt, wie die Abwendung von einem verbindlichen Konsens darüber, was als vernünftig und wahr gelten kann, ein ausbalanciertes, freiheitlich-demokratisches System in Unwucht zu bringen vermag.

Auf der einen Seite können wir uns darauf verlassen, dass unsere Verfassung und unsere auf sie gegründete parlamentarische Demokratie sowie Rechtsstaatlichkeit und freie Wirtschaft funktionieren. Hier müssen wir weder die grundlegenden Strukturen neu erfinden noch unsere Grundrechte angesichts neuer Herausforderungen neu denken. Es würde vollkommen reichen, wenn es uns gelänge, die Verfahrensweisen und Prozesse, die sich bewährt haben und das Funktionieren unseres Gemeinwesens garantieren, immer wieder neu mit Leben zu erfüllen.

Auf der anderen Seite aber gibt es Tendenzen, denen wir entschieden entgegentreten müssen, weil sie unsere Freiheit auf verschiedenen Ebenen in unterschiedlicher Art und Weise sowie Intensität bedrohen.

Parlamentarische Demokratie und Autoritätshörigkeit

Unter den Bedingungen der Pandemie haben sich einige Schwächen unseres politischen Systems wie unter einem Brennglas gezeigt. In den Parlamenten haben sich die Politiker lange Zeit selbst in der Hauptsache freiwillig aus dem Spiel genommen und die Entscheidungen, die sie in gemeinsamer Diskussion und Abstimmung hätten treffen müssen, allzu willfährig der Regierung beziehungsweise einer verfassungsmäßig gar nicht vorgesehenen Runde aus Kanzleramt und Ministerpräsidentinnen und -präsidenten überlassen. Für die Idee moderner Demokratien ist es existenziell, dass das Volk als der Souverän sich seine Repräsentanten wählt, die in seinem Namen und Auftrag über zu ergreifende wesentliche Maßnahmen – hinsichtlich der Pandemiebekämpfung, aber auch aller übrigen politischen Fragestellungen – vor allem im Spannungsbogen zwischen Freiheit und Sicherheit entscheiden. Wer sich also in Politik und Gesetzgebung betätigt, hat gar nicht die Wahl, sich experten- oder regierungsgläubig zurückzulehnen. Er muss Entscheidungen treffen und für sie – aufgrund des Mandats seiner Wähler – einstehen. Selbstverständlich müssen die Mandatsträger sich hierbei von Expertinnen und Experten beraten und auf die Höhe des Wissens der Zeit bringen lassen. Das heißt aber nicht, dass sie Beratungen und Beschlüsse an Kommissionen oder Experten- und Ethikräte abtreten dürfen. Politische Auseinandersetzungen und Entscheidungsfindungen müssen, gestützt auf die Expertise der Wissenschaften, im Parlament (Bundestag) und in den Parlamenten der Länder stattfinden. Nur indem wir diese grundlegenden Verfahrensweisen einhalten, wird es gelingen, unsere Demokratie und damit den gesellschaftlichen Zusammenhalt zu stärken und leistungsfähig zu halten. Das allzu bequeme Einverständnis mit autoritär verfügten Ansagen muss sowohl aufseiten der Bevölkerung, vor allem aber bei ihren Repräsentanten hinterfragt werden. Gerade diejenigen, die nach der Verfassung die Möglichkeit und die Aufgabe haben, die Richtung von Politik und Gesetzgebung zu bestimmen oder zu beeinflussen, dürfen sich nicht vor der Übernahme ihrer Verantwortung drücken.

In der Pandemie haben die Bürgerinnen und Bürger erfahren müssen, dass ihre Staatsgläubigkeit in vielen Fällen überzogen gewesen ist. Zu häufig wurden die Wege, die zur Herbeiführung vernünftiger und zielführender Entscheidungen auf der Basis des Grundgesetzes definiert worden sind, nicht eingehalten. Als Folge ergaben sich oftmals Maßnahmen, die nicht nachvollziehbar waren oder bald wieder zurückgenommen oder von Gerichten kassiert wurden. Im Angesicht der staunenden Untätigkeit, die sich diesen Zuständen gegenüber weitverbreitet eingestellt hat, wäre an den politisch-demokratischen Grundsatz der Briten bei der Entstehung des Parlamentarismus zu erinnern: »No taxation without representation.« Wer durch seine Steuern den Staat finanziert, heißt das, hat auch ein Recht darauf, sich und seine Interessen angemessen repräsentiert zu finden. Nach modernem Verständnis stehen die Steuern hier für alle staatlichen Freiheitsbeschränkungen. Und von den Freiheitsbeschränkungen betroffen sind die einzelnen Bürgerinnen und Bürger, die in ihrer Gesamtheit, als ein Ganzes, den Souverän des Staates bilden. Wenn das Parlament ausgeschaltet ist, sind die gewaltunterworfenen Bürger im Regierungshandeln nicht mehr angemessen vertreten.

Nur am Rand möchte ich hier ergänzen, was eigentlich ohnehin selbstverständlich sein sollte: Politiker, die unser

Gemeinwesen regieren, haben eine Aufgabe, die am Gemeinwohl orientiert ist, für die sie aber auch angemessen bezahlt werden. Es kann also nicht sein, dass sie ihre Stellung nutzen, um sich zusätzlich zu bereichern, etwa indem sie sich von Lobbygruppen bezahlen lassen oder quasi im Nebengeschäft Provisionen einnehmen, wenn sie die Besorgung knapper Güter wie Mund-Nasen-Masken organisieren.

Globalisierung und Nationalstaat

Die Politik muss, wie wir gesehen haben, nicht nur für die Gegenwart handeln, sondern auch vorausschauende Entscheidungen treffen, um die Zukunftsfähigkeit unserer Freiheit zu erhalten. Hier gilt es meines Erachtens, zunächst ganz wesentlich dafür Sorge zu tragen, dass die Kompetenzen des demokratisch legitimierten Nationalstaats nicht weiter beschnitten, sondern im Gegenteil gestärkt werden. Es ist heute vielfach so, dass Probleme, die unsere Lebensgrundlagen bedrohen, durch globalisierte Prozesse verursacht werden, auf die wir politisch wenig Zugriffsmöglichkeiten haben. Das fängt beim Klimawandel an und hört bei der Verlagerung von Arbeitsplätzen von hiesigen Standorten in Länder, in denen Arbeit für Konzerne und Unternehmen billiger ist, noch lange nicht auf. Insbesondere die sozialen Folgen muss aber in Ermangelung anderer Akteure, die dazu imstande sind, auf absehbare Zeit noch immer unser Nationalstaat abfedern. Dafür müssen wir ihn heute krisenfest aufstellen, etwa indem wir die Funktionsfähigkeit des Sozialstaats zukunftssicher machen. Einen Vorschlag, wie das konkret geschehen kann, habe ich im Unterkapitel »Nehmen wir Nachhaltigkeit in die Verfassung auf!« unterbreitet: durch die Festschreibung eines Nachhaltigkeitsprinzips und der dafür notwendigen Verfahrensregeln als Verfassungsprinzip im Grundgesetz.

Wir müssen aber auch dafür Sorge tragen, dass unsere staatlichen Institutionen nicht weiter zugunsten eher quantitativer als qualitativer Erweiterungen von EU-Kompetenzen ausgehöhlt werden. Damit möchte ich mich nicht gegen die Integration im europäischen Rahmen wenden. Ich halte es aber für notwendig, auch hier für jeden weiteren Entwicklungsschritt nachvollziehbar klarzumachen, was er bringt und was er kostet – in anderen Worten: das Vorgehen auf deutlich mehr Nachhaltigkeit zu gründen. Die Freiheiten, die wir heute als selbstverständlich annehmen, sind über lange Zeiträume erkämpft, erstritten und erarbeitet worden. Wir stehen in der Verantwortung, sie nicht leichtfertig zu verspielen, auch nicht im Hinblick auf gut gemeinte Ziele, beispielsweise ein immer weitgehenderes »Mehr« an Europa. Zur Integration gehört sicherlich die Verpflichtung aller Integrierungswilligen auf gemeinsame freiheitliche Grundsätze. Dabei darf es nicht bei schönen Absichtserklärungen bleiben, sondern es müssen Wege gefunden werden, gemeinschaftlich vereinbarte Ziele auch durchzusetzen beziehungsweise ihre Nichteinhaltung wirkungsvoll zu sanktionieren.

Die Abhängigkeit von globalen Prozessen ist selbstverständlich von weitreichender Bedeutung für die Art und die Folgen unseres Wirtschaftens. Wie ich gezeigt zu haben hoffe, bedingen Demokratie, Freiheit und wirtschaftlich-soziale Prosperität einander. Durch unser System einer freien, von sozialen Komponenten flankierten Wirtschaft haben wir über lange Zeiträume für Bedingungen gesorgt, unter denen sich private Initiativen zum Wohl der Allgemeinheit entfalten und eine Vielzahl von Innovationen hervorbringen konnten. Versäumt worden ist aber dabei, frühzeitig wirksame Kontrollmechanismen zu installieren, um sicherzustellen, dass wir auch angesichts des umwälzenden technologischen Wandels, wie wir ihn mit der Digitalisierung erlebt haben und noch erleben, in der Lage bleiben, die Systeme unserer existenznotwendigen Daseinsvorsorge in eigener Verantwortung aufrechtzuerhalten. Vor allem im Hinblick auf funktionierende und sichere Verkehrs- und Kommunikationsinfrastrukturen muss es nun darum gehen, Abhängigkeiten von globalen Playern, deren Handlungen durch unser Rechtssystem nur sehr eingeschränkt zu beeinflussen sind, zurückzubauen. Hier sollten die Prioritäten im Sinne der Sicherung unserer Freiheit einerseits auf verbesserten Regelungen zum Schutz sensibler Daten des Staates und der Bevölkerung liegen, andererseits auf der Investition in zukunftsfähige, schnelle und sichere Netze und eigene – nationale oder europäische – Serverstrukturen.

Bildung als Menschenrecht und Voraussetzung von Freiheit

Neben dem Gesundheitssystem muss der Schwerpunkt unserer Aufmerksamkeit in noch stärkerem Maße als bisher auf das Bildungssystem gelegt werden. Das Menschenrecht auf Bildung ist in der Allgemeinen Erklärung der Menschenrechte festgeschrieben, weiter spezifiziert als kulturelles Menschenrecht auch im sogenannten UN-Sozialpakt, dem Internationalen Pakt über wirtschaftliche, soziale und kulturelle Rechte (IPwskR). Auch die UN-Kinderrechtskonvention und die Genfer Flüchtlingskonvention erkennen das Recht auf schulische Bildung von Kindern und Jugendlichen ausdrücklich an. Entsprechende Verbürgungen finden sich ebenfalls in einigen Landesverfassungen der deutschen Bundesländer. Dagegen kennt das Grundgesetz nur den Staatsauftrag der Aufsicht über das Schulwesen, aus dem die gesetzliche Schulpflicht resultiert. Über Bildung zu verfügen ist jedoch gerade heute der Schlüssel, der den Zugang zu Jobs, Karrieren und Lebenschancen eröffnet. Und auch, um sich in gesellschaftliche, wirtschaftliche und politische Gestaltungsprozesse einzubringen und soziales Engagement zu entfalten, braucht es Bildung.

Rigorose Schulschließungen in Pandemiezeiten haben gezeigt, wie wenig die deutsche Politik bereit gewesen ist, dieses grundlegende Menschenrecht zu würdigen. Nach dem Motto, das tue am wenigsten weh, schloss man lieber Schulen und andere Bildungseinrichtungen, statt sich etwa an Produktionsstandorte der Automobil- oder Fleischindustrie zu wagen, obwohl gerade Letztere immer wieder mit skandalösen Ansteckungsszenarien für Aufsehen sorgte. Auf längere Sicht wird sich dieses Verschließen gegenüber der Bedeutung der schulischen Bildung mit großer Wahrscheinlichkeit rächen. Experten gehen davon aus, dass die Schulschließungen und das in weiten Teilen unzulängliche Homeschooling zu Lernverlusten geführt haben, die sich in kommenden Schuljahren kaum werden aufholen lassen. Damit es nicht, wie die UNESCO bereits im Sommer 2020 befürchtete, zu gravierenden Einschränkungen im Bildungsbereich kommt, deren Folgen sich über Generationen hinaus bemerkbar machen könnten, fordert unter anderem der Bayerische Lehrerverband, den Schülerinnen und Schülern das Schuljahr 2020/21 zu »schenken«, also allen die Möglichkeit zu geben, eine Klasse zu wiederholen, ohne dass dies als »Sitzenbleiben« bewertet wird.

Bildung ist allerdings nicht nur im Zusammenhang mit der Pandemie ein wichtiges Thema. Unser Gemeinwesen ist entschieden darauf angewiesen, dass Einzelne sich gesellschaftlich engagieren und Verantwortung über ihren eigenen Bereich hinaus übernehmen. Hier ist es mit gut gemeinten Appellen jedoch nicht getan. Deshalb wäre es in meinen Augen von fundamentaler Bedeutung, an unseren Schulen, aber auch darüber hinaus, eine effektive politische Bildung zu fördern. Das wäre durchaus als Teil einer Erziehung zur Freiheit und Selbstbestimmung anzusehen. Doch auch hier wäre die Schaffung sicherer Rahmenbedingungen gefragt. So benötigen etwa Bildungsinitiativen im zivilgesellschaftlichen Bereich Planungssicherheit, auf die sich langfristig bauen lässt. Es ist gewiss nicht als nachhaltig anzusehen, wenn die Politik in einer Legislaturperiode Projekte gegen Rechtsextremismus fördert und die Förderung in der nächsten Legislaturperiode wieder einstellt.

Freiheit braucht Kultur

Neben der Bildung ist in der Pandemie auch die Kultur zu kurz gekommen. Zur freiheitlichen Betätigung gehört aber unbedingt die kulturelle Freiheit. Nicht ohne Grund schützt das Grundgesetz neben der Meinungs-, Lehr- und Wissenschaftsfreiheit auch die Freiheit der Kunst. Der deutsche Staat ist somit auch Kulturstaat.

Dennoch haben vor allem Künstlerinnen, Künstler und andere Kulturschaffende in besonderem Umfang unter den Maßnahmen im Kampf gegen Corona leiden müssen. Mit Veranstaltungs- und Auftrittsverboten wurden sie nicht nur wichtiger Einnahmequellen und damit der Möglichkeit beraubt, ihren Lebensunterhalt zu bestreiten. Es entfiel auch eine bedeutsame Möglichkeit, sich zu äußern und so kommentierend und mit Vorschlägen am öffentlichen Leben teilzunehmen. Gleichzeitig signalisierte die Politik, dass Kultur und Künste eben nicht als systemrelevant zu bewerten seien, insbesondere nicht im Vergleich mit Handel und Wirtschaft. Diese Auffassung ist allerdings mit dem Selbstverständnis des deutschen Staates als Kulturstaat nach dem Grundgesetz nur schwer in Übereinstimmung zu bringen. Ohne die Sphäre der Kultur, die maßgeblich zur Verständigung darüber, was wir als unsere Identität empfinden, beiträgt, verarmt das gesellschaftliche Miteinander in signifikanter Weise. Insbesondere Fragen danach, was genau Freiheit ist und sein kann und wo ihre Grenzen liegen, wurden in der Vergangenheit häufig zuerst im Raum des Kulturellen und der Kunst erörtert. Mit der Abwertung der Kultur sind Gesundheit und Sicherheit in mehrfacher Hinsicht entschieden, kategorisch und generell der Freiheit vorgezogen worden. Unsere Verfassung kennt aber kein Supergrundrecht auf Sicherheit. Vielmehr entspricht es ihrem Wesen, die unterschiedlichen, nebeneinanderstehenden Grundrechte vernünftig gegeneinander abzuwägen und in einen angemessenen Ausgleich zu bringen.

Freiheit und ihre Voraussetzungen

Um unsere Freiheit auch gegenüber zukünftigen Herausforderungen abzusichern, bedarf es der permanenten gemeinsamen Anstrengung des Staates, der Gesellschaft und jedes Einzelnen. Gesetzgebung und Politik, aber auch die für die Demokratie schlechthin konstitutiven freien Medien sind hier in erster Linie gefragt, allen autoritären und paternalistischen Bestrebungen eine klare Absage zu erteilen. Verantwortung zu übernehmen bedeutet für die an Entscheidungen Beteiligten, die Karten auf den Tisch zu legen, für Transparenz hinsichtlich bestehender und kommender Problemstellungen zu sorgen und bei Lösungsvorschlägen, die sie unterbreiten, auf Nachhaltigkeit zu setzen.

Darüber hinaus gilt es, Anreize für die Bürgerinnen und Bürger zu schaffen, sich ebenfalls wieder mehr in die Sache des Gemeinwesens einzubringen. Der Idee vom Staat als Vollversicherer für alle Lebenslagen muss entschieden entgegengetreten werden. Auch hier bedarf es zunächst des Mutes politischer Entscheidungsträgerinnen und -träger, offen zu sagen, was der Staat leisten kann und wo die Grenzen seiner Fürsorge zu liegen haben. Das heißt, es werden auch unbequeme Wahrheiten verkündet werden müssen und nicht nur solche, die der Profilierung und der Karriere der einzelnen Politiker dienen. Ganz entscheidend ist, dass nicht nur die von der Politik ergriffenen Maßnahmen verständlich und überzeugend erklärt werden, sondern auch die Bedingungen, die zu ihnen führen. Nur durch die Herstellung von Vertrauen in Verfahrensweisen und Mandatsträger – in ihre Sachbezogenheit, Vernunft und Rationalität – können Politik- und Parteienverdrossenheit überwunden werden.

Mindestens ebenso wichtig ist es, für die Grundrechtsträgerinnen und -träger Voraussetzungen zu schaffen, die es ihnen ermöglichen, ihre ihnen zugesicherten Grundrechte auch auszuüben. Verständlicherweise ist etwa die Garantie des Eigentums nur für diejenigen, die über ein solches verfügen oder reelle Chancen haben, es zu erwerben, ein Grundrecht, das der Verteidigung wert scheint. Neben der oben behandelten Forderung nach mehr und besserer Bildung sollte es bei der Schaffung von Grundrechtsvoraussetzungen wesentlich um die Forderung nach einer durch intelligente gesetzliche

Regelungen geförderten Vermögensbildung gehen. Zaghafte Schritte in diese Richtung sind immer wieder unternommen worden. Nun muss nach Wegen gesucht werden, wie bestehende Ansätze ergänzt und auf eine breitere Basis gestellt werden können. Ähnliches gilt für die Mitbestimmung von Arbeitnehmerinnen und Arbeitnehmern in ihren Betrieben. Hier sollten, wie in Kapitel 5 gefordert, die Möglichkeiten ausgeschöpft werden, die das Grundgesetz für Unternehmensverfassungen bereithält und nach denen ein Recht auf Mitsprache und Mitentscheidung nicht nur über den Einsatz von Kapital, sondern beispielsweise auch durch das Einbringen von Arbeitsleistungen erworben werden kann.

Grundsätzlich gilt: Nur wer sieht, dass sich Engagement auch auszahlt, wird bereit sein, für seine Sache und die der Allgemeinheit einzutreten und für seine und unser aller Freiheit Verantwortung zu übernehmen. Diese Haltung aber ist für den Erhalt unserer Freiheiten unabdingbar.

Der freiheitliche Rechtsstaat steht in heutiger Zeit – das sollten meine Ausführungen belegen – vor diversen Herausforderungen. Individuelle Freiheit, Selbstbestimmung und Selbstverantwortung sind unterschiedlichen, mehr oder weniger offensichtlichen sowie versteckten Gefährdungen ausgesetzt. Einige dieser Gefährdungen können als selbst verschuldet angesehen werden, andere resultieren aus objektiven, von außen auf uns zukommenden Umständen. Die Corona-Krise tangiert jedoch unseren liberalen Rechtsstaat in seinen Grundfesten. Sie hat ihn gezwungen, seinen Bürgerinnen und Bürgern Freiheitsbeschränkungen aufzuerlegen, die in ihrem Ausmaß, ihrer Schwere, Tragweite und Dauer vor nicht allzu langer Zeit noch als unvorstellbar gelten konnten. Ziemlich unverhofft und unerwartet ist die zentrale Stellung der verfassungsgemäßen Freiheitsrechte des Einzelnen wieder erkennbar geworden, und es hat sich gezeigt, dass diese Freiheitsrechte in ihrer klassischen Funktion als gegen den Staat gerichtete Abwehrrechte – als individuelle Rechte auf Abwehr unverhältnismäßiger oder gar willkürlicher staatlicher Beschränkungen – als unverzichtbar zu betrachten sind.

Die Garantien, auf denen unser freiheitlicher Rechtsstaat beruht, sind im Grundgesetz in den Artikeln 1 und 20 für unantastbar erklärt. Sie dürfen folglich nicht einmal durch qualifizierte Mehrheiten im Parlament, also auch nicht durch eine formelle Grundgesetzänderung, angetastet werden. Das bezieht sich zuallererst auf die Erklärung der Unantastbarkeit der Würde des Menschen in Artikel 1 Absatz 1 des Grundgesetzes, aber auch auf den zweiten Absatz desselben Artikels, der lautet: »Das deutsche Volk bekennt sich darum zu unverletzlichen und unveräußerlichen Menschenrechten als Grundlage jeder menschlichen Gemeinschaft, des Friedens und der Gerechtigkeit in der Welt.«

Durch diese pointierte Herausstellung der Grund- und Menschenrechte im Grundgesetz kommt die Selbstbeschränkung des modernen Rechtsstaats im Interesse der Freiheit zum Ausdruck. Der Staat trägt seinen Sinn nicht in sich selbst und hat auch nicht die Aufgabe, »Sinn zu produzieren oder gar dem Menschenwesen erst einen sittlichen Sinn zu geben«.[90] Vielmehr besteht die Aufgabe des Rechts- und Verfassungsstaates – wie es der renommierte Vertreter der modernen Transzendentalphilosophie, Hermann Krings, einmal ausgedrückt hat – darin, »Recht zu vermitteln, um als Institutionalisierung des Rechts Freiheit zu ermöglichen«. Das will besagen, dass der Staat kein Selbstzweck ist, sondern vielmehr eine dienende Funktion hat. Er dient vor allem der Ermöglichung menschlicher Freiheit, und zwar auch und insbesondere der Freiheit von der Furcht vor staatlicher Willkür.

Jede staatlicherseits angeordnete Freiheitsbeschränkung bedarf damit der besonderen Rechtfertigung. Und nicht alles, was Zeitgeist und überwiegende Teile der öffentlichen Meinung zum Wohl der Allgemeinheit oder des Staats für notwendig oder opportun halten, ist auch von der Verfassung gestattet. Die Corona-Pandemie hat uns allen erneut die Wurzeln der Freiheitsidee vor Augen geführt. Das sollte uns gegenüber existenziellen Bedrohungen unserer Grundrechte, die im modernen Verfassungsstaat längst als überwunden galten, wachsam werden lassen. Wir müssen uns aus der in der Not der Pandemie geborenen, freiheitsbedrohenden Schockstarre allmählich wieder lösen und unser Gemeinwesen im Hinblick auf die Gewährleistung von Freiheit einerseits und Sicherheit andererseits besser und zukunftssicherer aufstellen. Insbesondere gilt das für die unterschiedlichen Herausforderungen, vor denen wir – etwa durch die Globalisierung und Digitalisierung – aktuell stehen, vor allem aber auch für mögliche neue Notlagen, die uns existenziell bedrohen. Diese geradezu lebenswichtige kulturelle Leistung für den Wert der Freiheit anzuregen und zu befördern ist der Sinn dieses Buches.

Nachweise

1 Friedrich Schiller, *Briefe über Don Carlos* (1789), Zweiter Brief.
2 Thomas Mann, *Von Deutscher Republik* (1923), S. 15f.
3 https://www.tagesschau.de/inland/coronavirus-deutschland-merkel-101.html.
4 https://www.bundesregierung.de/breg-de/themen/coronavirus/umfrage-zu-massnahmen-1775544.
5 *Der Tagesspiegel* vom 26.04.2020.
6 § 20i Abs. 3 Sozialgesetzbuch (SGB) Fünftes Buch (V).
7 Giovanni Boccaccio, *Das Dekameron*, Berliner Ausgabe 2013, S. 10.
8 https://www.amnesty.de/informieren/aktuell/menschenrechte-und-covid-19-es-wird-etwas-haengenbleiben
9 https://www.spiegel.de/wissenschaft/medizin/corona-krise-in-china-was-hat-der-shutdown-in-wuhan-gebracht-a-307fd0d3-4838-4bd5-8cb1-70e8f31c82ca
10 https://www.bbc.com/news/world-asia-china-51364382
11 https://www.dw.com/de/wang-yu-meinungsfreiheit-in-zeiten-des-coronavirus/a-52380769
12 Siehe Steffen Mau: *Das metrische Wir*, Berlin 2017, S. 9.
13 John Locke: *Two treatises of government*, 1689, S. 234.
14 Baruch de Spinoza: *Theologisch-politisches Traktat*, 20. Kapitel: »Die Gedankenfreiheit« – deutsche Ausgabe von Gawlick auf der Grundlage der Übersetzung von Gebhardt, 1976, S. 301.
15 Wilhelm von Humboldt: *Ideen zu einem Versuch, die Grenzen der Wirksamkeit des Staates zu bestimmen* (1792), 1947, S. 51.
16 Zitiert nach Udo Di Fabio: *Risikoentscheidungen im Rechtsstaat*, Tübingen 1994, S. 28.
17 Robert von Mohl, *Staatsrecht des Königreichs Württemberg*. Erster Teil, das Verfassungsrecht 1829, S. 21.
18 Vgl. Wolfgang Hoffmann-Riem, »Freiheit und Sicherheit im Angesicht terroristischer Anschläge«, in: *Zeitschrift für Rechtspolitik* (ZRP) 2002, S. 497.

19 Detlef Merten: *Bürgerverantwortung im demokratischen Verfassungsstaat*, Berlin 1995, S. 7.
20 Siehe etwa: https://www.spiegel.de/politik/ausland/belarus-wie-festgenommene-demonstranten-nach-der-wahl-misshandelt-werden-a-a9490b8a-b072-4837-a839-8786f4fdf988
21 BVerfGE 125, 260, 307ff.
22 Art. 2 Abs. 1 i.V.m. Art. 1 Abs. 1 GG.
23 BVerfGE 124, 300.
24 BVerfGE 124, 300, Leitsatz 2.
25 BVerfGE 7, 198 ff. In der Sache ging es darum, dass Erich Lüth als Leiter der staatlichen Pressestelle in Hamburg dafür verurteilt worden war, dass er zum Boykott damals aktueller Filme Veit Harlans aufgerufen hatte. Harlan war in Lüths Augen als Regisseur von *Jud Süß* der »Nazifilm-Regisseur Nr. 1«, somit sei es nicht nur das Recht, sondern auch die Pflicht eines anständigen Deutschen, die Aufführung seiner Filme zu unterbinden. Mehrere gerichtliche Instanzen urteilten aber, entscheidend sei vielmehr, dass Harlan sowohl in einem Strafgerichtsverfahren zu seiner Beteiligung an *Jud Süß* freigesprochen worden sei als auch, dass er nach einem Entnazifizierungsverfahren keiner Einschränkung in der Ausübung seines Berufs unterliege. Lüth wurde daher die weitere öffentliche Meinungsäußerung in dieser Sache untersagt. Dagegen rief er das Bundesverfassungsgericht an, um sein Recht auf Meinungsfreiheit durchzusetzen. Seiner Verfassungsbeschwerde wurde stattgegeben.
26 BGH, VI ZR 227/08 und VI ZR 228/08.
27 1 BvR 1783/05.
28 BVerfGE 83, 238
29 Zur Vertiefung siehe: Referate und Diskussionsbeiträge zum Thema „Kontexte der Demokratie: Parteien – Medien – Sozialstrukturen", Veröffentlichungen der Vereinigung der Deutschen Staatsrechtslehrer, Band 77, 2018, S. 9 ff.
30 Zu diesem Begriff siehe: Wolfgang Schulz/Thorsten Held: Regulierte Selbstregulierung als Form modernen Regierens – Im Auftrag des Bundesbeauftragten in Angelegenheiten der Kultur und der Medien, Endbericht Mai 2002, Arbeitspapier des Hans-Bredow-Instituts Nr. 10.
31 https://www.sueddeutsche.de/bildung/bernd-lucke-afd-universitaet-1.4643462
32 https://www.zeit.de/2020/50/margrethe-vestager-eu-kommission-vizepraesidentin-wettbewerb-marion-doenhoff-preis
33 https://milfordasset.com/insights/largest-companies-2008-vs-2018-lot-changed
34 https://www.welt.de/wirtschaft/article192007047/Google-Co-Regulierung-von-Big-Tech-ist-besser-als-Zerschlagung.html

35 https://www.bmbf.de/de/corona-das-ist-der-stand-bei-der-impfstoff-entwicklung-11152.html
36 https://www.theguardian.com/business/2020/nov/27/biontech-covid-vaccine-is-a-triumph-of-innovation-and-immigration
37 https://www.faz.net/aktuell/wirtschaft/eine-ehrenrettung-fuer-den-kapitalismus-nach-corona-17119371.html
38 Auf den Begriff der sozialen Marktwirtschaft gehe ich im Abschnitt »Die Verfassung lässt Spielraum in Bezug auf unsere Wirtschaftsordnung « näher ein.
39 https://www.bundeskanzlerin.de/bkin-de/aktuelles/rede-von-bundeskanzlerin-merkel-zur-festveranstaltung-70-jahre-soziale-marktwirtschaft-am-15-juni-2018-1141992#
40 https://www.spiegel.de/thema/amazon/
41 https://www.theguardian.com/commentisfree/2021/jan/22/googles-threat-to-withdraw-its-search-engine-from-australia-is-chilling-to-anyone-who-cares-about-democracy
42 https://en.wikipedia.org/wiki/News_Media_Bargaining_Code
43 Vgl. z.B.: https://www.washingtonpost.com/opinions/global-opinions/australias-ham-handed-attempt-to-save-journalism-will-only-aid-the-powerful/2021/02/21/b8d62ea0-72e7-11eb-93be-c10813e358a2_story.html
44 https://www.rnd.de/digital/google-facebook-amazon-und-apple-us-abgeordnete-wollen-tech-konzerne-einschranken-FIWIV7PIYKI-W3EEMMGCGKAZ6KU.html
45 https://www.forbes.com/sites/siladityaray/2020/12/09/48-us-states-ftc-file-antitrust-charges-against-facebook/
46 https://www.cbsnews.com/news/google-antitrust-probe-48-u-s-states-launch-antitrust-investigation-of-google-dominance-in-search-ads-and-data/
47 https://www.zeit.de/1992/19/dirigismus-nach-erhards-art
48 BVerfGE 4, 7, 17f.
49 https://www.focus.de/politik/ausland/angela-merkel-soziale-marktwirtschaft-als-exportschlager_aid_366372.html
50 Die Verfassung des Deutschen Reiches vom 11. August 1919, Artikel 151 Abs. 1 Satz 1.
51 BVerfGE 50, 290, 336f.
52 Richtlinie 96/92/EG des Europäischen Parlaments und des Rates vom 19.12.1996 betreffend gemeinsame Vorschriften für den Elektrizitätsbinnenmarkt (Abi EG Nr. L 27/20 vom 30.01. 1997).
53 https://www.faz.net/aktuell/wirtschaft/wirtschaftspolitik/erklaer-mir-die-welt-34-warum-sind-monopole-gefaehrlich-1410952-p2.html
54 https://de.statista.com/infografik/3553/anteil-von-glasfaseranschluessen-in-ausgewaehlten-laendern/

55 https://www.nytimes.com/2021/01/29/opinion/sunday/facebook-surveillance-society-technology.html?action=click&module=Opinion&pgtype=Homepage
56 https://www.sueddeutsche.de/digital/facebook-aufsichtsrat-experten-regulierung-1.4500065
57 Wohnraumförderungsgesetz § 1 Abs. 2 Nr. 2.
58 Thomas Mann, »Von Deutscher Republik« (1923), S. 15f.
59 Analyse des Gründungsgeschehens in Deutschland, HHL Graduate School of Management Leipzig, 2016, abrufbar unter: https://mbader.com/wordpress/wp-content/uploads/2017/11/Analyse_des_Gruendungsgeschehens_in_Deutschland.pdf
60 Ebd.
61 Ebd.
62 Ebd.
63 Kuckertz/Mandl/Allmendinger: »Gute Fehler, schlechte Fehler. Eine repräsentative Studie zur Einstellung der deutschen Bevölkerung gegenüber unternehmerischem Scheitern,« Universität Hohenheim, August 2015, S. 11.
64 https://www.businessinsider.de/gruenderszene/allgemein/scheitern/
65 IfM Bonn, Existenzgründungen insgesamt 2013 bis 2018 in Deutschland, abrufbar unter: https://www.ifm-bonn.org/statistiken/gruendungenund-unternehmensschliessungen/#accordion=0&tab=0.
66 Analyse des Gründungsgeschehens in Deutschland, HHL Graduate School of Management Leipzig, 2016, a. a. O.
67 DIHK-Gründerreport 2019, Deutscher Industrie- und Handelskammertag e. V. (DIHK), August 2019, S.5.
68 Analyse des Gründungsgeschehens in Deutschland, a. a. O.
69 DIHK-Gründerreport 2019, Deutscher Industrie- und Handelskammertag e. V. (DIHK), August 2019, S. 5.
70 Sternberg/Wallisch/Gorynia-Pfeffer/von Bloh/Baharian, Global Entrepreneurship Monitor – Unternehmensgründungen im weltweiten Vergleich, Länderbericht Deutschland 2018/2019, S. 65 f.
71 Female Founders Monitor 2019, Bundesverband Deutsche Startups e.V., abrufbar unter: https://deutscherstartupmonitor.de/fileadmin/ffm/ffm_2019/studie_ffm_2019.pdf.
72 https://www.rnd.de/politik/reform-fur-bundeswehr-beschaffungsamt-konnte-reformluftchen-werden-VYMQDJE6PFFI3K6DXMOK-6P5KUY.html
73 Gutachten des Sachverständigenrats zur Begutachtung der Entwicklung im Gesundheitswesen 2018, https://www.svr-gesundheit.de/fileadmin/user_upload/Gutachten/2018/SVR-Gutachten_2018_Kurzfassung.pdf
74 https://www.bundesaerztekammer.de/presse/pressemitteilungen/news-detail/bundesaerztekammer-bezieht-position/

75 https://www.gwi-boell.de/de/2019/08/09/evaluation-bestaetigt-entgelttransparenzgesetz-bewirkt-keine-nennenswerten-verbesserungen

76 https://www.handelsblatt.com/politik/deutschland/arbeitsrecht-anwalt-bauer-wir-brauchen-ein-system-das-der-normalsterbliche-arbeitgeber-versteht/22659138.html?ticket=ST-5089326-WU5JYi7S-3qy1SQfVEiXP-ap6

77 https://www.ifo.de/DocDL/sd-2019-04-peichl-schricker-etal-entgelttransparenzgesetz-2019-02-21.pdf

78 Richtlinie (EU) 2015/2302 des Europäischen Parlaments und des Rates vom 25. November 2015.

79 https://www.handelsblatt.com/unternehmen/dienstleister/haftung-fuer-pauschalurlauber-thomas-cook-pleite-traefe-jeden-deutschen/25042368.html?ticket=ST-5049836-7qfXL3UuqyBttkqO9igk-ap6

80 Jürgen Habermas, Faktizität und Geltung. Beiträge zur Diskurstheorie des Rechts und des demokratischen Rechtsstaats, Frankfurt a.M. 1992.

81 Siehe Lisa Leschnig: »Das bundesweite Zentralabitur – ein richtiger Ansatz, aber kein Allheilmittel«, in: *IAB-Forum* vom 04.03.2020, https://www.iab-forum.de/das-bundesweite-zentralabitur-ein-richtiger-ansatz-aber-kein-allheilmittel/

82 https://www.lr-online.de/lausitz/weisswasser/corona-im-landkreis-goerlitz-sachsen-zahlt-zuschuesse-fuer-grenzpendler-53817917.html

83 https://www.sueddeutsche.de/geld/einheimischen-modelle-unter-uns-1.4320264

84 https://www.fr.de/meinung/kommentare/urteil-als-meilenstein-90192130.html

85 BVerfG, 1 BvR 1215/07.

86 https://www.tagesspiegel.de/politik/die-grundrente-kommt-wer-kuenftig-ein-paar-hundert-euro-mehr-im-monat-hat-und-wer-nicht/25969328.html

87 Mirella Cacace: *Krankenhausstrukturen und Steuerung der Kapazitäten in der Corona-Pandemie*, Gütersloh 2021, S. 66.

88 https://www.tagesschau.de/investigativ/kontraste/breitbandausbau-103.html

89 https://netzpolitik.org/2020/eine-vertane-chance-fuer-die-it-sicherheit-in-deutschland/

90 Krings, H. (1980). Staat und Freiheit. In ders. (Hrsg.), System und Freiheit, Gesammelte Aufsätze (S. 97–113).